中职院校语文教材用书

中职语文

主编 钟飞 高素华

与应用 （卫生类）

ZHONGZHI YUWEN YU YINGYONG

江苏大学出版社
JIANGSU UNIVERSITY PRESS

镇江

图书在版编目(CIP)数据

中职语文与应用:卫生类 / 钟飞,高素华主编. —
镇江:江苏大学出版社,2016.7
ISBN 978-7-5684-0055-8

Ⅰ.①中… Ⅱ.①钟… ②高… Ⅲ.①语文课—中等
专业学校—教材 Ⅳ.①G634.301

中国版本图书馆 CIP 数据核字(2015)第 226339 号

中职语文与应用(卫生类)

主　　编/钟　飞　高素华
责任编辑/李经晶
出版发行/江苏大学出版社
地　　址/江苏省镇江市梦溪园巷 30 号(邮编:212003)
电　　话/0511-84446464(传真)
网　　址/http://press.ujs.edu.cn
排　　版/镇江文苑制版印刷有限责任公司
印　　刷/虎彩印艺股份有限公司
经　　销/江苏省新华书店
开　　本/718 mm×1 000 mm　1/16
印　　张/20
字　　数/415 千字
版　　次/2016 年 7 月第 1 版　2016 年 7 月第 1 次印刷
书　　号/ISBN 978-7-5684-0055-8
定　　价/40.00 元

如有印装质量问题请与本社营销部联系(电话:0511-84440882)

前 言

本书是中等职业教育课程改革国家规划新教材,根据教育部 2009 年颁布的《中等职业学校语文教学大纲》(以下简称《教学大纲》)的要求编写而成。对应《教学大纲》,教材分为两个模块,基础模块和职业模块。本册教材为基础模块。

编写思想:(1)以人为本,加强思想道德的渗透;(2)以专业为基础,彰显职业学校的特色;(3)遵循语文的教学规律,循序渐进提高学生的语文能力。

教材侧重:基础模块侧重于"培养学生基本科学文化素养",职业模块侧重于"服务学生专业学习"。这种既立足整体,又有相对独立性的模块式教材有利于形成鲜明的职教特色。

本套教材严格按照"教学大纲"对各模块学时数的规定进行编写:

基础模块

教学内容		学 时
美文欣赏	现代文	80~90
	文言文	16~22
表达与交流	口语交际	20
	写作	20
语文综合实践活动		24~28
总　计		160~180

职业模块

教学内容		学 时
美文欣赏	现代文	12~14
表达与交流	口语交际	12~14
	写作	
语文综合实践活动		8
总　计		32~36

编写特色:职业教育的学生不同于普通中学的学生,因此在选取文章时进行了

相关主题的分类,基础模块共分为 12 个类别,即亲情、仁、乡土、生命、爱情、信念、教育、希望、经典、自由和音乐。通过阅读和学习这些文章,力求对同学们的情感、态度和价值观产生影响。

编写体例: 每个单元由单元导语、美文欣赏、表达与交流和语文实践活动构成。

单元导语　帮助学生初步感知主题和了解文章的内容。

美文欣赏　由课文导读、课文、思考与练习 3 个部分组成。每单元选取 4～7 篇文章,最后一篇为选读文章。

表达与交流　分为口语交际和写作训练两个部分,一般先提供范例并进行评析,最后布置口语实践和写作的相关内容。

语文实践活动　由活动的目的、活动准备和活动实施几个部分组成,活动贴近单元主题和学生生活,提高学生的语文综合应用能力。

目录 *Contents*

◎第一单元　亲情，呼唤游子的号角◎

◎第二单元　仁爱，浇铸心田的私语◎

◎第三单元　乡土,植根血脉的记忆◎

◎第四单元　生命,点缀星空的灿烂◎

◎第五单元　爱情,绽放春天的浪漫◎

◎第六单元　信念，守望梦想的灯塔◎

◎第七单元　自然，敬畏苍穹的广袤◎

中职语文与应用(卫生类)

◎第十单元 经典,蕴藏生命的璀璨◎

◎第十一单元 自由,谱写旋律的曼妙◎

◎第十二单元　审美，谛听乐章的悠扬◎

亲情，呼唤游子的号角

"夜深归客依筇行，冷磷依萤聚土塍。村店月昏泥径滑，竹窗斜漏补衣灯。"当周密夜深归来时，家中那一盏淡淡的油灯、那一根悠悠的丝线足以让他在月夜归途中不再孤独。而今我们也游学在外，是否也会时时想起父母的唠叨和家人的叮咛？

从吹响人生号角的那天起，亲情就环抱着我们。蹒跚学步时的小心搀扶、牙牙学语时的不厌其烦、成长路上的谆谆教导和青春叛逆时的陪伴叹息……我们曾是那么年少轻狂，慢慢地，漠视了岁月无声溜走时留在父母鬓角的痕迹，也固执地认为他们的倾囊相助是那么的不合时宜。直到有一天，当离开父母独自远行，才想念父母的叮咛和怀抱。亲情是"马上相逢无纸笔，凭君传语报平安"的嘱咐，是"临行密密缝，意恐迟迟归"的牵挂，是"来日绮窗前，寒梅著花未"的思念，是"雨中黄叶树，灯下白头人"的守候。

但丁说："世界上有一种最美丽的声音，那便是母亲的呼唤。"母亲永远都在用她那灼热的泪水、柔情的呼唤和舒适的怀抱等待我们的归来。冰心的《母爱》让我们懂得珍视伟大无私的母爱，忍不住也要赞美那普天下"一般的长阔高深、分毫都不差减"的母爱。母亲不仅能抚慰心灵，还能用自己的坚强和宽容撑起我们未来的世界。莫言《卖白菜》一文中的母亲用自己的诚信给作者的人生注入了新的精神信念，母亲也因而成为他人生路上的心灵导师。如果把母爱比作是一枝盛开的百合，那么父爱就是一株茉莉，总是会在某个角落静静开放，带来满屋的芬芳。周国平在《妞妞：一个父亲的札记》一文中，用极为细腻的笔法记录下他与爱女妞妞共同生活的 562 个日日夜夜。父爱如山，坚定而慈爱的眼神会追随我们的一生，即使我们已经长大，即将走入自己的甜蜜生活，甚至开始拒绝父亲的关怀。余光中的《我的四个假想敌》将"有女初长成"的父亲的那份不舍和无奈的心情袒露无疑。

"乌鸦反哺，羔羊跪乳"，而今我们在父母的呵护下已长成枝繁叶茂的大树。在父母的眼中，我们的回报并不需要隆重的仪式，也不需要华丽的包装，它逶迤在生活的长卷中。常常，一个电话，一句问候，一份理解，都是对亲情最生动的演绎和诠释。让我们一同走进父母的心里，为他们的幸福涂上斑斓的色彩。

一　母　爱①

冰　心

课文导读

冰心先生散文中对"母爱"主题的叙述是众所周知的。冰心在成年后曾这样讲述："母亲,你是大海,我只是刹那间溅跃的浪花,虽暂时在最低的空间上,幻出种种的闪光,而在最短的时间中,即又飞进母亲的怀里。"

她散文中对母爱的描述可以分为两部分:一部分来自于她的母亲杨福慈对其的影响,另一部分则是冰心先生作为一位母亲对其子女的母爱的扩大。两个部分是一脉相承的。我们可以在冰心先生的散文中窥见一斑。

有一次,幼小的我,忽然走到母亲面前,仰着脸问说:"妈妈,你到底为什么爱我?"母亲放下针线,用她的面颊,抵住我的前额,温柔地、不迟疑地说:"不为什么,——只因你是我的女儿!"

小朋友!我不信世界上还有人能说这句话!"不为什么"这四个字,从她口里说出来,何等刚决,何等无回旋!她爱我,不是因为我是"冰心",或是其他人世间的一切虚伪的称呼和名字!她的爱是不附带任何条件的,唯一的理由,就是我是她的女儿。总之,她的爱,是摒除②一切,拂拭③一切,层层地麾开我前后左右所蒙罩的,使我成为"今我"的元素,而直接地来爱我的自身!

假使我走至幕后,将我二十年的历史和一切都更变了,再走出到她面前,世界上纵没有一个人认识我,只要我仍是她的女儿,她就仍用她坚强无尽的爱来包围我。她爱我的肉体,她爱我的灵魂,她爱我的前后左右,过去、将来、现在的一切!

天上的星辰,骤雨般落在大海上,嗤嗤繁响。海波如山一般的汹涌,一切楼屋都在地上旋转,天如同一张蓝纸卷了起来。树叶子满空飞舞,鸟儿归巢,走兽躲到它的洞穴。万象纷乱中,只要我能寻到她,投到她的怀里……天地一切都信她!她对于我的爱,不因着万物毁灭而更变!

---

① 选自《繁星·春水》中《寄小读者·通讯十》节选(本篇为编者自加的题目),天津人民出版社,2014年。冰心(1900—1999),福建福州长乐横岭村人,原名谢婉莹,现代著名诗人、作家、翻译家。

② [摒(bìng)除]排除。

③ [拂拭(fú shì)]掸掉或擦掉(尘土等脏东西)。

她的爱不但包围我,而且普遍包围着一切爱我的人;而且因着爱我,她也爱了天下的儿女,她更爱了天下的母亲。小朋友!告诉你一句小孩子以为是极浅显,而大人们以为是极高深的话:"世界便是这样的建造起来的。"

世界上没有两件事物,是完全相同的,同在你头上的两根丝发,也不能一般长短。然而——请小朋友们和我同声赞美!只有普天下的母亲的爱,或隐或显,或出或没,不论你用斗量,用尺量,或是用心灵的度量衡来推测;我的母亲对于我,你的母亲对于你,她的和他的母亲对于她和他,她们的爱是一般的长阔高深,分毫都不差减。小朋友!我敢说,也敢信:古往今来,没有一个敢来驳我这句话。当我发觉了这神圣的秘密的时候,我竟欢喜感动得伏案痛哭!

思考与练习

一、给下面加点的字注音。

1. 面颊　　　2. 抵住　　　3. 迟疑　　　4. 拂拭

5. 摒除　　　6. 挥开　　　7. 嘤嘤　　　8. 浅显

二、找出课文中的比喻句。

_____

_____

_____

_____

三、讨论课文是如何描写母爱的。

_____

_____

_____

_____

_____

二 卖白菜①

莫 言

课文导读

著名作家莫言描述自己的童年是"黑暗、恐怖和饥饿"的,包括那一次难忘的经历——卖白菜。

就快过年了,无比激动的盼望之情在"我"心里已贮藏很久了。但母亲为了换钱,不顾"我"的哭闹决定卖掉最后三颗白菜。集市上,遇到一个挑剔的老太太来买白菜,"我"看见她把大白菜的菜帮子撕了又撕,很是气恼,最后赌气多算了她一毛钱。等回到家,"我"发现已经卖掉的白菜又回到了家里,母亲眼睛红红地看着"我"说:"孩子,你怎么能这样呢? 你怎么能多算人家一毛钱呢?"最后小说的结尾是这样一句话,"这是我看到坚强的母亲第一次流泪,至今想起,心中依然沉痛"。

三棵白菜,卖与不卖,都是出于生活的无奈。而就在这无奈中,母亲的坚强、自尊与"我"的暴躁、狭隘,泾渭分明。

1967 年冬天,我 12 岁那年,临近春节的一个早晨,母亲苦着脸,心事重重地在屋子里走来走去,时而揭开炕席的一角,掀动几下铺炕的麦草;时而拉开那张老桌子的抽屉,扒拉几下破布头烂线团。母亲叹息着,并不时把目光抬高,瞥一眼那三棵吊在墙上的白菜。最后,母亲的目光锁定在白菜上,端详着,终于下了决心似的,叫着我的乳名,说:

"社斗,去找个篓子来吧……"

"娘,"我悲伤地问:"您要把它们……"

"今天是大集。"母亲沉重地说。

"可是,您答应过的,这是我们留着过年的……"话没说完,我的眼泪就涌了出来。

母亲的眼睛湿漉漉的,但她没有哭,她有些恼怒地说:"这么大的汉子了,动不动就抹眼泪,像什么样子?!"

"我们种了一百零四棵白菜,卖了一百零一棵,只剩下这三棵了……说好了留着过年的,说好了留着过年包饺子的……"我哽咽着说。

母亲靠近我,掀起衣襟,擦去了我脸上的泪水。我把脸伏在母亲的胸前,委屈

---

① 选自《莫言文集·小说的气味》,当代世界出版社,2004 年,有删节。莫言(1955—),原名管谟业,当代作家,2012 年获诺贝尔文学奖。

地抽噎^①着。我感到母亲用粗糙的大手抚摸着我的头，我嗅到了她衣襟上那股揉烂了的白菜叶子的气味。从春到夏、从秋到冬，在一年的三个季节里，我和母亲把这一百零四棵白菜从娇嫩的芽苗，侍弄成饱满的大白菜。我们撒种、间苗、除草、捉虫、施肥、浇水、收获、晾晒……每一片叶子上都留下了我们的手印……但母亲却把它们一棵棵卖掉了……我不由地大哭起来。

透过朦胧的泪眼，我看到母亲把那棵最大的白菜从墙上钉着的木橛子^②上摘了下来。母亲又把那棵第二大的摘下来。最后，那棵最小的、形状圆圆像个和尚头的也脱离了木橛子，挤进了篓子里。我熟悉这棵白菜，就像熟悉自己的一根手指。因为它生长在最靠近路边那一行的拐角位置，小时被牛犊或是被孩子踩了一脚，所以它一直长得不旺，当别的白菜长到脸盆大时，它才有碗口大。发现了它的小和可怜，我们在浇水施肥时就对它格外照顾。我曾经背着母亲将一大把化肥撒在它的周围，但第二天它就打了蔫^③。母亲知道了真相后，赶紧将它周围的土换了，才使它死里逃生。后来，它尽管还是小，但卷得十分饱满，收获时母亲拍打着它感慨地对我说："你看看它，你看看它……"在那一瞬间，母亲的脸上洋溢着珍贵的欣喜表情，仿佛拍打着一个历经磨难终于长大成人的孩子。

集市在邻村，距离我们家有三里远。母亲让我帮她把白菜送去。我心中不快，嘟哝着，说："我还要去上学呢。"母亲抬头看看太阳，说："晚不了。"我还想啰唆，看到母亲脸色不好，便闭了嘴，不情愿地背起了那只盛了三棵白菜，上边盖了一张破羊皮的篓子，沿着河堤南边那条小路，向着集市，踽踽^④而行。寒风凛冽，有太阳，很弱，仿佛随时都要熄灭的样子。不时有赶集的人从我们身边超过去。我的手很快就冻麻了，以至于当篓子跌落在地时我竟然不知道。篓子落地时发出了清脆的响声，篓底有几根蜡条跌断了，那棵最小的白菜从篓子里跳出来，滚到路边结着白冰的水沟里。母亲在我头上打了一巴掌，骂道："穷种啊！"然后她颠着小脚，乍^⑤着两只胳膊，小心翼翼但又十分匆忙地下到沟底，将那棵白菜抱了上来。我看到那棵白菜的根折断了，但还没有断利索，有几绺^⑥筋皮联络着。我知道闯了大祸，站在篓边，哭着说："我不是故意的，我真的不是故意的……"母亲将那棵白菜放进篓子，原本是十分生气的样子，但也许是看到我哭得真诚，也许是看到了我黑黢黢^⑦的手背上那些已经溃烂的冻疮，母亲的脸色缓和了，没有打我也没有再骂我，只是用一种让我感到温暖的腔调说："不中用，把饭吃到哪里去了？"然后母亲就蹲下

---

①　[抽噎(yē)]抽咽；抽泣，一吸一顿地哭泣。

②　[木橛(jué)子]短木桩。

③　[蔫(niān)]花木、水果等因失去所含水分而萎缩。

④　[踽(jǔ)踽]形容一个人走路孤零零的样子。

⑤　[乍(zhà)]伸开、张开。

⑥　[绺(liǔ)]量词，线、麻、头发、胡须等许多根顺着聚在一起叫一绺。

⑦　[黢(qū)黢]很黑或很暗。

身,将背篓的木棍搭上肩头,我在后边帮扶着,让她站直了身体。

终于挨到了集上。母亲让我走,去上学,我也想走,但我看到一个老太太朝着我们的白菜走了过来。风迎着她吹,使她的身体摇摆,仿佛那风略微大一些就会把她刮起来。她走到我们的篓子前,看起来是想站住,但风使她动摇不定。我认识这个老太太,我知道她是个孤寡老人,经常能在集市上看到她。她用细而沙哑的嗓音问白菜的价钱。母亲回答了她。她摇摇头,看样子是嫌贵。但是她没有走,而是蹲下,揭开那张破羊皮,翻动着我们的三棵白菜。她把那棵最小的白菜上那半截欲断未断的根拽了下来。然后她又逐棵地戳着我们的白菜,用弯曲的、枯柴一样的手指,她撇着嘴,说我们的白菜卷得不紧,母亲用忧伤的声音说:"大婶子啊,这样的白菜您还嫌卷得不紧,那您就到市上去看看吧,看看哪里还能找到卷得更紧的吧。"

我对这个老太太充满了恶感,你拽断了我们的白菜根也就罢了,可你不该昧着良心说我们的白菜卷得不紧。我忍不住冒出了一句话:"再紧就成了石头蛋子了!"

老太太抬起头,惊讶地看着我,问母亲:"这是谁? 是你的儿子吗?"

"是老小,"母亲回答了老太太的问话,转回头批评我:"小小孩儿,说话没大没小的!"

老太太将她胳膊上挎着的柳条箢篼①放在地上,腾出手,撕扯着那棵最小的白菜上那层已经干枯的菜帮子。我十分恼火,便刺她:"别撕了,你撕了让我们怎么卖?!"

"你这个小孩子,说话怎么就像吃了枪药一样呢?"老太太嘟哝②着,但撕扯菜帮子的手却并不停止。

"大婶子,别撕了,放到这时候的白菜,老帮子脱了五六层,成了核了。"母亲劝说着她。

她终于还是将那层干菜帮子全部撕光,露出了鲜嫩的、洁白的菜帮。在清冽的寒风中,我们的白菜散发出甜丝丝的气味。这样的白菜,包成饺子,味道该有多么鲜美啊! 老太太搬着白菜站起来,让母亲给她过秤。母亲用秤钩子挂住白菜根,将白菜提起来。老太太把她的脸几乎贴到秤杆上,仔细地打量着上面的秤星。我看着那棵被剥成了核的白菜,眼前出现了它在生长的各个阶段的模样,心中感到阵阵忧伤。

终于核准了重量,老太太说:"俺可是不会算账。"

母亲因为偏头痛,算了一会儿也没算清,对我说:"社斗,你算。"

我找了一根草棒,用我刚刚学过的乘法,在地上划算着。

我报出了一个数字,母亲重复了我报出的数字。

"没算错吧?"老太太用不信任的目光盯着我说。

---

① 〔箢篼(yuān dōu)〕竹篾等变成的盛东西的器具。

② 〔嘟哝(dū nong)〕连续不断地自言自语。

"你自己算就是了。"我说。

"这孩子,说话真是暴躁。"老太太低声嘟哝着,从腰里摸出一个肮脏的手绢,层层地揭开,露出一叠纸票,然后将手指伸进嘴里,沾了唾沫,一张张地数着。她终于将数好的钱交到母亲的手里。母亲也一张张地点数着。

等我放了学回家后,一进屋就看到母亲正坐在灶前发呆。那个蜡条篓子摆在她的身边,三棵白菜都在篓子里,那棵最小的因为被老太太剥去了干帮子,已经受了严重的冻伤。我的心猛地往下一沉,知道最坏的事情已经发生了。母亲抬起头,眼睛红红地看着我,过了许久,用一种让我终生难忘的声音说:

"孩子,你怎么能这样呢? 你怎么能多算人家一毛钱呢?"

"娘,"我哭着说:"我……"

"你今天让娘丢了脸……"母亲说着,两行眼泪就挂在了腮上。

这是我看到坚强的母亲第一次流泪,至今想起,心中依然沉痛。

思考与练习

一、给加点的字注音,并解释词语。

1. 粗糙:

2. 哽咽:

3. 侍弄:

4. 晾晒:

5. 踽踽而行:

6. 黑黢黢:

二、通读全文,说一说作者主要写了哪些事情? 从这些事情中,作者想表现母亲怎样的思想性格?

_____

_____

_____

_____

_____

三、文章围绕"卖白菜"展开故事情节,请你阅读文章,填写表格。

故事情节	"我"的心情
	不舍
"我"不小心摔白菜	
老太太挑白菜	
	气愤
白菜被老太太退回	

四、"人穷不能志短,再穷也要真诚实在。"读了课文后,谈谈你对此观点的理解。

_____

_____

_____

_____

三　妞妞：一个父亲的札记[①]（节选）

周国平

课文导读

《妞妞：一个父亲的札记》是周国平所写的一部纪实散文，以其个人经历写成，情感真挚，令人动容。

本文的主角是一个仅活了 562 天便夭折的小女孩——妞妞。其母雨儿在怀孕 5 个月时感冒，医生执意以大量 X 光照射。妞妞出生后左眼瞳孔便与别的孩子不同，最终被确诊为恶性眼底肿瘤。虽然父母给她以最细心的照料，最终还是无法挽回。

在日记般的记录中，作者把他对妞妞的感情表现得淋漓尽致，微如一字、一词，大至一段、一篇，直至整本书，无处不充斥着一个父亲对女儿的深情厚谊。

初为人父的日子，全新的体验，全新的感情，人生航行中的一片新大陆。我怀着怎样虔诚的感激和新鲜的喜悦，守在妞妞的摇篮旁，写下了登陆第一个月的游记。我何尝想到，当时的妞妞已身患绝症，我的新大陆注定将成为我的凄凉的流放地，我生命中的永恒的孤岛……

1　奇　迹

四月的一个夜晚，那扇门打开了，你的出现把我突然变成了一个父亲。

在我迄今为止的生涯中，成为父亲是最接近于奇迹的经历，令我难以置信。以我凡庸之力，我怎么能从无中把你产生呢？不，必定有一种神奇的力量运作了无数世代，然后才借我产生了你。没有这种力量，任何人都不可能成为父亲或母亲。

所以，对于男人来说，唯有父亲的称号是神圣的。一切世俗的头衔都可以凭人力获取，而要成为父亲却必须仰仗神力。

你如同一朵春天的小花开放在我的秋天里。为了这样美丽的开放，你在世外神秘的草原上不知等待了多少个世纪？

由于你的到来，我这个不信神的人也对神充满了敬意。无论如何，一个亲自迎来天使的人是无法完全否认上帝的存在的。你的奇迹般的诞生使我相信，生命必定有着一个神圣的来源。

[①]　选自《妞妞：一个父亲的札记》，上海人民出版社，1996 年，有改动。周国平（1945—），现为中国社会科学院哲学研究所研究员。

望着你,我禁不住像泰戈尔①一样惊叹:"你这属于一切人的,竟成了我的!"

2 摇篮与家园

今天你从你出生的医院回到家里,终于和爸爸妈妈团圆了。

说你"回"到家里,似不确切,因为你是第一次来到这个家。

不对,应该说,你来了,我们才第一次有了家。

孩子是使家成其为家的根据。没有孩子,家至多是一场有点过分认真的爱情游戏。有了孩子,家才有了自身的实质和事业。

男人是天地间的流浪汉,他寻找家园,找到了女人。可是,对于家园,女人有更正确的理解。她知道,接纳了一个流浪汉,还远远不等于建立了一个家园。于是她着手编筑一只摇篮,——摇篮才是家园的起点和核心,在摇篮四周,和摇篮里的婴儿一起,真正的家园生长起来了。

屋子里有摇篮,摇篮里有孩子,心里多么踏实。

3 最得意的作品

你的摇篮放在爸爸的书房里,你成了这间大屋子的主人。从此爸爸不读书,只读你。

你是爸爸妈妈合写的一本奇妙的书。在你问世前,无论爸爸妈妈怎么想象,也想象不出你的模样。现在你展现在我们面前,那么完美,仿佛不能改动一字。

我整天坐在摇篮旁,怔怔地看你,百看不厌。你总是那样恬静,出奇地恬静,小脸蛋闪着洁净的光辉。最美的是你那双乌黑澄澈②的眼睛,一会儿弯成妩媚的月牙,掠过若有若无的笑意,一会儿睁大着久久凝望空间中某处,目光执着而又超然。我相信你一定在倾听什么,但永远无法知道你听到了什么,真使我感到神秘。

看你这么可爱,我常常禁不住要抱起你来,和你说话。那时候,你会盯着我看,眼中闪现两朵仿佛会意的小火花,嘴角微微一动似乎在应答。

你是爸爸最得意的作品,我读你读得入迷。

......

6 你、我和世界

你改变了我看世界的角度。

我独来独往,超然物外③。如果世界堕落了,我就唾弃④它。如今,为了你有一

---

① [泰戈尔]印度著名诗人、文学家、社会活动家、哲学家和印度民族主义者。

② [澄澈(chéng chè)]清亮明洁。

③ [超然物外]超出世俗生活之外,引申为置身事外。超,高超脱俗。物外,世外。

④ [唾(tuò)弃]吐唾于地,鄙弃,厌恶。

个干净的住所，哪怕世界是奥吉亚斯的牛圈①，我也甘愿坚守其中，承担起清扫它的苦役。

我旋生旋灭，看破红尘。我死后世界向何处去，与我何干？如今，你纵然也不能延续我死后的生存，却是我留在世上的一线扯不断的牵挂。有一根纽带比我的生命更长久，维系我和我死后的世界，那就是我对你的祝福。

有了你，世界和我息息相关了。

7　弱小的力量

你的力量比不上一株小草，小草还足以支撑起自己的生命，你只能用啼哭寻求外界的援助。可是你的啼哭是天下最有权威的命令，一声令下，妈妈的乳头已经为你擦拭干净，爸爸也已经用臂弯为你架设一只温暖的小床。

此刻你闭眼安睡了。你的小身子信赖地依偎在我的怀里，你的小手紧紧抓住我的衣襟②。闻着你身上散发的乳香味，我不禁流泪了。你把你的小生命无保留地托付给我，相信在爸爸的怀里能得到绝对的安全。你怎么知道，爸爸并无这样的能力，我们的命运都在未定之中。

对于爸爸妈妈，你的弱小却有非凡之力。唯其因为你弱小，我们的爱更深，我们的责任更重，我们的服务更勤。你的弱小召唤我们迫不及待地为你献身。

思考与练习

一、给下列词语中加点的字注音。

1. 依偎　　　2. 衣襟　　　3. 牛圈　　　4. 澄澈　　　5. 虔诚

二、找出文中运用比喻等修辞手法的句子。

_____

_____

_____

_____

_____

_____

---

①　[奥吉亚斯的牛圈]源自古希腊神话中关于赫拉克勒斯的英雄传说。奥吉亚斯是古希腊西部厄利斯的国王，他有一个极大的牛圈，里面养了2 000头牛，30年来未清扫过，粪秽堆积如山，十分肮脏。
②　[衣襟(jīn)]上衣、袍子前面的部分。

四　我的四个假想敌①

[台]余光中

课文导读

这是一篇作者以自己女儿为题的记叙散文。题目中的"假想敌"确定了本文的感情基调:诙谐幽默。作者将未来的女婿比喻为假想敌,将一个有四个已经长大了的女儿的父亲的心情表现得淋漓尽致,道出一种独特、微妙的父爱心理。

本文巧用比喻、双关,善用典故,机智幽默,富有书卷气,体现了一位"学者散文家"的真正涵养。

　　二女幼珊在港参加侨生联考,以第一志愿分发台大外文系。听到这消息,我松了一口气,从此不必担心四个女儿通通嫁给广东男孩了。

　　我对广东男孩当然并无偏见,在港六年,我班上也有好些可爱的广东少年,颇讨老师的欢心,但是要我把四个女儿全都让那些"靓仔""叻仔②"掳掠③了去,却舍不得。不过,女儿要嫁谁,说得洒脱些,是她们的自由意志,说得玄妙些呢,是因缘,做父亲的又何必患得患失呢?何况在这件事上,做母亲的往往位居要冲,自然而然成了女儿的亲密顾问,甚至亲密战友,作战的对象不是男友,却是父亲。等到做父亲的惊醒过来,早已腹背受敌,难挽大势了。

　　在父亲的眼里,女儿最可爱的时候是在十岁以前,因为那时她完全属于自己。在男友的眼里,她最可爱的时候却在十七岁以后,因为这时她正像毕业班的学生,已经一心向外了。父亲和男友,先天上就有矛盾。对父亲来说,世界上没有东西比稚龄的女儿更完美的了,惟一的缺点就是会长大,除非你用急冻术把她久藏,不过这恐怕是违法的,而且她的男友迟早会骑了骏马或摩托车来,把她吻醒。

　　我未用太空舱的冻眠术,一任时光催迫,日月轮转,再揉眼时,怎么四个女儿都已依次长大,昔日的童话之门砰地一关,再也回不去了。四个女儿,依次是珊珊、幼珊、佩珊、季珊,简直可以排成一条珊瑚礁。珊珊十二岁的那年,有一次,未满九岁的佩珊忽然对来访的客人说:"喂,告诉你,我姐姐是一个少女了!"在座的大人全笑了起来。

　　曾几何时,惹笑的佩珊自己,甚至最幼稚的季珊,也都在时光的魔杖下,点化成

----

　　① 选自《余光中集》第6卷,百花文艺出版社,2004年。余光中(1928—),福建泉州市人,诗人、当代著名评论家。

　　② [叻仔]为广东白话,意思跟普通话的"聪明的男孩"同义。

　　③ [掳(lǔ)掠]俘房人口和抢劫财物。

"少女"了。冥冥之中，有四个"少男"正偷偷袭来，虽然蹑手蹑足①，屏声止息②，我却感到背后有四双眼睛，像所有的坏男孩那样，目光灼灼，心存不轨，只等时机一到，便会站到亮处，装出伪善的笑容，叫我岳父。我当然不会应他。哪有这么容易的事！我像一棵果树，天长地久在这里立了多年，风霜雨露，样样有份，换来果实累累，不胜负荷。而你，偶尔过路的小子，竟然一伸手就来摘果子，活该蟠地的树根绊你一跤！

　　而最可恼的，却是树上的果子，竟有自动落入行人手中的样子。树怪行人不该擅自来摘果子，行人却说是果子刚好掉下来，给他接着罢了。这种事，总是里应外合才成功的。当初我自己结婚，不也是有一位少女开门揖盗③吗？"堡垒最容易从内部攻破"，说得真是不错。不过彼一时也，此一时也。同一个人，过街时讨厌汽车，开车时却讨厌行人。现在是轮到我来开车。

　　好多年来，我已经习于和五个女人为伍，浴室里弥漫着香皂和香水气味，沙发上散置皮包和发卷，餐桌上没有人和我争酒，都是天经地义的事。戏称吾庐为"女生宿舍"，也已经很久了。做了"女生宿舍"的舍监，自然不欢迎陌生的男客，尤其是别有用心的一类。但自己辖下的女儿，尤其是前面的三位，已有"不稳"的现象，却令我想起叶慈的一句诗：

　　一切已崩溃，失去重心。

　　我的四个假想敌，不论是高是矮，是胖是瘦，是学医还是学文，迟早会从我疑惧的迷雾里显出原形，一一走上前来，或迂回曲折，嗫嚅④其词，或开门见山，大言不惭，总之要把他的情人，也就是我的女儿，对不起，从此领去。无形的敌人最可怕，何况我在亮处，他在暗里，又有我家的"内奸"接应，真是防不胜防。只怪当初没有把四个女儿及时冷藏，使时间不能拐骗，社会也无由污染。现在她们都已大了，回不了头。我那四个假想敌，那四个鬼鬼祟祟⑤的地下工作者，也都已羽毛丰满，什么力量都阻止不了他们了。先下手为强，这件事，该乘那四个假想敌还在襁褓⑥的时候，就予以解决的。至少美国诗人纳许（Ogden Nash，1902—1971）劝我们如此。他在一首妙诗《由女婴之父来唱的歌》（Song to Be Sung by the Father of Infant Female Children）之中，说他生了女儿吉儿之后，惴惴不安，感到不知什么地方正有个男婴也在长大，现在虽然还浑浑噩噩⑦，口吐白沫，却注定将来会抢走他的吉儿。

----

① ［蹑（niè）手蹑足］形容放轻脚步走的样子，也形容偷偷摸摸、鬼鬼祟祟的样子。

② ［屏声止息］形容静悄悄不出声息。

③ ［开门揖（yī）盗］开门请强盗进来，比喻引进坏人，招来祸患。揖，拱手作礼。

④ ［嗫嚅（niè rú）］想说而又吞吞吐吐的样子。

⑤ ［鬼鬼祟祟（suì）］指行动偷偷摸摸，不光明正大。

⑥ ［襁褓（qiǎng bǎo）］襁指婴儿的带子，褓指小儿的被子。后以此借指未满周岁的婴儿。

⑦ ［浑浑噩噩（è）］原意是浑厚而严正，现形容糊里糊涂，愚昧无知。浑浑，深厚的样子。噩噩，严肃的样子。

于是做父亲的每次在公园里看见婴儿车中的男婴,都不由神色一变,暗暗想道:"会不会是这家伙?"想着想着,他"杀机陡萌"(My dreams, I fear, are infanticiddle),便要解开那男婴身上的别针,朝他的爽身粉里撒胡椒粉,把盐撒进他的奶瓶,把沙撒进他的菠菜汁,再扔头优游的鳄鱼到他的婴儿车里陪他游戏,逼他在水深火热之中挣扎而去,去娶别人的女儿。足见诗人以未来的女婿为假想敌,早已有了前例。

不过一切都太迟了。当初没有当机立断,采取非常措施,像纳许诗中所说的那样,真是一大失策。如今的局面,套一句史书上常见的话,已经是"寇入深矣"!女儿的墙上和书桌的玻璃垫下,以前的海报和剪报之类,还是披头、拜丝、大卫·凯西弟的形象,现在纷纷都换上男友了。至少,滩头阵地已经被入侵的军队占领了去,这一仗是必败的了。记得我们小时,这一类的照片仍被列为机密要件;不是藏在枕头套里,贴着梦境,便是夹在书堆深处,偶尔翻出来神往一番,哪有这么二十四小时眼前供奉的?

这一批形迹可疑的假想敌,究竟是哪年哪月开始入侵厦门街余宅的,已经不可考了。只记得六年前迁港之后,攻城的军事便换了一批口操粤语的少年来接手。至于交战的细节,就得问名义上是守城的那几个女将,我这位"昏君"是再也搞不清的了。只知道敌方的炮火,起先是瞄准我家的信箱,那些歪歪斜斜的笔迹,久了也能猜个七分;继而是集中在我家的电话,"落弹点"就在我书桌的背后,我的文苑就是他们的沙场,一夜之间,总有十几次脑震荡。那些粤音平上去入,有九声之多,也令我难以研判敌情。现在我带幼珊回了厦门街,那头的广东部队轮到我太太去抵挡,我在这头,只要留意台湾健儿,任务就轻松多了。

信箱被袭,只如战争的默片,还不打紧。其实我宁可多情的少年勤写情书,那样至少可以练习作文,不致在视听教育的时代荒废了中文。可怕的还是电话中弹,那一串串警告的铃声,把战场从门外的信箱扩至书房的腹地,默片变成了身历声,假想敌在实弹射击了。更可怕的,却是假想敌真的闯进了城来,成了有血有肉的真敌人,不再是假想了好玩的了,就像军事演习到中途,忽然真的打起来了一样。真敌人是看得出来的。在某一女儿的接应之下,他占领了沙发的一角,从此两人呢喃①细语。嗫嚅密谈,即使脉脉相对的时候,那气氛也浓得化不开,窒得全家人都透不过气来。这时几个姐妹早已回避得远远的了,任谁都看得出情况有异。万一敌人留下来吃饭,那空气就更为紧张,好像摆好姿势,面对照相机一般。平时鸭塘一般的餐桌,四姐妹这时像在演哑剧,连筷子和调羹都似乎得到了消息,忽然小心翼翼起来。明知这僭越②的小子未必就是真命女婿,(谁晓得宝贝女儿现在是十八变中的第几变呢?)心里却不由自主升起一股淡淡的敌意。也明知女儿正如将熟之

---

①　[呢喃(ní nán)]形容小声说话的声音。

②　[僭(jiàn)越]超越本分,古时指地位在下的人的冒用地位在上的人的名义或器物等,尤指用皇家专用的;现在指无权冒用或要求,盗用,非法霸占,用了自己的级别所不应该用的礼仪等。

瓜，终有一天会蒂落而去，却希望不是随眼前这自负的小子。

当然，四个女儿也自有不乖的时候，在恼怒的心情下，我就恨不得四个假想敌赶快出现，把她们统统带走。但是那一天真要来到时，我一定又会懊悔不已。我能够想象，人生的两大寂寞，一是退休之日，一是最小的孩子终于也结婚之后。宋淇①有一天对我说："真羡慕你的女儿全在身边！"真的吗？至少目前我并不觉得，自己有什么可羡之处。也许真要等到最小的季珊也跟着假想敌度蜜月去了，才会和我存②并坐在空空的长沙发上，翻阅她们小时相簿，追忆从前，六人一车长途壮游的盛况，或是晚餐桌上，热气蒸腾，大家共享的灿烂灯光。人生有许多事情，正如船后的波纹，总要过后才觉得美的。这么一想，又希望那四个假想敌，那四个生手笨脚的小伙子，还是多吃几口闭门羹③，慢一点出现吧。

袁枚④写诗，把生女儿说成"情疑中副车"，这书袋掉得很有意思，却也流露了重男轻女的封建意识。照袁枚的说法，我是连中了四次副车，命中率够高的了。余宅的四个小女孩现在变成了四个小妇人，在假想敌环伺之下，若问我择婿有何条件，一时倒恐怕答不上来。沉吟半晌，我也许会说："这件事情，上有月下老人的婚姻谱，谁也不能窜改，包括韦固⑤，下有两个海誓山盟的情人，'二人同心，其利断金'，我凭什么要逆天拂人，梗在中间？何况终身大事，神秘莫测，事先无法推理，事后不能悔棋，就算交给二十一世纪的电脑，恐怕也算不出什么或然率来。倒不如故示慷慨，伪作轻松，博一个开明父亲的美名，到时候带颗私章，去做主婚人就是了。"

问的人笑了起来，指着我说："什么叫做（作）'伪作轻松'？可见你心里并不轻松。"

我当然不很轻松，否则就不是她们的父亲了。例如人种的问题，就很令人烦恼。万一女儿发痴，爱上一个耸肩摊手口香糖嚼个不停的小怪人，该怎么办呢？在理性上，我愿意"有婿无类"，做一个大大方方的世界公民。但是在感情上，还没有大方到让一个臂毛如猿的小伙子把我的女儿抱过门槛⑥。现在当然不再是"严夷夏之防"的时代，但是一任单纯的家庭扩充成一个小型的联合国，也大可不必。问的人又笑了，问我可曾听说混血儿的聪明超乎常人。我说："听过，但是我不希罕抱一个天才的'混血孙'。我不要一个天才儿童叫我 Grandpa，我要他叫我外公。"问的人不肯罢休："那么省籍呢？"

---

① ［宋淇］林以亮的原名，浙江吴兴人，作家，学者。

② ［我存］作者夫人范我存。

③ ［闭门羹(gēng)］拒绝客人进门。

④ ［袁枚］字子才，号简斋、随园老人，浙江钱塘人，清乾隆时诗人。"情疑中副车"，指心理上疑惑是中了副榜贡生。副车，指古时帝王的随从车辆，在清代也指乡试正榜录取以外另行录取的名列副榜的贡生。

⑤ ［韦固］古小说中的人物。唐李复言《续玄怪录》中《定婚店》一篇记唐人韦固于客店中遇一月下老人（即后世所称"月老"），告其婚姻皆由天定；韦固企图抗拒，不意十多年后所娶正是当年月下老人指定之女子。

⑥ ［门槛(kǎn)］门框下部挨着地面的横木（也有用石头的）。

"省籍无所谓。"我说,"我就是苏闽联姻的结果,还不坏吧? 当初我母亲从福建写信回武进,说当地有人向她求婚。娘家大惊小怪,说'那么远! 怎么就嫁给南蛮!'后来娘家发现,除了言语不通之外,这位闽南姑爷并无可疑之处。这几年,广东男孩锲而不舍,对我家的压力很大,有一天闽粤结成了秦晋①,我也不会感到意外。如果有个台湾少年特别巴结我,其志又不在跟我谈文论诗,我也不会怎么为难他的。至于其他各省,从黑龙江直到云南,口操各种方言的少年,只要我女儿不嫌他,我自然也欢迎。"

"那么学识呢?"

"学什么都可以。也不一定要是学者,学者往往不是好女婿,更不是好丈夫。只有一点:中文必须精通。中文不通,将祸延吾孙!"

客又笑了。"相貌重不重要?"他再问。

"你真是迂阔②之至!"这次轮到我发笑了。"这种事,我女儿自己会注意,怎么会要我来操心?"

笨客还想问下去,忽然门铃响起。我起身去开大门,发现长发乱处,又一个假想敌来掠余宅。

思考与练习

一、本文通篇采用比喻,善用双关、巧用成语、妙用典故,引用贴切,警语连篇,机智幽默,富书卷气。找出这些比喻、成语、典故。

_____

_____

_____

_____

_____

二、给本文列个提纲,理出文章的思路。

_____

_____

_____

_____

_____

① [秦晋]泛指两家联姻。
② [迂阔]不切实际。

三、概括和分析本文中"我"的矛盾心理。

_____

_____

_____

四、举例说明本文中作者对人生况味的细致体察。

_____

_____

_____

口语交际

自我介绍

案例导入

案例："我叫胡蝶，这个浪漫的名字是父母在 24 年前给予我的最特殊的礼物，没想到它让我与新闻结缘。两年多的新闻采编实践，不断锤炼着我成长的翅膀，希望在这次大赛中，在您的支持下，通过努力我能够真正实现破茧成蝶的嬗变。"

导入：以上是 2007 年第五届 CCTV 电视节目主持人大赛金奖获得者胡蝶的自我介绍。在这段讲话中胡蝶将自己的名字和蝴蝶的成长特点联系在一起，既展现了个人特点，又让观众在第一时间关注她、记住她，从而脱颖而出。

自我介绍的要点

一、自我介绍的内容

1. 我是谁

我是谁，主要介绍自己的姓名、年龄、籍贯、学历或业务经历（求职面试时注意经历应与应聘单位有关）；专业知识、学术背景（求职面试时注意专业应与应聘的岗位、职责有关）；优点、技能（求职面试时应突出能对应聘单位所做的贡献）。

2. 我做过什么

我做过什么，主要介绍相关的实践经历（包括校内活动经历、相关兼职和实习经历、社会实践等）。注意，不要面面俱到，要学会取舍。

3. 做成过什么

做成过什么，代表着你的能力和水平，主要介绍相关的实践成果和业绩（包括校内活动成果和校外实践成果）。

4. 想做什么

想做什么，代表着你的理想和对未来的规划。在求职应聘中要特别说明你的工作热情、兴趣、职业发展规划、对行业发展趋势的看法等。

自我介绍的内容要视不同的实际情况灵活运用。尤其是在求职面试时，应聘者要根据不同的岗位工种，针对应聘职位合理编排每部分的内容。

二、自我介绍应该注意的问题

1. 自我介绍要简明扼要

自我介绍一般以 1 分钟为宜，内容应有所侧重，即便是求职面试的自我介绍最好也不要超过 3 分钟。

2. 自我介绍的语言

自我介绍应使用口头语言,自然流畅,措辞适度,用语留有余地,给人以诚恳、坦率、值得信赖的印象。

3. 自我介绍的身体语言

恰当运用身体语言,如眼神适度接触、保持微笑等,都让人看起来充满自信。

4. 自我介绍的禁忌

自我介绍要实事求是,既不能过分炫耀,也不能自我贬低。

练一练

一、分组活动

进行自我介绍训练。

1. 活动模式

将每个自然组的同学位置调整成圆桌模式,大家一起思考、讨论并完善自己课前制作的自我介绍卡。在组长的组织下,组内同学轮流发言,推荐一名同学参加全班的自我介绍展示。

2. 学生互评

每组选出一名同学担任评委。

(1)学生根据评价表打分,评价表共 100 分,其中语言流畅占 15 分,语速适中占 15 分,服饰得体占 15 分,礼貌大方占 15 分,内容翔实占 20 分,精彩动人占 20 分。

(2)根据最后统计结果评出得分最高的个人。

3. 教师点评并颁奖

教师简短评价选手,并给得分最高的人颁奖。

二、面试赛场

1. 情境再现

某医院公开招聘护士,假如你是一名即将毕业的护校学生,请设计一份面试时的自我介绍。

2. 游戏——转身好声音

游戏内容:教师随机选取三位同学担任应聘者,同学准备好后抽签决定上台顺序。全班其他同学背向上台展示的选手,在自我介绍比试中觉得精彩时立马转身。获得最多转身人数者视为面试成功。

写作训练

人物描写

人物描写的概述

记叙文(不管是写人还是记事)以叙述和描写为主要表达方式。时间、地点、人物,以及事件的起因、经过和结果是记叙文的"六要素",其中人物描写是重中之重,是文章的灵魂。人物描写的方法分为直接描写和间接描写。

一、直接描写

直接描写包括肖像描写、语言描写、行动描写、细节描写、心理描写等。

二、间接描写

间接描写概括地说,就是通过其他人物的言行间接描写主人公,如环境描写衬托或烘托。

人物描写的基本技巧

一、肖像、神态、动作描写

该技巧主要通过描写人物的某些外部特征来揭示人物的性格,其作用是更好地展现人物的内心世界及性格特征,使形象刻画栩栩如生、人物跃然纸上。

例文: 张大嫂的笑声比大哥的高着一个调门。大哥一抿嘴,大嫂的唇已张开;大哥出了声,她已把窗户纸震得直动。

——节选自老舍《离婚》

评析: 作者用风趣、夸张的手法为我们展现了小市民阶层的妇女形象,用贴切的形象描写塑造出一个"开朗"的妇女形象。

二、语言描写

每个人所说的话都应符合他的身份、年龄、经历、教养、气质、习惯爱好和心理状态,以及所处的特定环境,使读者观其言而知其人,闻其声则明其性。

例文: 秀才、县官、财主和村夫在大雪天不期而遇。财主提议,以雪为题,每人吟咏一句诗。秀才说了一句:"大雪纷纷坠地。"戴乌纱帽的县官听后马上接了一句:"全是皇家瑞气。"财主笑着说:"再下三年何妨?"村夫在旁脱口而出:"放他娘的狗屁!"

点评: 秀才是读书人,讲究文采;县官不忘为皇帝歌功颂德;财主不缺吃,不愁穿,把下雪看作是乐事;村夫言语粗俗却深知百姓艰苦。

三、心理描写

对人物心理的刻画主要是直接描写人物思想和内在情感(矛盾、焦虑、担心、喜悦、兴奋等),表现人物思想品质,刻画人物性格,推动情节发展。最常用的心理描写方式是描写人物的内心独白,写出人物的所思所想,让人物一无遮掩地吐露自己的心声。

例文:孙少安,是个耿直、质朴的农村男子,他善良,能吃苦,有责任心,同时血气方刚,真心地爱着润叶。但是,却因为他身为农家,而润叶却受过高等教育,所以,他在润叶面前表现出退缩,爱,却没有勇气,爱,却自卑。

——节选自路遥《平凡世界》

评析:这样的心理矛盾,路遥刻画得细致入微,尤其逼真。同样,其也很符合人物现实状况和现实心理。孙少安最终错过了润叶。但是,同样,因为他小农意识的局限,在娶了山西姑娘以后,生活便代替了爱情,一切平淡了,生活便是真实的生活了。

四、细节描写

细节描写是对某一具体的细微事物做细腻逼真、具体生动的描写,或对一种特定情节下的人物的语言、动作、外貌、神态和心理做描写。它是刻画人物性格、推进情节发展、表现生活环境的重要因素。

例文:(他)蹒跚地走到铁道边,慢慢探身下去,尚不大难。可是他穿过铁道,要爬上那边月台,就不容易了。他两手攀着上面,两脚再向上缩;他肥胖的身子向左微倾,显出努力的样子,这时我看见他的背影,我的眼泪很快地流下来了。

——节选自朱自清《背影》

评析:上文的细节描写,让我们看到一个行动不便的老父亲对儿子深沉的爱。

片断赏析

一、学生

例文:她那时正微低着头在看她的英语读本上的图片。美丽的面容正好像是风水先生手中的藤杖,它能使四周潜伏着的美立即显露出来。柔和的阳光在那一刹那间似乎已变成了有知觉的生物;秋天也似乎忽然具有了一定的形象。像太阳约束着一切行星一样,这女孩使得天空、大气、光线和她身边的一切都围绕着她活动,而她自己却颟顸地、沉默地坐在那里,看着一本教科书上的图片。

——节选自[印度]泰戈尔《沉船》

二、教师

例文:先生姓徐,名锦澄,我们给他取的绰号是"徐老虎",因为他凶。他的相貌很古怪,他的脑袋的轮廓是有棱有角的,很容易成为漫画的对象。头很尖,秃秃的、亮亮的,脸形却是方方的、扁扁的,有些像《聊斋志异》绘图中的夜叉的模样。他的鼻子、眼睛、嘴好像是过分地集中在脸上很小的一块区域里。他戴一副墨晶眼镜,银丝小镜框,这两块黑色便成了他脸上最显著的特征。

——节选自梁实秋《我的一位国文老师》

三、女性

例文：一语未完，只听后院中有笑语声，说："我来迟了，没得迎远客!"黛玉思忖道："这些人个个皆敛声屏气如此，这来者是谁，这样放诞无礼?"心下想时，只见一群媳妇丫鬟拥着一个丽人，从后房进来，这个人打扮与姑娘们不同，彩绣辉煌，恍若神妃仙子，头上戴着金丝八宝攒珠，绾着朝阳五凤挂珠钗，项上戴着赤金盘螭璎珞圈，身上穿着缕金百蝶穿花大红云缎袄，外罩五彩刻丝石青银鼠褂，下着翡翠撒花洋绉裙；一双丹凤三角眼，两弯柳叶掉梢眉，身量苗条，体格风骚；粉面含春威不露，丹唇未启笑先闻。

——节选自曹雪芹《红楼梦》

四、男性

例文：孔乙己是站着喝酒而穿长衫的唯一的人。他身材很高大；青白脸色，皱纹间时常夹些伤痕；一部乱蓬蓬的花白的胡子。穿的虽然是长衫，可是又脏又破，似乎十多年没有补，也没有洗。他对人说话，总是满口之乎者也，教人半懂不懂的。因为他姓孔，别人便从描红纸上的"上大人孔乙己"这半懂不懂的话里，替他取下一个绰号，叫作孔乙己。

——节选自鲁迅《孔乙己》

作文训练

1. 小红在商场逛街时偶遇自己的班主任王老师，请写一段150字左右的师生对话。

（1）要求：有合理的想象；运用语言描写将人物之间的对话展示出来；可有少量的神态和动作描写；切忌只专注说话内容，不可"我说""他说"……，避免言语干巴。

（2）实践：限时10分钟；写作完成后，小组间成员互相阅读作品，选出最佳文段；小组朗读最佳文段，教师进行点评。

2. 游戏：猜猜我是谁?

（1）要求：重点运用外貌和神态描写方式写出班上一名同学的特征；抓住所写同学最主要的特征，切忌大众化。

（2）实践：限时5分钟；写作完成后，教师随机抽取几名同学的文章进行朗读，全班同学猜猜他写的是谁。

走进实践活动

成长不忘父母情

活动目标

（1）通过模拟、体验、搜集、采访、观察、记录等一系列实践活动,使学生感悟父母对自己的养育之恩,理解父母对自己的关爱,对父母产生感恩之情;

（2）培养学生获取、加工、存储和应用信息的能力;

（3）使学生学会尊重父母,感恩父母,进而学会关爱他人,回报社会。

活动准备

一、任务准备

（1）学生自由组合为小组,制定研究任务及方案方法。

（2）按专题小组开展调查、访问,进行图片搜集、查找资料、实地考察等工作;分析调查结果并对活动所获得的资料认真做好记录。

二、任务搜集

（1）搜集自己成长的照片。

（2）了解父母的工作等情况。

（3）了解家庭开支、自己一个月的具体开支及其在家庭开支中所占比例。

（4）统计父母每月干家务活的时间和自己每月干家务活的时间。

（5）和父母互换身份,做角色扮演游戏,进行"今天我当家"体验活动并写出感受。

（6）搜集关于感恩父母的故事。

三、任务制作

（1）制作 PPT,内容包括自己成长的照片、父母的工作状态及感恩父母的故事。

（2）制作统计表格,对自己家庭的开支,以及父母和自己干家务的时间进行统计。

（3）排演小品"今天我当家"。

活动过程

一、创设情境,音乐导入

选择一首有关亲情的歌曲,在优美歌曲的引导中触摸自己的内心深处。

二、小组展示任务完成情况

（1）小组内成员就自己制作的 PPT 和统计表格进行交流讨论,谈谈自己的感受。

（2）组内讨论后,每组派一名同学将自己制作的 PPT 和统计表格向全班同学展示,并将组内讨论结果跟同学分享。

三、小品表演:今天我当家

（1）抽签决定小组上台表演的顺序。

（2）各个小组由一名同学担任评委。

（3）教师点评,并评出表现最好的小组。

四、故事叙述

同学自愿上台讲述自己或身边关爱、感恩父母的故事。

五、制作感恩卡送给父母

同学制作感恩卡回家送给父母。

仁爱，浇铸心田的私语

"衙斋卧听萧萧竹，疑是民间疾苦声。些小吾曹州县吏，一枝一叶总关情。"郑板桥在山东任职时，正值山东受灾，饥民无数。一个不寐的夜晚，郑板桥听着冷风吹打疏竹发出的萧萧声，竟怀疑是百姓因饥寒而发出的哀号声，其仁爱之心溢于字里行间。

泰山不让土壤，故能成其大；河海不择细流，故能就其深。时光匆匆，我们或许做不到惊天动地的伟业，或许不能闻名遐迩的卓著，但在生命的轨迹中我们可以常怀一颗仁爱之心。

仁爱是冬日里的一束阳光，驱散了寒夜的雾霾；仁爱是久旱后的一场甘霖，滋润了龟裂的心田；仁爱是大海上的一个航标，点燃了新的希望。仁爱是《礼记·中庸》中的"仁者人也，亲亲为大"；是孟子的"亲亲而仁民，仁民而爱物""仁者无不爱也"；是荀子的"仁，爱也，故亲"；也是墨子的"若使天下兼相爱，爱人若爱其身"。

孔子认为，仁爱是做人的根本。《论语》中，"仁"这个字被提到的有109处。孔子不仅是一个仁爱的宣传者，同时也是一个仁爱的实践者。仁爱的思想，更是中国儒家哲学和传统文化的基石。和善是一种仁爱，它如江南三月的小雨，润绿了荒芜的原野。最美的事物永远在心中，而不是在眼里，林清玄在《好雪片片》中带我们走近一个流浪汉——他有着世间"最纯净的心灵"。宽容也是一种仁爱，它像北国九月的暖阳，温暖着冰冷的心房。房龙的《〈宽容〉序言》让我们找到真理的所在，体味到宽容的真谛，正如雨果所说：世界上最广阔的是海洋，比海洋更广阔的是天空，比天空更广阔的是人的心灵。只有拥有和善和宽容的品格才能成为一名真正的仁者，而作为医学工作者除了要有精湛的医术还应有高贵的品德，在孙思邈的《大医精诚》一文中我们能找到"医者即仁者"的真正含义。

爱是和煦的春风，吹去朔雪纷飞，带来春光无限。也许你我注定只能有平凡的人生，但我们不能让自己的世界充满苍白。当许多人都托起仁爱的太阳时，它的阳光将普照大地，温暖人间，投射出撼人的力量。

五 《论语》①三则

课文导读

　　《论语》是记载孔子及其一部分弟子言行的语录体文集,是儒家经典著作之一。"仁爱"思想是儒家核心观点之一,也是《论语》中反复提及、论证的一个重要思想。孔子以"仁者爱人"为主题,塑造了仁者风范,表现出自然流露的仁爱之心。

其　　一

　　子曰:"弟子②,入③则孝,出④则悌,谨⑤而信,泛⑥爱众,而亲仁⑦,行有余力⑧,则以学文⑨。"

其　　二

　　子贡曰:"如有博施⑩于民而能济众⑪,何如? 可谓仁乎?"子曰:"何事于仁! 必也圣乎! 尧舜⑫其犹病诸⑬。夫⑭仁者,己欲立而立人,己欲达而达人,能近取譬⑮,可谓仁之方也已。"

---

　　① 《论语》由孔子的弟子及再传弟子编写,记录孔子及其部分弟子言行的书,共20篇。孔子,名丘,字仲尼,鲁国陬邑人,春秋末期思想家、政治家、教育家,儒学学派创始人。
　　② [弟子]一般有两种意义,一是指年纪较小为人弟和为人子的人;二是指学生。这里是用后一种意义上的"弟子"。
　　③ [入]古代时父子分别住在不同的居处,学习则在外舍。《礼记·内则》:"由命士以上,父子皆异宫。"入是入父宫,指进到父亲住处,或说在家。
　　④ [出]与"入"相对而言,指外出拜师学习。出则悌,是说外出拜师要尊重师长,也可泛指年长于自己的人。
　　⑤ [谨]寡言少语称之为谨。
　　⑥ [泛]广泛的意思。
　　⑦ [仁]即仁人,有仁德之人。
　　⑧ [行有余力]指有闲暇时间。
　　⑨ [文]古代文献,主要有诗、书、礼、乐等文化知识。
　　⑩ [施(shī)]动词。
　　⑪ [众]指众人。
　　⑫ [尧舜]传说中上古时代的两位帝王,也是孔子心目中的榜样。儒家认为他们是"圣人"。
　　⑬ [病诸]病,担忧,诸,"之于"的合音。
　　⑭ [夫]句首发语词。
　　⑮ [近取譬]能够就自身打比方,即推己及人的意思。

其　三

颜渊、季路侍①。子曰:"盍②各言尔志。"子路曰:"愿车马衣轻裘③,与朋友共,敝④之而无憾。"颜渊曰:"愿无伐⑤善,无施劳⑥。"子路曰:"愿闻子之志。"子曰:"老者安之,朋友信之,少者怀之⑦。"

思考与练习

一、填空。

1. 《论语》成书于_____之际,是一部_____体散文集,是孔子的_____和_____所辑录的孔子及其部分弟子的言行录。

2. 孔子,名_____,字_____,_____家学派创始人,思想核心是_____,其政治上主张_____,鼓励人们_____,即"出来做事"。其开_____讲学的风气,传说有弟子_____人,身通六艺者_____人。孔子本人也被历代统治者尊奉为至圣先师。

二、翻译下列句子。

1. 行有余力,则以学文。

_____

_____

2. 己欲立而立人,己欲达而达人。

_____

_____

3. 老者安之,朋友信之,少者怀之。

_____

_____

三、请理解文中关于"仁爱"的思想。

_____

_____

四、背诵课文。

_____

① 〔侍〕服侍,站在旁边陪着尊贵者叫侍。
② 〔盍(hé)〕何不。
③ 〔裘(qiú)〕皮衣。
④ 〔敝(bì)〕破,坏。
⑤ 〔伐〕夸耀。
⑥ 〔施劳〕施,表白。劳,功劳。
⑦ 〔少者怀之〕让少者得到关怀。

六 《宽容》序言①

[荷兰]亨德里克·房龙

课文导读

这则序言用一个虚构的故事,浓缩了人类发展历史上无数次发生过的事实,强调了宽容精神对历史进步、社会发展的推动作用。

这篇序言既是一篇散文诗,也是一则意味厚重的寓言,既饱含诗情,又富有深刻的意义,极具思维和审美的张力。

在宁静的无知山谷里,人们过着幸福的生活。

永恒的山脉向东西南北各个方向蜿蜒绵亘②。

知识的小溪沿着深邃③破败的溪谷缓缓地流着。

它发源于昔日的荒山。

它消失在未来的沼泽。

这条小溪并不像江河那样波澜滚滚,但对于需求浅薄④的村民来说,已经绰⑤有余裕。

晚上,村民们饮毕牲口,灌满木桶,便心满意足地坐下来,尽享天伦之乐⑥。

守旧的老人们被搀扶出来,他们在荫凉角落里度过了整个白天。对着一本神秘莫测的古书苦思冥想⑦。

他们向儿孙们叨唠⑧着古怪的字眼,可是孩子们却惦记着玩耍从远方捎来的漂亮石子。

这些字眼的含意往往模糊不清。

不过,它们是一千年前由一个已不为人所知的部族写下的,因此神圣而不可亵渎⑨。

在无知山谷里,古老的东西总是受到尊敬。

---

① 选自《宽容》,生活·读书·新知三联书店,1985 年。美国著名作家亨德里克·房龙所著《宽容》的序,迮卫,靳翠微译。亨德里克·房龙,荷裔美国人,著名学者。

② [绵亘]接连不断(多指山脉等)。

③ [深邃(suì)]深的;幽深。

④ [浅薄]不深;微薄。

⑤ [绰(chuò)]宽绰。

⑥ [天伦之乐]指家庭之乐。天伦,父子、兄弟等亲属关系。

⑦ [苦思冥想]尽心地思索和想象。

⑧ [叨唠]没完没了地说。

⑨ [亵渎(xiè dú)]轻慢;冒犯。

谁否认祖先的智慧,谁就会遭到正人君子的冷落。

所以,大家都和睦相处①。

恐惧总是陪伴着人们。谁要是得不到园中果实中应得的份额,又该怎么办呢?

深夜,在小镇的狭窄街巷里,人们低声讲述着情节模糊的往事,讲述那些敢于提出问题的男男女女。

这些男男女女后来走了,再也没有回来。

另一些人曾试图攀登挡住太阳的岩石高墙。

但他们陈尸石崖脚下,白骨累累。

日月流逝,年复一年。

在宁静的无知山谷里,人们过着幸福的生活。

外面是一片漆黑,一个人正在爬行。

他手上的指甲已经磨破。

他的脚上缠着破布,布上浸透着长途跋涉②留下的鲜血。

他跌跌撞撞来到附近一间草房,敲了敲门。

接着他昏了过去。借着颤动的烛光,他被抬上一张吊床。

到了早晨,全村都已知道:"他回来了。"

邻居们站在他的周围,摇着头。他们明白,这样的结局是注定的。

对于敢于离开山脚的人,等待他的是屈服和失败。

在村子的一角,守旧老人们摇着头,低声倾吐着恶狠狠的词句。

他们并不是天性残忍,但律法毕竟是律法。他违背了守旧老人的意愿,犯了弥天大罪③。

他的伤一旦治愈,就必须接受审判。

守旧老人本想宽大为怀。

他们没有忘记他母亲的那双奇异闪亮的眸子,也回忆起他父亲三十年前在沙漠里失踪的悲剧。

不过,律法毕竟是律法,必须遵守。

守旧老人是它的执行者。

守旧老人把漫游者抬到集市区,人们毕恭毕敬地站在周围,鸦雀无声。

漫游者由于饥渴,身体还很衰弱,老者让他坐下。

他拒绝了。

---

① [和睦相处]相处融洽有爱,不争吵。

② [跋涉]爬山蹚水,形容旅途艰苦。

③ [弥天大罪]天大的罪恶。弥,满。

他们命令他闭嘴。

但他偏要说话。

他把脊背转向老者,两眼搜寻着不久以前还与他志同道合的人。

"听我说吧,"他恳求道,"听我说,大家都高兴起来吧! 我刚从山的那边来,我的脚踏上了新鲜的土地,我的手感觉到了其他民族的抚摸,我的眼睛看到了奇妙的景象。"

"小时候,我的世界只是父亲的花园。"

"早在创世的时候,花园东面、南面、西面和北面的疆界就定下来了。"

"只要我问疆界那边藏着什么,大家就不住地摇头,一片嘘声。可我偏要刨根问底,于是他们把我带到这块岩石上,让我看那些敢于蔑视上帝的人的嶙嶙白骨。"

"骗人! 上帝喜欢勇敢的人!"他喊道。于是,守旧老人走过来,对他读起他们的圣书。他们说:"是上帝的旨意已经决定了天上人间万物的命运。山谷是我们的,由我们掌管,野兽和花朵,果实和鱼虾,都是我们的,按我们的旨意行事。但山是上帝的,对山那边的事物我们应该一无所知,直到世界的末日。"

"他们是在撒谎。他们欺骗了我,就像欺骗了你们一样。"

"那边的山上有牧场,牧草同样肥沃,男男女女有同样的血肉,城市是经过一千年能工巧匠细心雕琢①的,光彩夺目。"

"我已经找到一条通往更美好的家园的大道,我已经看到幸福生活的曙光。跟我来吧,我带领你们奔向那里。上帝的笑容不只是在这儿,也在其他地方。"

他停住了,人群里发出一声恐怖的吼叫。

"亵渎,这是对神圣的亵渎。"守旧老人叫喊着。"给他的罪行以应有的惩罚吧! 他已经丧失理智,胆敢嘲弄一千年前定下的律法。他死有余辜②!"

人们举起了沉重的石块。

人们杀死了这个漫游者。

人们把他的尸体扔到山崖脚下,借以警告敢于怀疑祖先智慧的人,杀一儆百③。

没过多久,爆发了一场特大干旱。潺潺④的知识小溪枯竭⑤了,牲畜因干渴而死去,粮食在田野里枯萎,无知山谷里饿殍遍野⑥。

不过,守旧老人们并没有灰心。他们预言说,一切都会转危为安,至少那些最

---

① [雕琢]雕刻(玉石)。

② [死有余辜]处以死刑,也抵偿不了他的罪行,形容罪大恶极。辜,罪。

③ [杀一儆(jǐng)百]处死一个人,借以警诫许多人。儆,警告。

④ [潺潺]形容溪水、泉水等流动的声音或是形容水缓缓流动的样子。

⑤ [枯竭](水源)干涸;断绝。

⑥ [饿殍遍野]饿死的人很多。

神圣的篇章是这样写的。

况且,他们已经很老了,只要一点食物就足够了。

冬天降临了。

村庄里空荡荡的,人稀烟少。

半数以上的人由于饥寒交迫已经离开人世。活着的人把唯一希望寄托在山脉那边。

但是律法却说,"不行!"

律法必须遵守。

一天夜里爆发了叛乱。

失望把勇气赋予那些由于恐惧而逆来顺受①的人们。

守旧老人们无力地抗争着。

他们被推到一旁,嘴里还抱怨自己的命运不济,诅咒②孩子们忘恩负义。不过,最后一辆马车驶出村子时,他们叫住了车夫,强迫他把他们带走。

这样,投奔陌生世界的旅程开始了。

离那个漫游者回来的时间,已经过了很多年,所以要找到他开辟的道路并非易事。

成千上万人死了,人们踏着他们的尸骨,才找到第一座用石子堆起的路标。

此后,旅程中的磨难少了一些。

那个细心的先驱者已经在丛林和无际的荒野乱石中用火烧出了一条宽敞大道。

它一步一步把人们引到新世界的绿色牧场。

大家相视无言。

"归根结底他是对了,"人们说道。"他对了,守旧老人错了……"

"他讲的是实话,守旧老人撒了谎……"

"他的尸首还在山崖下腐烂,可是守旧老人却坐在我们的车里,唱那些老掉牙的歌子。"

"他救了我们,我们反倒杀死了他。"

"对这件事我们的确很内疚,不过,假如当时我们知道的话,当然就……"

随后,人们解下马和牛的套具,把牛羊赶进牧场,建造起自己的房屋,规划自己的土地。从这以后很长时间,人们又过着幸福的生活。

---

① ［逆来顺受］对恶劣环境或无理的待遇采取忍受的态度。

② ［诅咒］咒骂。

几年以后，人们建起了一座新大厦，作为智慧老人的住宅，并准备把勇敢先驱者的遗骨埋在里面。

一支肃穆的队伍回到了早已荒无人烟的山谷。但是，山脚下空空如也，先驱者的尸首荡然无存。

一只饥饿的豺狗早已把尸首拖入自己的洞穴。

人们把一块小石头放在先驱者足迹的尽头（现在那已是一条大道），石头上刻着先驱者的名字，一个首先向未知世界的黑暗和恐怖挑战的人的名字，他把人们引向了新的自由。

石上还写明，它是由前来感恩朝礼的后代所建。

这样的事情发生在过去，也发生在现在，不过将来（我们希望）这样的事不再发生了。

思考与练习

一、给下面加点的字注音。

1. 浅薄　　　　2. 饮毕　　　　3. 和睦　　　　4. 石崖

5. 倾吐　　　　6. 潺潺　　　　7. 扔　　　　8. 弥天大罪

9. 畜生　　　　10. 内疚　　　　11. 洞穴　　　　12. 死有余辜

二、说说本文的文体特点。

_____

_____

_____

_____

三、概述本文的故事情节。

_____

_____

_____

_____

_____

四、结合课文解说下列文化意象的特点及象征意义。

1. 无知山谷：

2. 知识小溪：

3. 守旧老人：

4. 村民：

5. 漫游者：

七　好雪片片①

[台]林清玄

课文导读

本文虽是一篇哲理性散文,但内容并不深奥。

作者描绘了一位外表污秽、境况凄凉但心地善良的流浪老人的形象,从这个"大部分人都会投以厌恶与疑惑的眼光,小部分人则投以同情"的流浪老人的身上,作者"真正感觉到人明净的善意",认识到"不管外表是怎样的污秽",只要内心有"明净的善意",那善意就会从内心深处涌现出来。

最后作者以议论的笔法揭示了文章的中心:无论境况如何都不能失掉一个人的善良本性。

在信义路②上,常常会看到一位流浪的老人。即使热到摄氏三十八度的盛夏,他也穿着一件很厚的中山装,中山装里还有一件毛衣。那么厚的衣物使他肥胖笨重有如木桶。平常他就蹲坐在街角,歪着脖子,看来往的行人,也不说话,只是轻轻地摇动手里的奖券③。

很少的时候,他会站起来走动,当他站起,才发现他的椅子绑在皮带上,走的时候,椅子摇过来,又摇过去。他脚上穿着一双老式的牛伯伯打游击的大皮鞋,摇摇晃晃像陆上的河马。

如果是中午过后,他就走到卖自助餐摊子的前面一站,想买一些东西来吃,摊贩看到他,通常会盛一盒便当④送给他。他就把吊在臀部的椅子对准臀部,然后坐下去。吃完饭,他就地睡午觉,仍是歪着脖子,嘴巴微张。

到夜晚,他会找一块干净挡风的走廊睡觉,把椅子解下来当枕头,和衣,甜甜地睡去了。

我观察老流浪汉很久了,他全部的家当⑤都带在身上,几乎终日不说一句话,可能他整年都不洗澡的。从他的相貌看来,应该是北方人,流落到这南方热带的街头,连最燠热⑥的夏天都穿着家乡的厚衣。

对于街头的这位老人,大部分人都会投以厌恶与疑惑的眼光,小部分人则投以

---

① 选自 1994 年第 1 期《读者》。林清玄(1953—),笔名秦情、林漓、林大悲等,台湾作家。
② [信义路]路名,位于台北市信义区。
③ [券]读作"quàn"。
④ [便当(dāng)]文中指"盒饭"之类的简易食品。
⑤ [家当(dàng)]家庭的全部财产。
⑥ [燠(yù)热]使温暖;使热。

同情。

我每次经过那里,总会向老人买两张奖券,虽然我知道即使每天买两张奖券,对他也不能有什么帮助,但买奖券使我感到心安,并使同情找到站立的地方。

记得第一次向他买奖券那一幕,他的手、他的奖券、他的衣服同样的油腻污秽,他缓缓地把奖券撕下,然后在衣袋中摸索着,摸索半天掏出一个小小的红色塑胶套,这套子竟是崭新的,美艳得无法和他相配。

老人小心地把奖券装进红色塑胶套,由于手的笨拙①,使这个简单动作也十分艰困。

"不用装套子了。"我说。

"不行的,讨个喜气,祝你中奖!"老人终于笑了,露出缺几颗牙的嘴,说出充满乡音的话。

他终于装好了,慎重地把红套子交给我,红套子上写着八个字:"一券在手,希望无穷。"

后来我才知道,不管是谁买奖券,他总会努力地把奖券装进红套子里。慢慢我理解到了,小红套原来是老人对买他奖券的人一种感激的表达。每次,我总是沉默耐心地等待,看他把心情装进红封套,温暖四处流动着。

和老人逐渐认识后,有一年冬天的黄昏,我向他买奖券,他还没有拿奖券给我,先看见我穿了单衣,最上面的两个扣子没有扣。老人说:"你这样会冷吧!"然后,他把奖券夹在腋下,伸出那双油污的手,要来帮我扣扣子,我迟疑一下,但没有退避。

老人花了很大的力气,才把我的扣子扣好,那时我真正感觉到人明净的善意,不管外表是怎么样的污秽②,都会从心的深处涌出,在老人为我扣扣子的那一刻,我想起了自己的父亲,鼻子因而酸。

老人依然是街头的流浪汉,把全部的家当带在身上,我依然是我,向他买着无关紧要的奖券。但在我们之间,有一些友谊,装在小红套,装在眼睛里,装在不可测的心之角落。

我向老人买过很多很多奖券,多未中过奖,但每次接过小红套时,我觉得那一时刻已经中奖了,真的是"一券在手,希望无穷"。我的希望不是奖券,而是人的好本质,不会被任何境况所淹没。

我想到伟大的禅师庞蕴③说的:"好雪片片,不落别处!④"我们生活中的好雪、

---

① [笨拙(zhuō)]指不聪明,不灵巧,反应迟钝。

② [污秽(huì)]肮脏;不干净。

③ [庞蕴]字道玄,世号庞居士,唐朝时衡州衡阳县人。

④ [好雪片片,不落别处]唐代的庞居士对禅有精深的理解,他是药山惟俨大师的弟子。一次,他到药山那里求法,告别药山,药山命门下十多个禅客相送。庞居士和众人边说边笑,走到门口,推开大门,但见漫天的大雪,纷纷扬扬,乾坤正在一片混莽之中。众人都很喜欢。庞居士指着空中的雪片,不由得发出感慨:"好雪片片,不落别处。"有一个禅客问道:"那落在什么地方?"被庞居士打了一掌。

明净之雪也是如此,在某时某地当下即见,美丽的落下,落下的雪花不见了,但灌溉了我们的心田。

思考与练习

一、找出下面词语中的错别字并写出正确的字。

1. 斩新　　　2. 沉陌　　　3. 灌概　　　4. 退辟

5. 澳热　　　6. 笨苗　　　7. 慎终　　　8. 迟凝

二、从结构上看,文章可以分为三部分。你是怎样划分的?请简要概括出三部分的大意。

_____

_____

三、文章中写"我"第一次向流浪老人买奖券时,有一个十分鲜明的对比。请说说这个对比的内容和表达作用。

_____

_____

_____

_____

四、文章以"好雪片片"为题,又以"好雪片片,不落别处"结束全文,你觉得有什么好处?

_____

_____

_____

五、阅读全文后,你对美有什么新的感悟?请以"发现美"为主题,办一期班级小报。

八　大医精诚^①（节选）

孙思邈

课文导读

　　《大医精诚》乃是中医学典籍中论述医德的一篇极重要文献，为习医者所必读。

　　《大医精诚》论述了有关医德的两个要点：第一是精，亦即要求医者要有精湛的医术，认为医道是"至精至微之事"，习医之人必须"博极医源，精勤不倦"。第二是诚，亦即要求医者有高尚的品德修养，以"见彼苦恼，若己有之"感同身受的心，发"大慈恻隐之心"，进而发愿立誓"普救含灵之苦"，且不得"自逞俊快，邀射名誉"，"恃己所长，经略财物"。

诚心救人

　　凡大医治病，必当安神定志，无欲无求，先发大慈恻隐之心，誓愿普救含灵之苦。若有疾厄来求救者，不得问其贵贱贫富，长幼妍媸^②，怨亲善友^③，华夷^④愚智，普同一等，皆如至亲之想。亦不得瞻前顾后，自虑吉凶，护惜身命。见彼苦恼，若己有之，深心凄怆。勿避险巇^⑤、昼夜寒暑、饥渴疲劳，一心赴救，无作工夫^⑥形迹^⑦之心。如此可为苍生大医，反此则是含灵巨贼。自古名贤治病，多用生命以济危急，虽曰贱畜贵人，至于爱命，人畜一也，损彼益己，物情同患^⑧，况于人^⑨乎。夫杀生求生，去生更远。吾今此方，所以不用生命为药者，良由此也。其虻虫、水蛭之属，市有先死者，则市^⑩而用之，不在此例。只如鸡卵一物，以其混沌^⑪未分，必有大段^⑫要急之处，不得已隐忍^⑬而用之。能不用者，斯为大哲^⑭亦所不及也。其有患疮痍下

---

①　选自《备急千金要方》第一卷。孙思邈，中国唐代医药学家。在伤寒学方面，他将《伤寒论》内容较完整地收集在《千金要方》中。《千金要方》被誉为中国最早的临床百科全书。

②　[妍媸]美丑。妍，娇美。媸，通"媸"，丑陋。

③　[怨亲善友]谓关系亲疏。善，交往一般者。友，过从密切者。

④　[华夷]谓不同民族之人。华，汉族。夷，古代对异族的统称。

⑤　[险巇]艰险崎岖。

⑥　[工夫]时间，此谓耽搁时间。

⑦　[形迹]客套，此谓婉言推脱。

⑧　[患]厌恨。

⑨　[于人]《医心方》引作"圣人"。

⑩　[市]购买。

⑪　[混沌]古人想象中天地未分时浑然一体的状态，此指鸡雏成型前的状态。

⑫　[大段]十分。

⑬　[隐忍]克制忍耐。

⑭　[大哲]才能见识超越寻常的人。

痢,臭秽不可瞻视,人所恶见者,但发惭愧、凄怜、忧恤之意,不得起一念蒂芥①之心,是吾之志也。

思考与练习

一、认真阅读本文,并理解什么是"诚心救人"。

_____

_____

_____

_____

二、请结合自己的专业,写一篇读后感,要求在 200 字左右。

_____

_____

_____

_____

_____

---

① [蒂芥]又作"芥蒂",细小的梗塞物,喻郁积在胸中的怨恨和不快。

口语交际

学会倾听

案例导入

视频：女：喜鹊满树喳喳叫,向你梁兄报喜来呀,报喜来呀!

男：弟兄二人下山来,门前喜鹊成双对,从来喜鹊报喜讯,恭喜贤弟一路平安把家还。

出了城,过了关。

女：但只见山上的樵夫把柴砍。

男：起早歇晚多辛苦,打柴度日也艰难。

女：他为何人把柴打,你为何人送下山?

男：他为妻儿把柴打,我为你贤弟送下山。

女：前面到了一条河。

男：飘来一对大白鹅。

女：雄的就在前面走,雌的后面叫哥哥。

男：未曾听见鹅开口,哪有那个雌鹅叫呀么叫雄鹅。

女：你不见雌鹅对你微微笑,她笑你梁兄真像呆头鹅,呆头鹅。

男：既然我是呆头鹅,从此莫叫我梁哥哥,莫叫我梁哥哥。

送子观音坐上堂。

男：观音堂,观音堂。

女：观音大士媒来做,来,来,来,我与你双双来拜堂,来拜堂哪!

男：贤弟越说越荒唐,两个男子怎拜堂,怎拜堂?

女：劝梁兄你莫动火,小弟赔罪来认错。

（根据黄梅戏《十八里相送》整理文字）

评析：视频中祝英台通过各种各样的比喻,暗示梁山伯自己是一个女孩儿。而梁山伯是一个不会、不善于倾听的人,因此错失了与祝英台的缘分。其实,在日常生活和人际交往中,有许多机会的丧失或种种误会的产生可能就缘于我们不会倾听别人的心声,听不出言外之意。

倾听的要点

一、倾听的重要性

据美国俄亥俄州州立大学部分学者的研究,现代社会与人交往中,听占45%、说占30%、读占16%、写占9%。也就是说,听在人与人交往中所占的比重将近一半。

二、什么是倾听

1. 倾听是一种能力

因为声音的传达稍纵即逝,需要倾听者在短时间内对所接收到的信息进行过滤、筛选,并且果断、准确地进行判断,需要同时调动人的注意力、记忆力、理解力、想象力和思考力。同时,倾听也是一个逻辑的归纳、综合、演绎的过程。此外,倾听还是一个情感投入的过程。

2. 倾听是一种修养

约翰·霍尔夫冈·歌德说:"对别人述说自己,这是一种天性;认真对待别人向你述说他自己的事,这是一种教养。""造物主"给了我们两只耳朵,而只有一张嘴。学会倾听,实际上已经踏上进步的阶梯。

3. 倾听是一种关怀

著名心理学家 John P. Dickinson 说:好的倾听者,用耳听内容,更用心"听"情感。当你的朋友对你诉说时,请全神贯注地倾听,他高兴的时候,给他一个会心的微笑;他伤心的时候,把肩膀借他靠一靠。

练一练

一、欣赏

音频材料:李清照《如梦令·常记溪亭日暮》。

如梦令·常记溪亭日暮

常记溪亭日暮,沉醉不知归路。

兴尽晚回舟,误入藕花深处。

争渡,争渡,惊起一滩鸥鹭。

探究:当你听这首词的时候,眼前浮现了怎样的画面,请把它描摹出来。

_____

_____

_____

_____

_____

二、听弦外之音

诗歌材料：杜牧《泊秦淮》。

泊秦淮

烟笼寒水月笼沙,夜泊秦淮近酒家。

商女不知亡国恨,隔江犹唱后庭花。

探究:(1) 翻译这首古诗,说一说这首诗的大概意思。

_____

_____

_____

_____

(2) 在这首诗中,诗人谴责的是谁? 是商女吗?

_____

_____

_____

_____

_____

写作训练

散文写作

什么是散文

散文在我国有悠久的历史。自六朝以来,散文相对于韵文和骈文而言,是对一切不押韵的、不讲究排偶的文章的统称,包括经传史书在内。

散文的最大特点是形散而神不散——收放自如。"形散"主要指文章内容可以广泛,"神不散"则指文章中心主旨必须以一贯之。太过拘谨或太过松散皆不能成为好的散文。

散文的分类

散文没有统一的分类方法。按照内容和表达方式,其可分成叙事性散文、抒情性散文和议论性散文。

一、叙事性散文

叙事性散文以事件发展为线索,偏重于对事件的叙述。所叙之事既可以是一件以往的事,也可以是一件刚发生的事;既可以是一件完整的事,有头有尾,也可以是对几个片断的剪辑。但在叙事中,往往倾注了作者真切的感情,极富意义和志趣。

例文:坐船出门的那天,乡间旱象已成。运河两岸,水车同体操队伍一般排列着,咿呀之声不绝于耳。村中农夫全体出席踏水,有的水车上,连老太婆、妇人和十二三岁的孩子也出席。这不是平常的灌溉,这是一种伟观,人与自然奋斗的伟观!我在船中听了这种声音,看了这般情景,不胜感动。但那班投考的孩子们对此如同不闻不见,只管埋头在《升学指导》、《初中入学试题汇解》等书中。我喊他们:"喂!抱佛脚没有用的!看这许多人工作! 这是百年来未曾见过的状态,大家看!"但他们的眼向两岸看了一看就回到书上,依旧埋头在书中。后来却提出种种问题来考我:"穿山甲喜欢吃什么东西?""耶稣诞生时中国是哪个朝代?""无烟火药是用什么东西制成的?""挪威的海岸线长多少里?"

我被他们难倒,一个问题都回答不出来。我装着长者的神气对他们说:"这种题目不会考的!"他们都笑起来,伸出一根手指点着我,说:"你考不出! 你考不出!"我虽老羞,并不成怒,自管笑着倚船窗上吸香烟。后来听见他们里面有人在教我:"穿山甲喜欢吃蚂蚁的! ……"我自管看那踏水的,不去听他们的话;他们也自管埋头在书中,不来睬我,直到舍舟登陆。乘进火车里,他们又拿出书来看;到了旅馆里,他们又拿出书来看,一直看到赴考的前晚。

——选自丰子恺《送考》

评析：作者把那些投考的学生不闻不见，只顾埋头在有关升学的书中的部分描写得很细致。他们问作者的诸如"穿山甲喜欢吃什么东西"的问题，把投考学生那种既紧张又害怕的复杂心情表现得非常到位。

二、抒情性散文

抒情性散文侧重抒发作者的感情。抒情性散文以倾吐作者浓郁的感情为主，重在用抒情笔调、象征手法写景状物，在描写中抒发情感。文中的景或物是作者抒情的依托，作者往往将所要抒发的情感具象化，运用比兴、象征、拟人等手法，或写景抒情，情景交融，或托物咏志，有所寄托，达到抒情的目的。

例文：康桥的灵性全在一条河上；康河，我敢说是全世界最秀丽的一条水。河的名字是葛兰大（Granta），也有叫康河（River Cam）的，许有上下流的区别，我不甚清楚。河身多的是曲折，上游是有名的拜伦潭——"Byron's Pool"——当年拜伦常在那里玩的；有一个老村子叫格兰赛斯德，有一个果子园，你可以躺在累累的桃李树荫下吃茶，花果会掉入你的茶杯，小雀子会到你桌上来啄食，那真是别有一番天地。这是上游；下游是从赛斯德顿下去，河面展开，那是春夏间竞舟的场所。上下河分界处有一个坝筑，水流急得很，在星光下听水声，听近村晚钟声，听河畔倦牛刍草声，是我康桥经验中最神秘的一种：大自然的优美、宁静、调谐在这星光与波光的默契中不期然的淹入了你的性灵。

——节选自徐志摩《我所知道的康桥》

评析：康桥，它的生命随着徐志摩的文字嵌入了历史文化长河，康河永远清澈荡漾，潺潺流淌，白云悠悠，倒影涟漪，它的美，通过徐志摩笔下清晰地呈现在读者面前。

三、议论性散文

议论性散文侧重表现作者的思想认识，表达方式以议论为主，主观性也很强。与抒情性散文不同的是，它更有理性，体现着作者的深刻思考。与议论文不同的是，它要求文章内容充实，要选取几个具体事例或者描写片段体现主题，并穿插议论深化对事物的认识。

例文：徜徉于芳林之中，采红撷绿，每见枯枝败叶，却无触目萧索之感，反觉新陈代谢，生机盎然。文艺创作中也有类似情形。作品中的人物形象往往因作家恰到好处地写出其外形和内心的某种"缺陷"，而别具魅力。

《水浒传》里，黑旋风李逵憨直忠勇，却又鲁莽得可爱；拼命三郎石秀是一个精细人，狠劲上来，其尖利歹毒，叫人刻骨铭心。《红楼梦》中，聪明、活泼的史湘云偏是个"咬舌子"，把"二"说成"爱"；还有林黛玉的"小心眼"，晴雯的"使性子"……一个个人物无不跃然纸上，呼之欲出。古往今来，大凡成功的艺术形象，恰恰由于若隐若现的微瑕，而显出璞玉浑金的天然光彩。这就是美学家所称的"缺陷美"。

——节选自郭启宏《瑕之美》

评析：作品中的人物形象往往因作家恰到好处地写出其外形和内心的某种"缺

陷"而别具魅力,具有韵致的美感。文中先取材于自然以引入观点,再举经典文学作品中塑造的人物形象进行论证,有力地佐证了文章的观点。

练一练

母爱的颜色

龚善军

我很少见到这样的情景,母爱的颜色被对比得触目惊心。

早上有几分清凉,我像往常一样搭乘公车。

就在车要开动的一瞬间,我看见一位身穿雪白长裙的妇女匆匆跑来,由于抱着孩子,她跑得有些吃力,看得出她很焦急。也许是去上班,她背着包。"等等,等等"在她急促有力的呼喊声中,声音被切割成了一些片段飘了过来。我想她大概赶不上车了。忽然,在靠近车门的地方,她好像被什么绊了一下,身体被拉得很长,斜斜地向前倒去。我心里一紧,孩子! 也许是出于母亲的本能,她硬生生把孩子用左臂护住,身体的右侧重重摔在地上,还滑出好远。孩子仍被抛了出去,由于震动和惊吓,小家伙放声大哭起来。母亲吃力地站起来,赶紧抱起孩子,雪白的长裙上面沾满尘土。这时,原准备开车的司机也出人意料地打开了门:"快点,上车吧。"

我急忙让座,年轻的母亲一脸谢意。孩子慢慢地平静下来。她亲亲孩子,然后认真地察看起来,脑袋、脸、手,甚至是那圆乎乎的脚也没有忽略,突然,母亲发出了一声"呀",声音充满惊恐。年轻母亲的脸色顿时变得苍白,她在孩子的小裤管上看到了一块血迹,她的手颤抖起来,这时我看到她的右肘鲜红一片,还浸着血珠。"您的手臂——"她顿时明白了血的来源。霎时间,她的脸色由苍白变得红润起来,大有如释重负的轻松。

年轻的母亲抬起头,笑笑,一脸歉意。笑得真挚而且坦然。

探究:(1) 找出文中描写表现母爱有关颜色的句子。

_____

_____

(2) 文中第5段描写了年轻母亲的微笑,请分析这样描述表现了人物哪些内心活动。

_____

_____

(3) 文章题目"母爱的颜色"新颖别致,请从讴歌母爱主题的角度仿写散文。

情系空巢老人

活动目标

（1）通过主题活动,加强学生对空巢老人的理解和关心,弘扬爱老敬老的中华传统美德,把敬老爱老落到实处;

（2）通过分组搜集整理资料、表达与交流等一系列活动,培养学生的自主学习能力与交流合作能力。

活动准备

一、任务准备

（1）学生自由组合为小组,制定研究任务及方案方法。

（2）按专题小组开展调查、访问、图片收集、查找资料、实地考察等活动;分析调查结果并对活动所获得的资料认真做好记录。

二、任务收集

（1）小组协作完成资料搜集整理和宣传展板的制作。

（2）搜集整理关于空巢老人和志愿者服务的相关资料。

三、任务制作

（1）制作PPT,内容包括空巢老人和志愿者服务的相关资料。

（2）写一篇《为空巢老人服务》志愿者宣传活动的倡议书。

（3）准备一个有关"青年志愿者"感人事迹的材料。

（4）排演小品"爱在心中"。

（5）收集并诵读敬老题材的诗文。

活动过程

一、班级展示

（1）展示交流1:展示空巢老人及志愿者服务的相关材料。

（2）展示交流2:小组派代表宣读加入志愿者的倡议书。

（3）展示交流3:以小组为单位表演小品"爱在心中"。

二、班级评比

（1）各个小组选一名同学担任评委,根据实践活动评分表打分。

（2）教师结合评委小组的评价意见做点评、总结。

乡土，植根血脉的记忆

"离别家乡岁月多，近来人事半消磨。惟有门前镜湖水，春风不改旧时波。"唐朝诗人贺知章在外历经宦海沉浮数十载，当他回到家乡，故土乡音犹在，但熟悉的面孔已渐渐远去，春风吹去湖面只剩下如旧时的一圈圈波澜诉说着他对故乡的无比眷念。

凡少小离家的人，都有一份永远也化不开的浓浓的乡情眷恋，总是几度梦里回故乡，踏着酥软的草地，闻着醉人的清香，任微风拂去心灵的尘埃。他们对故乡的爱，是"绿叶对根的情意"，是对生命的珍惜，是一个人最真诚炽热的感情。

古往今来，有多少诗人笔中蘸满那份"月是故乡明"的深深眷念之情，写下留存千古的佳句。"愿为双黄鹄，高飞还故乡""故乡篱下菊，今日几花开""若为化得身千亿，散上峰头望故乡"……一句乡音一口乡味让多少人魂牵梦绕、热泪盈眶。

乡情是童年记忆中的散珠碎玉。周作人在《故乡的野菜》中用清新雅致的笔调将家乡的三种野菜娓娓道来，把沉甸甸的乡情隐匿在淡淡的平常叙述之中，勾勒出一幅隽永悠远的江南风土画。乡情如歌，让人读来不觉如痴如醉。怀着对家乡无以言喻的炽爱，沈从文写下了《鸭窠围的夜》。故乡山川的美好和作者心里的痛苦交织杂糅，风雪，无边的寒气，冷硬脏湿的棉被，歌声、划拳声、锣鼓声……都让作者按捺不住，满怀忧虑。世态的炎凉、人间的沧桑会磨去一个人的棱角，但徜徉故乡，它的幽静、淡泊让人远离喧嚣，洗尽铅华。归去来今是田园的召唤，也是对自由生活的寻觅。陶渊明在《饮酒》中让自己的灵魂主宰了命运，让诗人的洁身自好在乡土上滋长、蔓延。古往今来多少文人笔下，故乡不仅承载着归去的喜悦，其所透露的思乡的心境更是让人不胜唏嘘、忧思难解。《故都的秋》中，郁达夫将故都的秋色和个人心中的悲凉巧妙融合，温婉地表达了对故都的深深眷念及落寞情怀。

古诗云："胡马依北风，越鸟巢南枝。"许多动物都有对自己出生地的深深依恋，而人类更是将这种本能提升为对故乡热土的深切爱恋。家乡的水、家乡的人、家乡的食物、家乡的风俗、家乡的方言……使成长的岁月宛如一首无尽延伸的诗。而今我们已经长大，故乡的一切可能只能停留在记忆中，驻守在梦境里，我们也愿在乡土的民风民俗中留住生命的根。

九　故乡的野菜①

周作人

课文导读

　　本文是周作人小品散文名篇之一。作者通过对家乡野菜的描写，勾勒出一幅幅浙东古朴清丽的民俗画卷，流露出品花赏草的闲情逸致，也表达了作者对故乡的深切怀念。

　　本文将民谣童谚、中外典故不露痕迹地点缀在短小的篇幅中，联想丰富。选材从平凡琐碎处着手，加之作者心境平和、闲淡，显出周作人小品文一贯清新素雅的风格。

　　我的故乡不止一个，凡我住过的地方都是故乡。故乡对于我并没有什么特别的情分，只因钓于斯游于斯②的关系，朝夕会面，遂成相识，正如乡村里的邻舍一样，虽然不是亲属，别后有时也要想念到他。我在浙东住过十几年，南京东京都住过六年，这都是我的故乡；现在住在北京，于是北京就成了我的家乡了。

　　日前我的妻往西单市场买菜回来，说起有荠菜在那里卖着，我便想起浙东的事来。荠菜是浙东人春天常吃的野菜，乡间不必说，就是城里只要有后园的人家都可以随时采食，妇女小儿各拿一把剪刀一只"苗篮"，蹲在地上搜寻，是一种有趣味的游戏的工作。那时小孩们唱道："荠菜马兰头，姊姊嫁在后门头。"后来马兰头有乡人拿来进城售卖了，但荠菜还是一种野菜，须得自家去采。关于荠菜向来颇有风雅的传说，不过这似乎以吴地为主。《西湖游览志》云，"三月三日男女皆戴荠菜花。谚云，三春戴荠花，桃李羞繁华。"顾禄的《清嘉录》上亦说，"荠菜花俗呼野菜花，因谚有三月三蚂蚁上灶山之语，三日人家皆以野菜花置灶陉上，以厌虫蚁。清晨村童叫卖不绝。或妇女簪髻上以祈清目，俗号眼亮花。"但浙东却不很理会这些事情，只是挑来做菜或炒年糕吃罢了。

　　黄花麦果通称鼠曲草，系菊科植物，叶小微圆互生，表面有白毛，花黄色，簇生梢头。春天采嫩叶，捣烂去汁，和粉作糕，称黄花麦果糕。小孩们有歌赞美之云：

---

　　① 《故乡的野菜》，于1924年4月5日发表于《晨报副刊》，后收入《雨天的书》，北新书局，1925年。周作人(1885—1967)，原名櫆寿(后改为奎绶)，字星杓，祖籍浙江绍兴，鲁迅之弟，中国现代散文家、诗人、文学翻译家。

　　② [钓于斯游于斯]韩愈《送杨少尹序》："某树，吾先人之所种也；某水，某丘，吾子时所钓游也。"后称故乡为钓游旧地。

黄花麦果韧结结,

关得大门自要吃;

半块拿弗出,一块自要吃。

清明前后扫墓时,有些人家——大约是保存古风的人家——用黄花麦果作供,但不作饼状,做成小颗如顶大,或细条如小指,以五六个作一攒,名曰茧果,不知是什么意思,或因蚕上山时设祭,也用这种食品,故有是称,亦未可知。自从十二三岁时外出不参与外祖家扫墓以后,不复见过茧果,近来住在北京,也不再见黄花麦果的影子了。日本称作"御形",与荠菜同为春天的七草之一,也采来做点心用,状如艾饺,名曰"草饼",春分前后多食之,在北京也有,但是吃去总是日本风味,不复是儿时的黄花麦果糕了。

扫墓时候所常吃的还有一种野菜,俗名草紫,通称紫云英。农人在收获后,播种田内,用作肥料,是一种很被贱视的植物,但采取嫩茎瀹①食,味颇鲜美,似豌豆苗。花紫红色,数十亩接连不断,一片锦绣,如铺着华美的地毯,非常好看,而且花朵状若蝴蝶,又如鸡雏,尤为小孩所喜。间有白色的花,相传可以治痢,很是珍重,但不易得。日本《俳句大辞典》云,"此草与蒲公英同是习见的东西,从幼年时代便已熟识。在女人里边,不曾采过紫云英的人,恐未必有罢。"中国古来没有花环,但紫云英的花球却是小孩常玩的东西,这一层我还替那些小人们欣幸的。浙东扫墓用鼓吹,所以少年常随了乐音去看"上坟船里的姣姣";没有钱的人家虽没有鼓吹,但是船头上篷窗下总露出些紫云英和杜鹃的花束,这也就是上坟船的确实的证据了。

思考与练习

一、解释加点词语在文中的意思。

1. 关于荠菜向来颇有风雅的传说,不过这似乎以吴地为主。

_____

_____

2. 谚云:三春戴荠花,桃李羞繁华。

_____

_____

二、文章在介绍荠菜、黄花麦果、紫云英三种野菜时各有侧重,其侧重点分别是什么?这样写有什么好处?

_____

_____

_____

① 〔瀹(yuè)〕煮。

十　鸭窠围的夜^①

沈从文

课文导读

本文是沈从文《湘行散记》中的名篇,是其散文代表作之一。1934 年,沈从文回乡看望病重的母亲,他和妻子商定由其写信报告妻子旅途的情况,这些书信后来结集为《湘行散记》出版。

本文是整个散文集中最为动人的一篇,通过作者旅途中夜宿鸭窠围时一夜间的见闻和思绪,描写了湘西地区特有的自然景色和独特的人生形态,寄托了作者深沉的生命感喟。

天快黄昏时落了一阵雪子,不久就停了。天气真冷,在寒气中一切都仿佛结了冰。便是空气,也像快要冻结的样子。我包定的那一只小船,在天空大把撒着雪子时已泊了岸。从桃源县沿河而上这已是第五个夜晚。看情形晚上还会有风有雪,故船泊岸边时便从各处挑选好地方。沿岸除了某一处有片沙岨宜于泊船以外,其余地方全是黛色如屋的大岩石,石头既然那么大,船又那么小,我们都希望寻觅得到一个能作小船风雪屏障,同时要上岸又还方便的处所。凡是可以泊船的地方早已被当地渔船占去了。小船上的水手,把船上下各处撑去,钢钻头敲打着沿岸大石头,发出好听的声音,结果这只小船,还是不能不同许多大小船只一样,在正当泊船处插了篙子^②,把当作锚头用的石碇抛到沙上去,尽那行将来到的风雪,摊派^③到这只船上。

这地方是个长潭的转折处,两岸皆高大壁立千丈的山,山头上长着小小竹子,长年翠色逼人。这时节两山只剩余一抹深黑,赖天空微明为画出一个轮廓。但在黄昏里看来如一种奇迹的,却是两岸高处去水已三十丈上下的吊脚楼。这些房子莫不俨然^④悬挂在半空中,藉着黄昏的余光,还可以把这希奇的楼房形体,看得出个大略。这些房子同沿河一切房子有个共通相似处,便是从结构上说来,处处显出对于木材的浪费。房屋既在半山上,不用那么多木料,便不能成为房子吗? 半山上也用吊脚楼形式,这形式是必需的吗? 然而这条河水的大宗出口是木料,木材比石块还不值价。因此,即或是河水永远涨不到处,吊脚楼房子依然存在,似乎也不应

---

① 选自《沈从文全集》第 11 卷,北岳文艺出版社,2002 年。鸭窠(kē)围,湘西的一个地名。沈从文(1902—1988),原名沈岳焕,湖南凤凰县人,现代著名作家、历史文物研究家、京派小说代表人物。

② [篙 gāo 子]用竹竿或杉木等做成的撑船的杆具。

③ [摊派]按比例分配,由众人或各方面分担,一般不是自愿的,有强制行为。

④ [俨(yǎn)然]形容特别像。

当有何惹眼惊奇了。但沿河因为有了这些楼房,长年与流水斗争的水手,寄身船中枯闷成疾的旅行者,以及其他过路人,却有了落脚处了。这些人的疲劳与寂寞是从这些房子中可以一律解除的。地方既好看,也好玩。

河面大小船只泊定后,莫不点了小小的油灯,拉了篷。各个船上皆在后舱烧了火,用铁鼎罐煮红米饭。饭焖熟后,又换锅子熬油,哗的把菜蔬倒进热锅里去。一切齐全了,各人蹲在舱板上三碗五碗把腹中填满后,天已夜了。水手们怕冷怕动的,收拾碗盏后,就莫不在舱板上摊开了被盖,把身体钻进那个预先卷成一筒又冷又湿的硬棉被里去休息。至于那些想喝一杯的,发了烟瘾得靠靠灯的,船上烟灰又翻尽了的,或一无所为,只是不甘寂寞,好事好玩想到岸上去烤烤火谈谈天的,便莫不提了桅灯①,或燃一段废缆子,摇着晃着从船头跳上了岸,从一堆石头间的小路径,爬到半山上吊脚楼房子那边去,找寻自己的熟人,找寻自己的熟地。陌生人自然也有来到这条河中,来到这种吊脚楼房子里的时节,但一到地,在火堆旁小柏树凳上一坐,便是陌生人,即刻也就可以称为熟人乡亲了。

这河边两岸除了停泊有上下行的大小船只三十左右以外,还有无数在日前趁融雪涨水放下体大小不一的木筏。较小的木筏,上面供给人住宿过夜的棚子也不见,一到了码头,便各自上岸找住处去了。大一些的木筏呢,则有房屋,有船只,有小小菜园与养猪养鸡栅栏,还有女眷和小孩子。

黑夜占领了全个河面时,还可以看到木筏上的火光,吊脚楼窗口的灯光,以及上岸下船在河岸大石间飘忽动人的火炬红光。这时节岸上船上皆有人说话,吊脚楼上且有妇人在黯淡灯光下唱小曲的声音,每次唱完一支小曲时,就有人笑嚷。什么人家吊脚楼下有匹小羊叫,固执而且柔和的声音,使人听来觉得忧郁。我心中想着,"这一定是从别一处牵来的,另外一个地方,那小畜牲的母亲,一定也那么固执的鸣着吧。"算算日子,再过十一天便过年了。"小畜牲明不明白只能在这个世界上活过十天八天?"明白也罢,不明白也罢,这小畜牲是为了过年而赶来,应在这个地方死去。此后固执而又柔和的声音,将在我耳边永远不会消失。我觉得忧郁起来了。我仿佛触着了世界上一点东西,看明白了这世界上一点东西,心里软和得很。

但我不能这样子打发这个长夜。我把我的想象,追随了一个唱曲时清中夹沙的妇女声音,到她的身边去了。于是仿佛看到了一个床铺,下面是草荐②,上面摊了一床用旧帆布或别的旧货做成的脏而又硬的棉被,搁在床正中被单上面的是一个长方木托盘,盘中有一把小茶盏,一个小烟盒,一支烟枪,一块石头,一盏灯。盘边躺着一个人在烧烟。唱曲子的妇人,或是袖了手捏着自己的膀子站在吃烟者的面前,或是靠在男子对面的床头,为客人烧烟。房子分两进,前面临街,地是土地,

---

① [桅(wéi)灯]一种手提的能防风雨的煤油灯,又名马灯。
② [草荐]用干枯的谷秆编织成的床垫,铺在床板与草席之间,冬暖夏凉,不用时可卷成圆筒状收起。

中职语文与应用(卫生类)

后面临河，便是所谓吊脚楼了。这些人房子窗口既一面临河，可以凭窗口呼喊河下船中人，当船上人过了瘾，胡闹已够，下船时，或者尚有些事情嘱托，或有其他原因，一个晃着火炬停顿在大石间，一个便凭立在窗口，"大佬你记着，船下行时又来"。"好，我来的，我记着的。""你见了顺顺就说：'会呢，完了；孩子大牛呢，脚膝骨好了。细粉捎三斤，冰糖捎三斤。'""记得到，记得到，大娘你放心，我见了顺顺大爷就说：会呢，完了。大牛呢，好了。细粉来三斤，冰糖来三斤。""杨氏，杨氏，一共四吊七，莫错账！""是的，放心呵，你说四吊七就四吊七，年三十夜莫会要你多的！你自己记着就是了！"这样那样的说着，我一一皆可听到，而且一面还可以听着在黑暗中某一处咩咩的羊鸣。我明白这些回船的人是上岸吃过"荤烟"了的。

我还估计得出，这些人不吃"荤烟"，上岸时只去烤烤火的，到了那些屋子里时，便多数只在临街那一面铺子里。这时节天气太冷，大门必已上好了，屋里一隅或点了小小油灯，屋中土地上必就地掘了浅凹火炉膛，烧了些树根柴块。火光煜煜，且时时刻刻爆炸着一种难于形容的声音。火旁矮板凳上坐有船上人，木筏上人，有对河住家的熟人。且有虽为天所厌弃还不自弃年过七十的老妇人，闭着眼睛蜷成①一团蹲在火边，悄悄地从大袖筒里取出一片薯干或一枚红枣，塞到嘴里去咀嚼。有穿着肮脏身体瘦弱的孩子，手擦着眼睛傍着火旁的母亲打盹。屋主人有为退伍的老军人，有翻船背运的老水手，有单身寡妇。藉着火光灯光，可以看得出这屋中的大略情形，三堵木板壁上，一面必有个供奉祖宗的神龛②，神龛下空处或另一面，必贴了一些大小不一的红白名片。这些名片倘若有那些好事者加以注意，用小油灯照着，去仔细检查检查，便可以发现许多动人的名衔，军队上的连副，上士，一等兵，商号中的管事，当地的团总，保正，催租吏，以及照例姓滕的船主，洪江的簰③商人，与其他人物，无所不有。这是近十年来经过此地若干人中一小部分的题名录。这些人各用一种不同的生活，来到这个地方，且同样的来到这些屋子里，坐在火边或靠近床边，逗留过若干时间。这些人离开了此地后，在另一世界里还是继续活下去，但除了同自己的生活圈子中人发生关系以外，与一同在这个世界上其他的人，却仿佛便毫无关系可言了。他们如今也许早已死掉了，水淹死的，枪打死的，被外妻用砒霜④谋杀的，然而这些名片却依然将好好地保留下去。也许有些人已成了富人名人，成了当地的小军阀，这些名片却依然写着催租人、上士等等的衔头。……除了这些名片，那屋子里是不是还有比它更引人注意的东西呢？锯子，小捞兜，香烟大画片，装干栗子的口袋，……

提起这些问题时使人心中很激动。我到船头上去眺望了一阵。河面静静的，

---

① ［蜷（quán）］卷缩，身体弯曲。

② ［神龛（kān）］旧时供神像或祖宗牌位的小阁子。

③ ［簰（pái）］同"排"，大的木筏或竹筏。

④ ［砒霜］无机化合物，是不纯的三氧化二砷，白色粉末，有时略带黄色或红色，毒性很强，可做杀虫药，又可做杀鼠药。

木筏上火光小了，船上的灯光已很少了，远近一切只能藉着水面微光看出个大略情形。另外一处的吊脚楼上，又有了妇人唱小曲的声音，灯光摇摇不定，且有猜拳声音。我估计那些灯光是同声音所在处，不是木筏上的簰头在取乐，就是水手们小商人在喝酒。妇人们手指上说不定还戴了水手特别为她从常德府捎带来的镀金戒指，一面唱曲一面把那只手理着鬓角①，多动人的一幅画图！我认识他们的哀乐，这一切我也有份。看他们在那里把每个日子打发下去，也是眼泪也是笑，离我虽那么远，同时又与我那么相近。这正同读一篇描写西伯利亚的农人生活动人作品一样，使人掩卷引起无言的哀戚。我如今只用想象去领味这些人生活的表面姿态，却用过去一分经验，接触着了这种人的灵魂。

羊还固执地鸣着。远处不知什么地方有锣鼓声音，那一定是某个人家禳土酬神还愿巫师的锣鼓。声音所在处必有火燎与九品蜡照耀争辉。眩目火光下必有头包红布的老巫独立作旋风舞，门上架有黄钱，平地有装满了谷米的平斗。有新宰的猪羊伏在木架上，头上插着小小五色纸旗。有行将为巫师用口把头咬下的活生生公鸡，缚了双脚与翼翅，在土坛边无可奈何的躺卧。主人锅灶边则热了满锅猪血稀粥，灶中正火光熊熊。

邻近一只大船上，水手们已静静地睡下了，只剩余一个人吸着烟，且时时刻刻把烟管敲着船舷。也像听着吊脚楼的声音，为那点声音所激动，引起种种联想。忽然按捺自己不住了，只听到他轻轻的骂着野话，擦了支自来火，点上一段废缆，跳上岸往吊脚楼那里去了。他在岸上大石间走动时，火光便从船篷空处漏进我的船中。也是同样的情形吧，在一只装载棉军服向上行驶的船上，泊到同样的岸边，躺在成束成捆的军服上面，夜既太长，水手们爱玩牌的各蹲坐在舱板上小油灯光下玩天九，睡既不成，便胡乱穿了两套棉军服，空手上岸，藉着石块间还未融尽残雪返照的微光，一直向高岸上有灯光处走去。到了街上，除了从人家门罅②里露出的灯光成一条长线横卧着，此外一无所有。在计算中以为应可见到的小摊上成堆的花生，用哈德门长烟匣装着干瘪瘪的小橘子，切成小方块的片糖，以及在灯光下看守摊子把眉毛扯得极细的妇人（这些妇人无事可作时还会在灯光下做点针线的），如今什么也没有。既不敢冒昧闯进一个人家里面去，便只好又回转河边船上了。但上山时向灯光凝聚处走去，方向不会错误。下河时可糟了。糊糊涂涂在大石小石间走了许久，且大声喊着，才走近自己所坐的一只船。上船时，两脚全是泥，刚攀上船舷还不及脱鞋落舱，就有人在棉被中大喊："伙计哥子们，脱鞋呀！"把鞋脱了还不即睡，便镶到水手身旁去看牌，一直看到半夜，——十五年前自己的事，在这样地方温习起来，使人对于命运感到十分惊异。我懂得那个忽然独自跑上岸去的人，为什么上去的理由！

---

① ［鬓(bìn)角］耳朵前边长头发的部位，也指长在那里的头发。

② ［门罅(xià)］缝隙，裂缝。

等了一会,邻船上那人还不回到他自己的船上来,我明白他所得的必比我多了一些。我想听听他回来时,是不是也像别的船上人,有一个妇人在吊脚楼窗口喊叫他。许多人都陆续回到船上了,这人却没有下船。我记起"柏子"①。但是,同样是水上人,一个那么快乐地赶到岸上去,一个却是那么寂寞地跟着别人后面走上岸去,到了那些地方,情形不会同柏子一样,也是很显然的事了。

为了我想听听那个人上船时那点推篷声音,我打算着,在一切声音皆已安静时,我仍然不能睡觉。我等待那点声音。大约到午夜十二点,水面上却起了另外一种声音。仿佛鼓声,也仿佛汽油船马达转动声,声音慢慢地近了,可是慢慢地又远了。像是一个有魔力的歌唱,单纯到不可比方,也便是那种固执的单调,以及单调的延长,使一个身临其境的人,想用一组文字去捕捉那点声音,以及捕捉在那长潭深夜一个人为那声音所迷惑时节的心情,实近于一种徒劳无功的努力。那点声音使我不得不再从那个业已用被单塞好空罅的舱门,到船头去搜索它的来源。河面一片红光,古怪声音也就从红光一面掠水而来。原来日里隐藏在大岩石下的一些小渔船,在半夜前早已静悄悄地下了拦江网。到了半夜,把一个从船头伸出水面的铁兜,盛上燃着熊熊烈火的油柴,一面用木棒槌有节奏地敲着船舷各处漂去。身在水中见了火光而来与受了析声吃惊四窜的鱼类,便在这种情形中触了网,成为渔人的俘虏②。

一切光,一切声音,到这时节已为黑夜所抚慰而安静了,只有水面上那一份红光与那一派声音。那种声音与光明,正为着水中的鱼和水面的渔人生存的搏战,已在这河面上存在了若干年,且将在接连而来的每个夜晚依然继续存在。我弄明白了,回到舱中以后,依然默听着那个单调的声音。我所看到的仿佛是一种原始人与自然战争的情景。那声音,那火光,都近于原始人类的战争,把我带回到四五千年那个"过去"时间里去。

不知在什么时候开始落了很大的雪,船上人细语着,我心想,第二天我一定可以看到邻船上那个人上船时节,在岸边雪地上留下那一行足迹。那寂寞的足迹,事实上我却不曾见到,因为第二天到我醒来时,小船已离开那个泊船处很远了。

思考与练习

一、填空题。

1.《鸭窠围的夜》节选自沈从文的连续性长篇散文_____。

2. 沈从文,原名_____,湖南凤凰人,_____族,其代表作是中篇小说

---

① [柏子]作者著名短篇小说代表作《柏子》中的主人公,也是作者《湘行散记》等作品中多次写到的"无数水手柏子"的"共名"。小说《柏子》描写了他与吊脚楼妓女炽热、泼辣而真挚的露水恩情和悲惨生活中的"快乐"。

② 在本文的初版本中,接着有一句解释:当地人把这种捕鱼方法叫"赶白"。

第三单元 乡土,植根血脉的记忆

_____，长篇小说_____，散文长卷_____、_____。

3. 《鸭窠围的夜》集中描写湘西水手及渔人_____、
_____、_____三件事，着力描写了_____地区特有的
_____和独异的_____，寄托了作者深沉的生命感受。

二、湘西底层人民的生活常态是什么？作者对其态度如何？作者在本文中寄
寓了哪些人生感慨？

_____

_____

_____

_____

三、本文的景物和场面描写有哪些特点？

_____

_____

_____

四、本文的表现手段和美学追求是怎样的？

_____

_____

_____

十一　饮酒 其六①

陶渊明

课文导读

　　本诗是魏晋朝著名文学家陶渊明的代表作品之一。年轻时陶渊明有着远大的政治抱负,关心国家的前途命运和百姓生活的疾苦,也曾想有所作为。但当时黑暗的社会现状和严酷的门阀制度,使得他难以实现自己的政治理想。他对昏暗腐朽的社会现状不满,但凭借自身的微薄力量又难以扭转,不得已才走上归隐的道路。诗人这种"仕""隐"思想的矛盾,在《饮酒》诗中许多地方都流露了出来。

行止②千万端③,谁知非与是?
是非苟④相形⑤,雷同共誉毁。
三季⑥多此事,达士⑦似不尔⑧。
咄咄⑨俗中愚⑩,且当从黄绮⑪。

思考与练习

　　一、全诗的主旨是什么?

_____

_____

_____

　　二、背诵全诗。

---

　　① 选自《陶渊明集笺注》,中华书局,2011 年。《饮酒》共二十首。陶渊明(365—427),又名潜,字元亮,号五柳先生,寻阳柴桑(今江西彭泽)人。
　　② [行止]行为举止。
　　③ [端]种,类。
　　④ [苟]如果。
　　⑤ [相形]互相比较。
　　⑥ [三季]指夏商周三代的末期。
　　⑦ [达士]贤达之人。
　　⑧ [尔]那样。
　　⑨ [咄咄(duō)]惊怪声。
　　⑩ [俗中愚]世俗中的愚蠢者。
　　⑪ [黄绮]夏黄公与绮里,代指"商山四皓"。

第三单元　乡土,植根血脉的记忆

十二　故都的秋①

郁达夫

课文导读

本文是郁达夫的抒情散文名篇,从作者对故都北平秋景的细腻描摹中流露出其内心的眷念和落寞之情。

全文紧扣故都秋"清、静、悲凉"的特点,描绘了"小院秋晨""秋槐落蕊""秋蝉嘶鸣""闲话秋凉""秋果胜景"等画面,通过以情驭景、以景显情的方法,描绘秋声、秋色、秋味,抒写了自己清、静、悲凉的心境,抒发了对故都秋的深沉的眷恋之情。

本文文字清新雅致,感情诚挚动人,蕴涵了丰厚的文化底蕴。

秋天,无论在什么地方的秋天,总是好的;可是啊,北国的秋,却特别地来得清,来得静,来得悲凉。我的不远千里,要从杭州赶上青岛,更要从青岛赶上北平来的理由,也不过想饱尝一尝这"秋",这故都的秋味。

江南,秋当然也是有的,但草木雕(凋)得慢,空气来得润,天的颜色显得淡,并且又时常多雨而少风;一个人夹在苏州上海杭州,或厦门香港广州的市民中间,浑浑沌沌②地过去,只能感到一点点清凉,秋的味,秋的色,秋的意境与姿态,总看不饱,尝不透,赏玩不到十足。秋并不是名花,也并不是美酒,那一种半开,半醉的状态,在领略秋的过程上,是不合适的。

不逢北国之秋,已将近十余年了。在南方每年到了秋天,总要想起陶然亭③的芦花,钓鱼台④的柳影,西山的虫唱,玉泉的夜月⑤,潭柘寺⑥的钟声。在北平即使不出门去罢,就是在皇城人海之中,租人家一椽⑦破屋来住着,早晨起来,泡一碗浓茶、向院子一坐,你也能看得到很高很高的碧绿的天色,听得到青天下驯鸽的飞声。从槐树叶底,朝东细数着一丝一丝漏下来的日光,或在破壁腰中,静对着像喇叭似的牵牛花(朝荣)的蓝朵,自然而然地也能够感觉到十分的秋意。说到了牵牛花,我以为以蓝色或白色者为佳,紫黑色次之,淡红色最下。最好,还要在牵牛花底,教

---

① 选自《郁达夫文集》,花城出版社,生活·读书·新知三联书店香港分店,1982 年。郁达夫(1896—1945),原名郁文,现代作家,浙江省富阳市人。

② [浑浑沌沌]迷糊不清的样子,模糊一片,不分明。

③ [陶然亭]清代名亭,现为中国四大历史名亭之一。陶然亭公园以及陶然亭地区名称就是以此亭而来。

④ [钓鱼台]位于北京市区西部海淀区玉渊潭东,是一处历史悠久的皇家园林。

⑤ [西山的虫唱,玉泉的夜月]西山、玉泉都在北京的西郊。玉泉,山名。

⑥ [潭柘寺]位于北京西部门头沟区东南部的潭柘山麓,始建于西晋永嘉元年,寺院初名"嘉福寺",清代康熙皇帝赐名为"岫云寺",但因寺后有龙潭,山上有柘树,故民间一直称为"潭柘寺"。

⑦ [一椽(chuán)]一条椽子,亦借指一间小屋。椽,放在房檩(lǐn)上架着木面板或瓦的木条。

长着几根疏疏落落①的尖细且长的秋草，使作陪衬。

北国的槐树，也是一种能使人联想起秋来的点缀。像花而又不是花的那一种落蕊，早晨起来，会铺得满地。脚踏上去，声音也没有，气味也没有，只能感出一点点极微细极柔软的触觉。扫街的在树影下一阵扫后，灰土上留下来的一条条扫帚的丝纹，看起来既觉得细腻，又觉得清闲，潜意识下并且还觉得有点儿落寞，古人所说的梧桐一叶而天下知秋②的遥想，大约也就在这些深沉的地方。

秋蝉的衰弱的残声，更是北国的特产；因为北平处处全长着树，屋子又低，所以无论在什么地方，都听得见它们的啼唱。在南方是非要上郊外或山上去才听得到的。这秋蝉的嘶叫，在北方可和蟋蟀耗子一样，简直像是家家户户都养在家里的家虫。

还有秋雨哩，北方的秋雨，也似乎比南方的下得奇，下得有味，下得更像样。

在灰沉沉的天底下，忽而来一阵凉风，便息列索落③地下起雨来了。一层雨过，云渐渐地卷向了西去，天又青了，太阳又露出脸来了，著着很厚的青布单衣或夹袄的都市闲人，咬着烟管，在雨后的斜桥影里，上桥头树底下去一立，遇见熟人，便会用了缓慢悠闲的声调，微叹着互答着的说：

"唉，天可真凉了——"（这了字念得很高，拖得很长。）

"可不是吗？一层秋雨一层凉了！"

北方人念阵字，总老像是层字，平平仄仄起来④，这念错的歧韵，倒来得正好。

北方的果树，到秋天，也是一种奇景。第一是枣子树；屋角，墙头，茅房边上，灶房门口，它都会一株株地长大起来。像橄榄又像鸽蛋似的这枣子颗儿，在小椭圆形的细叶中间，显出淡绿微黄的颜色的时候，正是秋的全盛时期；等枣树叶落，枣子红完，西北风就要起来了，北方便是沙尘灰土的世界，只有这枣子、柿子、葡萄，成熟到八九分的七八月之交，是北国的清秋的佳日，是一年之中最好也没有的 Golden Days⑤。

有些批评家说，中国的文人学士，尤其是诗人，都带着很浓厚的颓废色彩，所以中国的诗文里，赞颂秋的文字特别的多。但外国的诗人，又何尝不然？我虽则外国诗文念得不多，也不想开出账来，做一篇秋的诗歌散文钞，但你若去一翻英德法意等诗人的集子，或各国的诗文的 Anthology⑥ 来，总能够看到许多并于秋的歌颂与悲啼。各著名的大诗人的长篇田园诗或四季诗里，也总以关于秋的部分，写得最出色

---

① ［疏疏落落］形容植物稀疏，不茂盛。

② ［梧桐一叶而天下知秋］《淮南子·说山》："以小见大，见一叶落而知岁之将暮。"《太平御览》卷二十四引作"一叶落而知天下秋"。

③ ［息列索落］拟声词，形容细小琐碎的雨声。

④ ［平平仄仄起来］推敲起字的韵律来，平仄是古代格律诗词所要遵循的声调规则。

⑤ ［Golden Days］英语，译为"黄金般的日子"。

⑥ ［Anthology］英语，指"（诗、文、曲、画等的）选集"。

而最有味。足见有感觉的动物,有情趣的人类,对于秋,总是一样的能特别引起深沉,幽远,严厉,萧索①的感触来的。不单是诗人,就是被关闭在牢狱里的囚犯,到了秋天,我想也一定能感到一种不能自已的深情;秋之于人,何尝有国别,更何尝有人种阶级的区别呢?不过在中国,文字里有一个"秋士"②的成语,读本里又有着很普遍的欧阳子的《秋声》③与苏东坡的《赤壁赋》等,就觉得中国的文人,与秋的关系特别深了。可是这秋的深味,尤其是中国的秋的深味,非要在北方,才感受得到底。

南国之秋,当然也是有它的特异的地方的,比如廿四桥的明月④,钱塘江的秋潮,普陀山的凉雾,荔枝湾的残荷等等,可是色彩不浓,回味不永。比起北国的秋来,正像是黄酒之与白干,稀饭之与馍馍,鲈鱼之与大蟹,黄犬之与骆驼。

秋天,这北国的秋天,若留得住的话,我愿意把寿命的三分之二折去,换得一个三分之一的零头。

思考与练习

一、给下列加点的字注音。

1. 散文钞　　　2. 一椽　　　3. 潭柘寺　　　4. 落蕊

5. 橄榄　　　6. 普陀山　　　7. 廿四桥　　　8. 房檩

9. 着衣　　　10. 浑沌　　　11. 椭圆　　　12. 耗子

二、解释下列词语。

1. 一椽:

2. 息列索落:

3. 疏疏落落:

4. 梧桐落叶而天下知秋:

5. 浑浑沌沌:

---

① [萧索]荒凉,冷落,萧条;凄凉。
② [秋士]古代指到了暮年仍不得志的知识分子。
③ [欧阳子的《秋声》]指欧阳修的《秋声赋》。
④ [廿四桥的明月]出自唐代诗人杜牧的《寄扬州韩绰判官》:"青山隐隐水迢迢,秋尽江南草未凋,廿四桥明月夜,玉人何处教吹箫。"廿四桥,后借指扬州。

三、通读全文填空,体会本文用词的精当。

1. 秋天,无论在什么地方的秋天,总是好的;可是啊,北国的秋,却特别地来得_____,来得_____,来得_____。

2. 江南,秋当然也是有的;但草木凋得_____,空气来得_____,天的颜色显得_____,并且又时常多雨而少风;一个人夹在苏州上海杭州,或厦门香港广州的市民中间,浑浑沌沌地过去,只能感到一点点清凉,秋的_____,秋的_____,秋的_____与_____,总看不_____,尝不_____,赏玩不到_____。

3. 在南方每年到了秋天,总要想起_____,_____,_____,_____,_____。

4. 南国之秋,当然是也有它的特异的地方的,比如_____,_____,_____等等,可是色彩不浓,回味不永。比起北国的秋来,正像是_____,_____,_____,_____。

口语交际

主动倾听

案例导入

案例：一家族企业的董事长重病住进了某医院的 ICU，家属前来探视时非要在医院的墙上贴一张符。医院规定：不能在病房随便贴有宣传性的东西。而家属则坚持"符在命在，符掉人亡"，并为此事与院方发生了冲突，如果你是护士该怎么处理？请谈一谈自己的看法。

导入：类似这样的事在医院中时有发生。如有的病人要求在病房放宗教音乐，或者要求一定的床位号而与医院发生争执。学会主动倾听是解决此类分歧和矛盾最好的方法。

主动倾听的要点

一、护理范围内的"主动倾听"

在日常生活中与人交往需要倾听，在护理范围内也有一种特殊的倾听方式，称之为主动倾听方式，主动倾听是护患沟通中的一个重要内容。

1. 何为"主动倾听"

主动倾听是一种听取患者诉说，并向其反馈信息的特殊倾听方法。其目的是了解患者，并且给予患者温和的、同情的关注。用这种方法倾听患者诉说时，应尽量向患者反馈自己的感受及深层含义，让他感到自己被倾听和理解了。

2. 场景再现

案例1：患者：我害怕明天的手术。

护士：会好的，这个大夫每年要做几百台这样的手术。

而主动倾听者则会这样回答：

病人：我害怕明天的手术。

护士：哦？你害怕手术？能告诉我具体害怕什么吗？

评析：本案例的情况比较常见也比较简单。在护理的范围内我们经常碰到更复杂的情况，要学会倾听，妥帖应答。

案例2：一例心脏病患者，正在生气和抱怨。作为护士，你可以避免进入他的房间。避开也是一种解决办法，但还有比这更好的一种解决方法：

患者：医生在哪？她说过今天早上要来的，你用了 12 分钟才回答我的呼叫，我可不是按着玩的!

护士:能看出你很不耐烦,并且觉得这儿的一切都很慢,你一定很恼火。

患者:没错儿,真恼火! 我觉得我在这儿只不过是一个数字(床号)!

护士:这样看来,你觉得我们没有及时照顾你。

患者:是啊,这儿没几个像你一样的好护士。(沉默,他想了一下)躺在床上确实让我感觉很心烦。

护士:怎样帮助你呢?

患者:如果有一本好书看,我就不会觉得时间过得慢了,这样就不必一会儿就麻烦你一次了。

护士:好啊! 我一定给你找些有趣的书,下班前再来看你,我知道等待是令人心烦的。

评析:这位护士耐心询问患者原因,积极回应患者的抱怨,很多地做到了主动倾听。

二、"被动倾听"和"主动倾听"

被动倾听是指用非语言方式关注患者,包括目光、点头及语言的鼓励。被动倾听不包括真正明白患者的感受。而主动倾听免去了所有的猜想、假设,向讲述者反馈自己是如何感受的,讲述自己已经得到的理解。

三、主动倾听的注意事项

(1) 全身心的倾听,并且把对方所表达的内容在内心认真予以考虑和判断,并做出反应。

(2) 核实是主动倾听的重要一部分。核实就是证实自己的感觉,是一种给予或获得反馈的方法。先听、然后通过感觉再询问对方核实自己获得的信息是否准确。

(3) 注意病人的非语言行为,仔细体会弦外音,以了解对方的主要意思和真实意图。

(4) 在护患沟通的范围内,"主动倾听"是实现"移情"的一个重要的技巧。也有的学者认为"主动倾听"的同义语就是"移情"。

练一练

阅读下面的内容,回答问题。

案例1:67岁的 Mr. A. 有许多健康问题。他因每年80包烟的吸烟史而患有慢性阻塞性疾病,并饱受动脉硬化的折磨,最近又患了中风和心肌梗死。出院后,他被转送到一家技术水平较好的护理机构。在这里,当地的社区护士可以来访视。Mr. A. 尽管患卒中,但并未意识到自己健康问题的严重性。医生告诉 Mr. A. 他回家的机会很小,长期预后会很差。另外,家人告诉他不能再吸烟了,也不会给他带香烟。经过短暂的访视,社区护士离开时询问 Mr. A. 需要她做什么。他回答道:"我只想要一根烟。我知道我永远也不会离开这个地方,我已经原谅了上帝并准备去见他,我只想要一根烟。你能给我吗?"

    探究:如果你是护士你怎么做?

_____

_____

_____

_____

_____

    案例2:一位十六七岁病人要做手术了,却因为他的床号和医院的护士有了争执。他的床号是1044他认为不吉利怕自己上了手术台下不来了。这时同病房的1048号搬走了,小孩子执意躺在1048号的病床上不下来。恰巧又刚刚住进来一位新病人。

    探究:作为护士你该如何处理?

_____

_____

_____

_____

_____

_____

写作训练

说明文

说明文的定义

说明文是以说明为主要表达方式来解说事物、阐明事理而给人知识的文章体裁。它通过揭示概念来说明事物特征、本质及其规律性。

说明文的特点

说明文的特点是"说",其内容具有一定的知识性。为了把事物说明白,必须把握事物的特征,进而揭示事物的本质属性,即不仅要说明"是什么",还要说明"为什么"。

说明文的说明顺序

说明文要有合理的顺序,文章才能条理清晰,让人看得明白。说明顺序一般有三种:空间顺序、时间顺序、逻辑顺序。

一、空间顺序

空间顺序一般有从上到下、从左到右、从前到后、从远到近,即按事物的形态、方位、结构特点来安排的说明顺序(相当于记叙文中的移步换景)。说明事物的形状、构造等,往往以空间为顺序。

例文:大殿正中是一个约两米高的朱漆方台,上面安放着金漆雕龙宝座,背后是雕龙屏。方台两旁有六根高大的蟠龙金柱,每根大柱上盘绕着矫健的金龙。仰望殿顶,中央藻井有一条巨大的雕金蟠龙。从龙口里垂下一颗银白色大圆珠,周围环绕着六颗小珠,龙头、宝珠正对着下面的宝座。梁枋间彩画绚丽,有双龙戏珠、单龙翔舞,有行龙、升龙、降龙,多态多姿,龙身周围还衬托着流云火焰。

——节选自黄传惕《故宫博物院》

评析:这篇作文是向读者介绍故宫博物院大殿的陈设,可以说是一篇建筑物说明文,适用空间顺序,向人们逐个介绍大殿每一个位置的特点及其摆设。

二、时间顺序

时间顺序即按照事物形成、发展、变化的先后次序来安排的说明顺序,一般有从古到今、从过去到现在等,经常用于说明事物的产生、成长、变化过程,便于清楚地表述事物发展的阶段性,并突出各阶段的特点。

例文:待豆花凝成块,轻轻捞起集于一竹筛子,用勺子稍稍挤压成形,豆腐便做好了。随之淘米下锅,重新起火,用那一锅清清亮亮的酸浆水熬稀饭,也就是北方人说的粥。最后再煮些土豆(老家叫洋芋)进去,要整个刮皮下锅,不能切块煮。

妙在这纯淀粉的东西最宜于在这酸浆中白煮,熟后沙面甘甜,纯是鲜香本味。饭不能煮得太稠,要汤是汤米是米,却又不能太稀,要汤浓米烂。稀饭熬好后,再将筛子里的豆腐切成不大不小的块回锅和稀饭一起煮一会,一锅菜豆腐就做成了。

——节选自沈奇《想到老家菜豆腐》

评析:作者按时间先后顺序写出了老家菜豆腐的制作方法,使读者对其老家菜豆腐的制作工艺流程一目了然。

三、逻辑顺序

逻辑顺序即按照事物本身的内在联系和人们的认识规律来安排的说明顺序,如从现象到本质、从原因到结果、从主要到次要、从整体到部分、从概括到具体等等。逻辑顺序经常用于说明抽象事物的本质特征和内部规律。

例文:立春过后,大地渐渐从沉睡中苏醒过来。冰雪融化,草木萌发,各种花次第开放。再过两个月,燕子翩然归来。不久,布谷鸟也来了。于是转入炎热的夏季,这是植物孕育果实的时期。到了秋天,果实成熟,植物的叶子渐渐变黄,在秋风中簌簌地落下来。北雁南飞,活跃在田间草际的昆虫也都销声匿迹。到处呈现一片衰草连天的景象,准备迎接风雪载途的寒冬。在地球上温带和亚热带区域里,年年如是,周而复始。

几千年来,劳动人民注意了草木荣枯、候鸟去来等自然现象同气候的关系,据以安排农事。杏花开了,就好像大自然在传语要赶快耕地;桃花开了,又好像在暗示要赶快种谷子。布谷鸟开始唱歌,劳动人民懂得它在唱什么:"阿公阿婆,割麦插禾。"这样看来,花香鸟语,草长莺飞,都是大自然的语言。

这些自然现象,我国古代劳动人民称它为物候。物候知识在我国起源很早。古代流传下来的许多农谚就包含了丰富的物候知识。到了近代,利用物候知识来研究农业生产,已经发展为一门科学,就是物候学。物候学记录植物的生长荣枯,动物的养育往来,如桃花开、燕子来等自然现象,从而了解随着时节推移的气候变化和这种变化对动植物的影响。

物候观测使用的是"活的仪器",是活生生的生物。它比气象仪器复杂得多,灵敏得多。物候观测的数据反映气温、湿度等气候条件的综合,也反映气候条件对于生物的影响。应用在农事活动里,比较简便,容易掌握。物候对于农业的重要性就在这里。

——节选自竺可桢《大自然的语言》

评析:作者主要采用逻辑顺序进行说明,条理清楚,层次分明。由浅入深,由现象到本质,由具体到抽象地进行说明,既符合人们认识事物的规律,又使读者对物候学研究的对象及意义有了清楚的认识。

例文赏析

笑

笑,爽朗的笑,会心的笑,欢乐的笑,这不仅是人们内心感情的一种表露,而且也是延年益寿、防治疾病的一帖良药。俗话说得好:"笑一笑,十年少;愁一愁,白了头。"

(评析:提出本文的说明中心,笑是延年益寿、防治疾病的一帖良药。)

笑,是一种独特而有意义的运动,它可以提高人体各个器官的功能,当你在纵情欢笑的时候,面部肌肉将提拉收缩,胸廓起伏,腹部屈伸,这时肺部活动量迅速增大,横膈运动加快,全身血液循环充盈,大脑皮层也进入兴奋状态。

笑,能促进人体腺体的分泌。你可曾注意到,在欢乐中由于消化液分泌的增多,食欲大大增加,吃起饭来格外香甜可口。

笑,还能治病,不少医生常常把它作为心理疗法的重要手段。心理治疗是有生理学基础可寻的。

(评析:说明笑为什么能延年益寿,防治疾病。)

不过,笑也有一个限度,过分的喜悦,突发的情绪变化,往往会走向反面。中医认为"大喜伤心",就是这个道理。《儒林外史》中的范进,不就是在中年中举后由于过喜的刺激而激发精神病的吗?

(评析:说明笑也有限度,否则会走向反面。)

生活的经验告诉我们:一个爽朗愉快、无忧无虑的"乐天派",往往健康长寿,得享天年;一个愁眉苦脸、忧心忡忡的"林妹妹",很容易积郁成疾,甚至过早离世。可见,在向四化进军中,经常保持乐观向上的情绪又是何等重要啊!

(评析:总结全文,点明写作主旨,让读者正确认识笑对人体健康的功用,从而经常保持乐观向上的情绪,更好地为社会服务。)

全文评析:本篇以说明的表达方式为主,运用准确、简明、平实的语言,客观地、科学地说明笑对人体健康的功用,给读者笑的知识。

练一练

仔细观察家乡的变化,然后写一篇介绍自己家乡的说明文,要求选择合适的说明顺序。

文化寻根

探访民风民俗

任务准备

（1）了解不同地方的民族特色；

（2）提高搜集资料、整理资料、与人合作的能力；

（3）通过查阅资料和调查访问，探访民风民俗，并让学生懂得如何正确看待民风民俗。

任务准备

一、分组调查

（1）学生根据自己喜欢的主题自由组合成小组，分配好人员，选好小组长。然后由小组长带领，明确活动目标、任务和要求。

（2）学生按专题小组开展调查、采访，以实地采集、上网查询、查阅图书等形式搜集有关材料；分析调查结果并对活动所获得的资料认真做好记录（访问方式有实地访问、电话访问等，采访面向老、中、青三个年龄阶段的对象，组员根据访问的情况做好记录）。

（3）教师集中检查进程，并加以辅导，利用网络、个别谈话等方式进行单独指导。

二、资料搜集

（1）搜集反映我国民风民俗的图片、文字等资料。

（2）学生将搜集到的资料汇总并选择、整理。

三、任务制作

（1）制作 PPT，内容包括反映我国民风民俗的图片、文字。

（2）制作反映民风民俗的手抄报。

（3）排练一个以民风民俗为主题的节目。

活动过程

一、创设情境，音乐导入

播放一段有关民风民俗的视频，激起学生的情感体验。

二、小组展示任务完成情况

（1）学生叙说活动的感受。

（2）组内讨论完成后，每组派一名同学将自己制作的PPT向全班同学展示，并将组内讨论结果跟同学分享。

（3）手抄报比赛，由学生互评打分。

三、节目表演：走进民俗

（1）抽签决定上台表演的小组顺序。

（2）每个小组选一名同学担任评委。

（3）教师点评，并评出表现最好的小组。

附：

手抄报评分表

学号	姓名	版面设计/ 20分	字体规范/ 20分	内容主题/ 20分	构思新颖/ 20分	整体效果/ 20分	总分
1							
2							
3							
4							
5							
6							
7							
8							
9							

生命，点缀星空的灿烂

"天地无终极，人命若朝霜""人生若尘露，天道邈悠悠"，这是曹植和阮籍在悠悠天地间叹喟人生太匆匆。"人生代代无穷已，江月年年望相似。不知江月待何人，但见长江送流水。"在清明澄澈的天地宇宙中，张若虚探索生命易逝的同时也在思考人类的绵延久长。

我们都曾怀揣梦想，在人生跑道上奋力挥洒汗水和泪水，浑然不觉地穿梭在每一个东升西落的奔波中，甚至来不及思考生命的意义。青春虽好，但如昙花一现，在短暂的生命中我们到底应该做些什么呢？

李白常以大鹏自比，"大鹏一日同风起，扶摇直上九万里。假令风歇时下来，犹能簸却沧溟水"。现实的残酷让他的仕途空有抱负，但对自由的追求让他成为中国诗歌史上无法逾越的高峰。"生当作人杰，死亦为鬼雄。至今思项羽，不肯过江东。"，当年力拔山兮气盖世的西楚霸王项羽，终因自己的刚愎自用最后只能在一声仰天长啸"虞兮虞兮奈若何"中终结了他的人生。

十八岁的生命，如精灵在起舞，无畏、深远、高贵、纯洁、美丽而顽强……龙应台跟儿子安德烈在《十八岁那年》中，以书信体的方式讨论他们对人生、文化和生活的观点。在我们漫长的人生路上，当国家、民族的命运出现转折时，朱自清的《荷塘月色》或许能让你重新思考人生。我们究竟为什么而活着？有的人碌碌一生，未及思考就已成为人间的匆匆过客；有的人苦思冥想，终其一生也未参透生命玄机，罗素的《我为什么而活着》也许可以告诉你答案。人又是什么？这是许多思想者都在探究的话题。人相比其他动物进化的地方在哪？帕斯卡尔在《人是能思考的苇草》中发出了"思想使人变得伟大、高贵"的声音。

感恩生命，它让我们领略了大千世界的美丽和奥妙，山川河流，浅草飞花，清风朗月……都因生命而存在。每个生命的精彩，不在于你的人生是否辉煌，或是多么夺目；只要你用汗水和泪水拼搏过，用一颗永不言败的心努力过，用不屈不挠的精神奋斗过，你的生命一定会因此而花开绚烂。

十三　十八岁那年①

[台]龙应台

课文导读

在《亲爱的安德烈》中,一个成熟的母亲和一个正在成长的青春期儿子之间进行了价值观的探索和讨论,这是中年的成熟和青春的激情的非对抗性对话,逾越了代际的鸿沟。

本篇是作者回忆自己十八岁时所发生的各种社会环境事件和自己的生活经历,以及少年时代贫穷的渔村生活和淳朴的民风对自己价值观造成的巨大影响。

你在电话上听起来上气不接下气:刚刚赛完足球才进门,晚上要和朋友去村子里的酒吧聊天,明天要考驾照,秋天会去意大利,暑假来亚洲学中文,你已经开始浏览大学的入学数据……

"可是,我真的不知道将来要做什么,"你说,"MM,你十八岁的时候知道什么?"

安德烈,记得去年夏天我们在西安一家回民饭馆里见到的那个女孩?她从甘肃的山沟小村里来到西安打工,一天工作十几个小时,一个月赚两百多块,寄回去养她的父母。那个女孩衣衫褴褛②,神情疲惫,脏脏的辫子垂到胸前。从她的眼睛,你就看得出,她其实很小。十六岁的她,知道些什么,不知道些什么?你能想象吗?

十八岁的我知道些什么?不知道些什么?

我住在一个海边的渔村里,渔村只有一条窄窄马路;上班上课的时候,客运巴士、摩托车、脚踏车、卖菜的手推车横七竖八地把马路塞得水泄不通,之后就安静下来,老黄狗睡在路中间,巷子里的母猪也挨挨挤挤带着一队小猪出来遛达。海风吹得椰子树的阔叶刷刷作响。海水的盐分掺杂在土里,所以,椰子树的树干底部裹着一层白盐。

我不知道什么叫高速公路。二十三岁时到了洛杉矶,在驶出机场的大道上,我

---

① 选自《亲爱的安德烈》,人民文学出版社,2008 年。本书是作者将自己和中德混血儿子安德烈之间的 e-mail 通信和 MSN 对话记录整理成的对话录体书籍,本文为第一篇。龙应台(1952—),现任香港大学传媒及新闻研究中心客座教授。

② [衣衫褴褛][lán lǚ]衣服破烂。

发现，对面来车那一列全是明晃晃的白灯，而自己这条线道上看出去，全是车的尾灯，一溜红灯。怎么会这样整齐？我大大地吃惊。二十三岁的我，还习惯人车杂沓、鸡鸭争道的马路概念。

我不知道什么叫下水道。台风往往在黑夜来袭，海啸同时发作，海水像一锅突然打翻了的汤，滚滚向村落卷来。天亮时，一片汪洋，锅碗瓢盆、竹凳竹床漂浮到大庙前，鱼塭①里养着的鱼虾也游上了大街。过几天水退了，人们撩起裤脚清理门前的阴沟。自沟里挖出油黑黏腻的烂泥，烂泥里拌着死鸡死狗死鱼的尸体。整条街飘着腐臭腥味。然后太阳出来了，炎热毒辣的阳光照在开肠破肚的阴沟上。

我没有进过音乐厅或美术馆。唯一与"艺术"有关的经验就是庙前酬神的歌仔戏。老人坐在凳子上扇扇子，小孩在庙埕上追打，中年的渔民成群地蹲在地上抽烟，音乐被劣质的扩音器无限放大。

渔村唯一的电影院里，偶尔有一场歌星演唱。电影院里永远有一股尿臊，揉着人体酸酸的汗味，电风扇嘎嘎地响着，孩子踢着椅背，歌星不断地说黄色笑话，卖力地唱。下面的群众时不时就喊，扭啊扭啊，脱啊脱啊。

游泳池？没有。你说，我们有了大海，何必要游泳池。可是，安德烈，大海不是拿来游泳的；台湾的海岸线是军事防线，不是玩耍的地方。再说，沙滩上是一座又一座的垃圾山。渔村没有垃圾处理场，人们把垃圾堆到空旷的海滩上去。风刮起来了，"噗"一下，一张肮脏的塑料袋贴到你脸上来。

我也不知道，垃圾是要科学处理的。

离渔村不远的地方有条河，我每天上学经过都闻到令人头晕的怪味，不知是什么。多年以后，才知道那是人们在河岸上焚烧废弃的电缆；我闻到的气味是"戴奥辛"②的气味，那个村子，生出很多无脑的婴儿。

我不知道什么叫环境污染，不知道什么叫生态破坏。

上学的时间那样长，从清晨六点出门候车到晚上七八点天黑回家，礼拜六都要上课，我们永远穿着白衣黑裙，留着齐耳的直发。我不知道什么叫时尚、化妆、发型，因此也不知道什么叫消费。是的，我没有逛过百货公司。村子里只有渔民开的小店，玻璃柜里塞得满满的：小孩的袜子、学生的书包、老婆婆的内裤、女人的奶罩和男人的汗衫。还附带卖斗笠、塑料雨鞋和指甲刀。

我的十八岁，安德烈，是一九六九、一九七〇年的台湾。你或许惊讶，说，MM，那一年，阿波罗都上了月球了，你怎么可能这样完整地什么都"不知道"？

不要忘记一个东西，叫城乡差距。愈是贫穷落后的国家，城乡差距愈大。我的经验是一个南部乡下渔村的经验，和当时的台北是很不一样的。更何况，当时的台

---

① ［鱼塭(wēn)］沿海渔民现在也叫鱼池，浅海滩涂养殖的一种场地。

② ［戴奥辛］一类持久性污染物质。它们的毒性极强，微量的暴露及吸入，可能会产生严重的健康损害或致命的危险，因此近年来成为大众注目的焦点。

北也是一个闭塞的小城啊。全台湾的人口一千四百万，"国民"平均所得只有二百五十八美元。台湾，还属于所谓"第三世界"。

我要满十八岁的时候，阿波罗登上月球，美国和越南的军队侵入柬埔寨，全美爆发激烈的反越战示威，俄亥俄州有大学生被枪杀；德国的勃兰特总理上台，到华沙屈膝下跪，求历史的宽赦；日本赤军连劫机到了朝鲜而三岛由纪夫自杀。还有，中国大陆的"文革"正在一个恐怖的高潮。这些，我都很模糊，因为，安德烈，我们家，连电视都没有啊。即使有，也不见得会看，因为，那一年，我考大学；读书就是一切，世界是不存在的。

我要满十八岁的时候，台湾高速公路基隆到杨梅的一段才刚开始动工。"台独联盟"在美国成立，蒋经国遇刺，被关了近十年的雷震刚出狱，台南的美国新闻处被炸，我即将考上的台南成功大学爆发了"共产党案"，很多学生被逮捕下狱。保钓运动在美国开始风起云涌。

那一年，台湾的"内政部"公布说，他们查扣了四百二十三万件出版品。

但是这一切，我知道得很少。

你也许觉得，我是在描绘一个黯淡压抑的社会，一个愚昧无知的乡村，一段浪费的青春，但是，不那么简单，安德烈。

对那里头的许多人，尤其是有个性有思想的个人，譬如雷震①、譬如殷海光②——你以后会知道他们是谁，生活是抑郁的，人生是浪费的。可是整个社会，如果历史拉长来看，却是在抑郁中逐渐成熟，在浪费中逐渐累积能量。因为，经验过压迫的人更认识自由的脆弱，更珍惜自由的难得。你没发现，经过纳粹历史的德国人就比一向和平的瑞士人深沉一点吗？

那个"愚昧无知"的乡村对于我，究竟是一种剥夺还是给予？亲爱的安德烈，十八岁离开了渔村，三十年之后我才忽然明白了一件事，明白了我和这个渔村的关系。

离开了渔村，走到世界的天涯海角，在往后的悠悠岁月里，我看见权力的更迭和黑白是非的颠倒，目睹帝国的瓦解、围墙的崩塌，更参与决定城邦的兴衰。当价值这东西被颠覆、被渗透、被构建、被解构、被谎言撑托得理直气壮、是非难分的地步时，我会想到渔村里的人：在后台把婴儿搂在怀里偷偷喂奶的歌仔戏花旦、把女儿卖到"菜店"的阿婆、那死在海上不见尸骨的渔民、老是多给一块糖的杂货店老板、骑车出去为孩子借学费而被火车撞死的乡下警察、每天黄昏到海滩上去看一眼大陆的老兵、笑得特别开畅却又哭得特别伤心的阿美族女人……这些人，以最原始最真实的面貌存在我心里，使我清醒，仿佛是锚，牢牢定住我的价值。

---

① [雷震]字儆寰，出生于浙江长兴，原籍河南省罗山县周党镇雷畈村，是一位政治家、政论家和出版家。

② [殷海光]原名殷福生，湖北省黄冈市团风县人。中国著名逻辑学家、哲学家，被认为是台湾自由主义的开山人物。

那"愚昧无知"的渔村，确实没有给我知识，但是给了我一种能力，悲悯同情的能力，使得我在日后面对权力的傲慢、欲望的嚣张和种种时代的虚假时，仍旧得以穿透，看见文明的核心关怀所在。你懂吗，安德烈？

同时，我看见自己的残缺。十八岁时所不知道的高速公路、下水道、环境保护、政府责任、政治自由等等，都不难补课。但是生活的艺术，这其中包括品味和态度，是无法补课的。音乐、美术，在我身上仍旧是一种知识范围，不是一种内在涵养。生活的美，在我身上是个要时时提醒自己去保持的东西，就像一串不能遗忘的钥匙，一盆必须每天浇水的植物，但是生活艺术，更应该是一种内化的气质吧？它应该像呼吸，像不自觉的举手投足。我强烈地感觉自己对生活艺术的笨拙；渔村的贫乏，造成我美的贫乏。

而你们这一代，安德烈，知道什么、不知道什么？网络让你们拥有广泛的知识，富裕使你们精通物质的享受，同时具备艺术和美的熏陶。我看你和你的同学们会讨论美国入侵伊拉克的正义问题，你们熟悉每一种时尚品牌和汽车款式，你们很小就听过莫扎特的《魔笛》，看过莎士比亚的《李尔王》，去过纽约的百老汇，欣赏过台北《水月》，也浏览过大英博物馆和梵蒂冈教堂。你们生活的城市里，有自己的音乐厅、图书馆、美术馆、画廊、报纸、游泳池，自己的艺术节、音乐节、电影节……

你们这一代简直就是大海里鲜艳多姿的热带鱼啊。但是我思索的是：在这样的环境中成长，你们这一代"定锚"的价值是什么？终极的关怀是什么？你，和那个甘肃来的疲惫不堪的少女之间，有没有一种关连？我的安德烈，你认为美丽的热带鱼游泳也要在乎方向吗？或者，你要挑衅地说，这是一个无谓的问题，因为热带鱼只为自己而活？

思考与练习

一、简单概括作者在文中描绘的曾经生活过的渔村特点，文章为何要写这个渔村？

_____

_____

_____

二、请你尝试以书信体的形式与自己的父亲或母亲进行一场心灵的对话，并记录概要。

_____

_____

_____

十四　荷塘月色①

朱自清

课文导读

这是一篇以写景抒情为主的抒情散文,写于 1927 年 7 月。当时正值大革命失败,白色恐怖笼罩着中国大地。作者也处于苦闷彷徨中,他想投身革命,却有太多的顾虑和犹豫;他选择了逃避,却又在矛盾中挣扎。在如此复杂的心绪之下,他借景抒情,写出了这篇著名的《荷塘月色》。

这是一篇既有内在美又有形式美的散文。司空见惯的荷塘上的淡淡月色和月色下淡淡的荷景,经朱自清先生的大笔渲染,便寓意深刻,竟成了人们心中一道挥之不去的忧伤风景。

这几天心里颇不宁静。今晚在院子里坐着乘凉,忽然想起日日走过的荷塘,在这满月的光里,总该另有一番样子吧。月亮渐渐地升高了,墙外马路上孩子们的欢笑,已经听不见了;妻在屋里拍着闰儿②,迷迷糊糊地哼着眠歌。我悄悄地披了大衫,带上门出去。

沿着荷塘,是一条曲折的小煤屑路。这是一条幽僻的路;白天也少人走,夜晚更加寂寞。荷塘四面,长着许多树,蓊蓊郁郁③的。路的一旁,是些杨柳,和一些不知道名字的树。没有月光的晚上,这路上阴森森的,有些怕人。今晚却很好,虽然月光也还是淡淡的。

路上只我一个人,背着手踱着④。这一片天地好像是我的;我也像超出了平常的自己,到了另一个世界里。我爱热闹,也爱冷静;爱群居,也爱独处。像今晚上,一个人在这苍茫的月下,什么都可以想,什么都可以不想,便觉是个自由的人。白天里一定要做的事,一定要说的话,现在都可不理。这是独处的妙处,我且受用这无边的荷香月色好了。

曲曲折折的荷塘上面,弥望的是田田⑤的叶子。叶子出水很高,像亭亭的舞女的裙。层层的叶子中间,零星地点缀着些白花,有袅娜⑥地开着的,有羞涩地打着朵儿的;正如一粒粒的明珠,又如碧天里的星星,又如刚出浴的美人。微风过处,送

---

① 选自《朱自清散文全集》上集,江苏教育出版社,1996 年。朱自清(1898—1948),原名自华,号秋实,后改名自清,字佩弦,原籍浙江绍兴,现代杰出的散文家、诗人、学者、民主战士。

② [闰儿]作者的次子朱闰生。

③ [蓊蓊(wěng)郁郁]树木茂盛的样子。

④ [踱(duó)着]来回走。

⑤ [田田]形容荷叶相连的样子。古乐府《江南曲》中有"莲叶何田田"的句子。

⑥ [袅娜(niǎo nuó)]柔美的样子。

来缕缕清香,仿佛远处高楼上渺茫的歌声似的。这时候叶子与花也有一丝的颤动,像闪电般,霎时传过荷塘的那边去了。叶子本是肩并肩密密地挨着,这便宛然①有了一道凝碧的波痕。叶子底下是脉脉②的流水,遮住了,不能见一些颜色;而叶子却更见风致③了。

月光如流水一般,静静地泻在这一片叶子和花上。薄薄的青雾浮起在荷塘里。叶子和花仿佛在牛乳中洗过一样;又像笼着轻纱的梦。虽然是满月,天上却有一层淡淡的云,所以不能朗照;但我以为这恰是到了好处——酣眠固不可少,小睡也别有风味的。月光是隔了树照过来的,高处丛生的灌木,落下参差的斑驳④的黑影,峭楞楞如鬼一般;弯弯的杨柳的稀疏的倩影⑤,却又像是画在荷叶上。塘中的月色并不均匀;但光与影有着和谐的旋律,如梵婀玲⑥上奏着的名曲。

荷塘的四面,远远近近,高高低低都是树,而杨柳最多。这些树将一片荷塘重重围住;只在小路一旁,漏着几段空隙,像是特为月光留下的。树色一例⑦是阴阴的,乍看像一团烟雾;但杨柳的丰姿⑧,便在烟雾里也辨得出。树梢上隐隐约约的是一带远山,只有些大意罢了。树缝里也漏着一两点路灯光,没精打采的,是渴睡人的眼。这时候最热闹的,要数树上的蝉声与水里的蛙声;但热闹是它们的,我什么也没有。

忽然想起采莲的事情来了。采莲是江南的旧俗,似乎很早就有,而六朝时为盛,从诗歌里可以约略知道。采莲的是少年的女子,她们是荡着小船,唱着艳歌⑨去的。采莲人不用说很多,还有看采莲的人。那是一个热闹的季节,也是一个风流⑩的季节。梁元帝⑪《采莲赋》里说得好:

于是妖童媛女,荡舟心许⑫;鹢首徐回,兼传羽杯⑬;櫂⑭将移而藻挂,船欲动而

---

① [宛然]仿佛。

② [脉脉(mò)]这里形容水没有声音、好像深含感情的样子。

③ [风致]美的姿态。

④ [斑驳]原指一种颜色中杂有别的颜色,这里有深浅不一的意思。

⑤ [倩影]美丽的影子。

⑥ [梵婀玲]英语"violin"的译音,即小提琴。

⑦ [一例]一概,一律。

⑧ [丰姿]风度、仪态,一般指美好的姿态,也写作"风姿"。

⑨ [艳歌]专门描写男女爱情的歌曲。

⑩ [风流]这里的意思是年轻男女不拘礼法地表露自己的爱情。

⑪ [梁元帝]南朝梁代皇帝萧绎,写有《采莲赋》。

⑫ [妖童媛(yuàn)女,荡舟心许]艳丽的少男和美貌的少女,摇着小船互相默默地传情。妖,艳丽。媛女,美女。许,默认。

⑬ [鹢(yì)首徐回,兼传羽杯]船慢慢地来回摇荡着,双方传递着酒杯。鹢首,古时画鹢于船头,所以把船头叫鹢首。鹢,水鸟。徐,慢慢地。回,转。兼,指双方。羽杯,酒器。

⑭ [櫂(zhào)将移而藻挂,船欲动而萍开]桨要划动,却被水草挂着;船要移动,就把浮萍分开了。櫂,通"棹",划船的一种工具,形状和桨相似。

萍开。尔其纤腰束素,迁延顾步①;夏始春余,叶嫩花初,恐沾裳而浅笑,畏倾船而敛裾②。

可见当时嬉游的光景了。这真是有趣的事,可惜我们现在早已无福消受了。

于是又记起《西洲曲》③里的句子:

采莲南塘秋,莲花过人头;低头弄莲子,莲子清如水。

今晚若有采莲人,这儿的莲花也算得"过人头"了;只不见一些流水的影子,是不行的。这令我到底惦着江南了。——这样想着,猛一抬头,不觉已是自己的门前;轻轻地推门进去,什么声息也没有,妻已睡熟好久了。

思考与练习

一、请从课文中摘录有关语句,填写下面表格中的有关内容。

手法	描写的对象	文中的例句
比喻	出水很高的叶子	像
	开放的和尚未开放的荷花	正如
		又如
		又如
	颤动的叶和花	像
	密密挨着的叶子	宛然
	月光下的叶子和花	仿佛
		又像
	月光	如
	杨柳的倩影	却又像是
	阴阴的树色	像
通感	塘中的月色	光与影
	微风中的荷香	仿佛
拟人	树缝中漏下的路灯光	是
	打着朵儿的荷花	

① 〔尔其纤腰束素,迁延顾步〕那细细的腰肢,裹着洁白的绸子,走走退退,不住地回视自己的动作。尔其,那。迁延顾步,形容走走退退不住地回视自己动作的样子。顾,眷顾,多情的样子。
② 〔敛裾(jū)〕这里是提一提衣裳的意思。裾,衣襟。
③ 〔《西洲曲》〕南朝乐府中的诗。描写一个青年女子思念情人的痛苦。

二、给下列加点的字注音。

1. 脉脉　　　2. 颤动　　　3. 独处　　　4. 酣睡

5. 参差　　　6. 袅娜　　　7. 蓊蓊郁郁　　8. 点缀

9. 倩影　　　10. 斑驳　　　11. 煤屑　　　12. 踱步

三、作者在文中运用了许多叠词,它们不仅富有艺术表现力,而且节奏鲜明,韵律协调,富有音乐感。请从文中找出三处叠词,模仿下面对例句的赏析,说说其表达的作用。

例句:弥望的是田田的叶子。

赏析:"田田"一词形容了荷叶的密度。

1. _____

_____

2. _____

_____

3. _____

_____

四、背诵第 4～6 自然段。

十五　我为什么而活着①

[英]伯兰特·罗素

课文导读

《我为什么而活着》是罗素的思想随笔,从中可以窥见思想家罗素崇高的思想境界和伟大的人格。

作者在文中开门见山地回答了标题提出的问题,他活着的目标有三个:对爱情的渴望;对知识的追求;对人类苦难不可遏制的同情,然后一一阐明理由。

全文短小精练,层次分明,充满理性的力量,饱含人文的激情,字里行间透出思想家罗素博大的情怀和崇高的人格魅力。

对爱情的渴望,对知识的追求,对人类苦难不可遏制②的同情心,这三种纯洁但无比强烈的激情支配着我的一生。这三种激情,就像飓风一样,在深深的苦海上,肆意地把我吹来吹去,吹到濒临绝望的边缘。

我寻求爱情,首先因为爱情给我带来狂喜,它如此强烈以致经常愿意为了几小时的欢愉而牺牲生命中的其他一切。我寻求爱情,其次是因为爱情解除孤寂——那是一颗震颤的心,在世界的边缘,俯瞰那冰冷死寂、深不可测的深渊。我寻求爱情,最后是因为在爱情的结合中,我看到圣徒和人们所想象的天堂景象的神秘缩影。这就是我所寻求的,虽然它对人生似乎过于美好,然而最终我还是得到了它。

我以同样的热情寻求知识,我希望了解人的心灵。我希望知道星星为什么闪闪发光,我试图理解毕达哥拉斯③的思想威力,即数字支配着万物流转。这方面我获得一些成就,然而并不多。

爱情和知识,尽其可能地把我引上天堂,但是同情心总把我带回尘世。痛苦的、呼号的回声在我心中回荡,饥饿的儿童,被压迫者折磨的受害者,被儿女视为可厌负担的无助的老人以及充满孤寂、贫穷和痛苦的整个世界,都是对人类应有生活的嘲讽。我渴望减轻这些不幸,但是我无能为力,而且我自己也深受其害。

这就是我的一生,我觉得它值得活。如果有机会的话,我还乐意再活一次。

---

① 选自《罗素自传》第一卷,胡作玄、赵慧琪译,商务印书馆,2002 年,略有改动。这篇文章是作者为其自传写的前言。伯兰特·罗素(1872—1970),英国哲学家、数学家、逻辑学家、历史学家,1920 年至 1921 年曾任北京大学客座教授,1950 年获诺贝尔文学奖。

② [遏(è)制]制止,控制。

③ [毕达哥拉斯]古希腊哲学家,数学家。他认为万物中皆含有数,造物主要通过数的力量控制宇宙。

思考与练习

一、解释下列词语。

1. 不可遏制

2. 濒临

3. 俯瞰

二、这篇散文可以说是罗素的生活宣言书。读完全文,你知道作者活着的三大理由是什么吗? 从这坦诚而鲜明的表白中,你又体察到作者怎样的思想和人格?

_____

_____

_____

_____

三、熟读全文,背诵第 1、第 4 自然段。

十六　人是能思考的苇草①（节选）

[法]布莱士·帕斯卡尔

课文导读

本文是一篇哲理性很强的文章,作品中处处洋溢着理性的光芒。文中并没有建构思想体系,而是阐述一种人生哲学,集中了帕斯卡尔对于人生和宗教等问题的沉思与感悟,因其思想的深邃以及文笔的流畅隽永已经成为思想文化史上的经典著作。

思想形成人的伟大。

人只不过是一根苇草,是自然界最脆弱的东西;但他是一根能思想的苇草。用不着整个宇宙都拿起武器来才能毁灭他;一口气、一滴水就足以致他死命了。然而,纵使宇宙毁灭了他,人却仍然要比致他于死命的东西更高贵得多;因为他知道自己要死亡,以及宇宙对他所具有的优势,而宇宙对此却是一无所知。

因而,我们全部的尊严就在于思想。正是由于它而不是由于我们所无法填充的空间和时间,我们才必须提高自己。因此,我们要努力好好地思想;这就是道德的原则。

人既不是天使,又不是禽兽;但不幸就在于想表现为天使的人却表现为禽兽。

思想——人的全部的尊严就在于思想。

因此,思想由于它的本性,就是一种可惊叹的、无与伦比的东西。它一定得具有出奇的缺点才能为人所蔑视;然而它又确实具有,所以再没有比这更加荒唐可笑的事了。思想由于它的本性是何等的伟大啊！思想又由于它的缺点是何等的卑贱啊！

然而,这种思想又是什么呢？它是何等的愚蠢啊！

人的伟大之所以为伟大,就在于他认识自己可悲。一棵树并不认识自己可悲。

因此,认识(自己)可悲乃是可悲的;然而认识我们之所以为可悲,却是伟大的。

这一切的可悲其本身就证明了人的伟大。它是一位伟大君主的可悲,是一个失了位的国王的可悲。

---

① 选自《思想录》的第六编,何兆武译,湖北人民出版社,2007年。《思想录》原是帕斯卡尔一部未完成的手稿,部分已大致成章,有些则仅有题目或提纲。布莱士·帕斯卡尔(1623—1662),法国数学家、物理学家、哲学家、散文家。

第四单元　生命,点缀星空的灿烂

思考与练习

一、作者为什么要写这样一篇文章。

_____

_____

_____

_____

_____

二、理清文章的思路。

_____

_____

_____

_____

_____

三、熟读本文。

口语交际

日常口语

案例导入

案例: 儿子上高中了,同宿舍有一位同学来自农村,和儿子是上下铺。开学不久,天气转凉,儿子见他只盖一床薄毯,睡觉时身体蜷缩成一团,心想自己被子多,可以借一床给他,便关切地问道:"你的毯子这么薄,冷吗?"谁知该同学却冷冰冰地回了一句:"我冷不冷关你什么事!"

儿子当场愕然。周末回家和我们谈起此事,一脸不解。我对儿子说:"可见同样的意思,用不同的语言去表达,可以收到截然不同的效果。因为那位同学不是独生子女,他父母养了三个孩子,家境肯定比不上我们,同城市孩子相比会有一种自卑的感觉。你想帮助他,就要以别人能接受的方式去做,既要达到帮人的目的,又要不伤其自尊心。"

过了一段时间,儿子回来告诉我说,他的化学考试成绩不好,正是那位同学安慰他说:"不用着急,数学学得好的人(儿子是奥班数学组的),化学没有理由学不好的。"一句话令儿子感动不已,尽释前嫌。

评析: 我们说话的前提是学会换位思考,站在别人的位置去考虑问题,懂得理解别人、尊重别人。也就是说,帮助别人也需要智慧,需要用别人能接受的方式,才会收到好的效果。

说话之道

一、注意语句的顺序

案例: 一个女学生上课时对老师说:"我昨天打破了我爸爸的古董茶壶。""你父亲有没有很生气?"老师问她。"没有! 我对他说,爸爸! 我给您泡茶,泡了这么多年,都很小心,可是今天不晓得怎么搞的,把茶壶打破了。"女学生说,"我爸爸先一怔,然后笑笑,故作没事地说:'破了就破了,东西总会破的,改天再买一个新的吧!'"

她这话,全班都听到了。隔几天,另一个也为爸爸泡了好几年茶的女学生,也打破了茶壶。她想起前面同学的话,照样去向她父亲报告,却被骂了一顿。原因是,她把同样的话,换了个先后的次序说出来。"爸爸! 我打破了茶壶。"她战战兢兢地说。"什么? 把茶壶打破了,那是古董!"老爸脸色大变。"爸爸! 可是我今天不晓得怎么搞的……"她解释。"你心不在焉！粗心！""可是,我给您泡茶,泡了这么多年……"她又解释。"你还强辩?"老爸吼了起来。

评析:在这个案例中,这两位学生所使用的语言材料大同小异,但由于说话的顺序发生了变化也就是调配方式发生了变化,效果却大相径庭。

二、区分场合

人在不同场合,面对不同人、不同事,从不同目的出发,就应该用不同的方式,说不同的话,这样才能收到理想的言谈效果。

案例:英国女王维多利亚,与丈夫阿尔伯特一直相亲相爱,感情和谐。妻子是一国之君,整天忙于各种公务和应酬,而丈夫却不太关心政治,对社交缺乏兴趣。有一天,女王忙完公事已经到深夜了,她回到卧室,见房门紧闭,就敲起门来。

问:"谁?"

答:"我是女王。"门未开,再敲。

问:"谁?"

答:"维多利亚。"门未开,再敲。

问:"谁?"

答:"你的妻子。"门开了,维多利亚走了进去。

评析:当女王回到家里,场合改变了,她就不再是女王,而是一位妻子。在宫廷上对着王公贵族说话是一种情形,回家对着丈夫说话应该是另一种情形。

三、注意对象

1. 要注意年龄

对象的年龄,也是说话时不可忽视的因素。对小孩或同龄人,要坦诚、亲切;对老年人或自己的师长,则要尊重,让对方感觉到你是有教养、懂礼貌的晚辈。

2. 要注意对方的职业

俗话说"三句话不离本行""卖什么吆喝什么"。与人谈话要注意对方的职业特点。优秀服务员李淑贞的接待语言就非常注意对方的职业特点。

知识分子进店,李淑贞:"同志,您要用餐,请这边坐。来个拌鸡丝或溜里脊,清淡爽口,好不好?"

工人同志进店,李淑贞:"师傅,今天加班,想吃过油肉,还是汆丸子?"

乡下老大娘进店,李淑贞:"大娘,您进城里来了,趁身子骨还硬朗,隔一段就来转转,改善改善生活,您想尝点啥?"

评析:李淑贞对知识分子,用语文雅、委婉;对工人同志,用语直接、爽快;对乡下老大娘,用语则通俗、朴实,恰到好处地适应了不同对象的不同爱好和文化修养。

3. 要注意身份

任何人在任何场合说话,都有自己的特定身份,这种身份就是自己当时的"角色位置"。只有认清自己的"角色位置",才能做到用词恰当,表述得体,有礼貌而又不失分寸。

中职语文与应用(卫生类)

案例：电影《二子开店》中有这样一个场景：全店进行微笑服务训练，只有老魁笑不出来。小豆说道："经理说了，不管出了什么事都得笑，就是他亲爹死了，也得笑。"老魁一听，急了："什么？那我就更笑不出来了！噢，他亲爹死了，我再笑，那不成了诈尸了！"

评析：老魁是经理的父亲，听了小豆的话，怎能不急？怎能不发火？

四、说话注意方式

在场合相同、对象相同的情况下，选择恰当的说话方式在我们人际交往中是不可忽视的重要的因素。

案例：明代开国皇帝朱元璋，出身贫寒，少年时放过牛，甚至还为了果腹而出家。但是，朱元璋胸有大志，终于成就一番霸业。朱元璋当了皇帝以后，有一天，一个儿时的穷伙伴进京来求见他。朱元璋很想见一见旧友，可又怕他讲出什么不中听的话来，犹豫再三，还是让人把他传了进来。那人一进大殿，即拜大礼，说："我主万岁！当年微臣随驾庐州府，攻破罐州城。汤元帅在逃，拿住豆将军，红孩子当兵，多亏菜将军。"朱元璋听他的话动听含蓄，心里非常高兴，回想起当年大家在一起的情形，感慨万千，立即重重封赏了这个老朋友。

消息一传出，当年和朱元璋一起放牛的伙伴也找上门来。他见到朱元璋，高兴得忘乎所以，生怕朱元璋忘了自己，比手画脚地在金殿上说道："我主万岁！你不记得了吗？那时候咱俩都给人家放牛，有一次我们在芦苇荡里，把偷来的豆子放在瓦罐里煮着吃，还没等煮熟，大家就抢着吃，把罐子都打破了，撒下一地的豆子，汤都泼在泥地里，你只顾从地下抓豆子吃，结果把红草根卡在喉咙里，还是我出的主意，吞下一把青菜，才把那红草根带下肚子里。"当着文武百官的面，朱元璋又气又恼，哭笑不得，喝令左右："哪里来的疯子，来人，把他轰出去。"

评析：对于同一件事，一个人是直通通地说，结果被轰出门外；一个委婉曲折地说，结果得了封赏。话说方式不一样，结果也是天壤之别。

练一练

1.【案例一】有个人和他太太吵架闹离婚，起因居然是一件好事。

一天，他太太买了一条上好的石斑鱼，特意打电话到他办公室："你离开办公室的时候打个电话，我好下锅，这石斑鱼，蒸多一分钟少一分钟都不成。"

那太太想得很好，丈夫出门，她蒸鱼，丈夫进门，正好上桌。

偏偏她丈夫才打完电话，说要出门，就碰上客户突然造访，耽误了二十分钟。

送走客户，丈夫心想"糟了"，赶紧又拨个电话回家："对不起，临时有事，现在才出门。"

太太一听，在那头跳了起来："什么？你还在办公室？你不知道鱼凉了不好吃吗？你知道这条石斑鱼多少钱吗？"

丈夫没多吭声，匆匆忙忙开车赶回去，一路想，一路急，加上晚上饿，胃都急疼了，路上还差点撞了人。进门没好气地说了一句："鱼凉了就凉了嘛！热热不就得了？"

太太也没好气："你就没吃好鱼的命，以后就给你吃凉的。"

两个人当然吵翻了，拉开嗓子吼，把孩子都吓哭了，一条好好的石斑鱼放在桌上，谁都没吃，还差点离了婚。

（1）谈谈他们发生争执的原因？

_____

_____

_____

（2）如果你是这位太太会怎么说？

_____

_____

_____

2.【案例二】楼上浇花淋湿了楼下被单。

李慧正在阳台上浇花，楼下的刘阿姨说："小李啊，你真爱美啊，这么喜欢花！只可惜啊，我刚晒的被单也锦上添花了。"

（1）你听出刘阿姨的言外之意了么？

_____

_____

（2）假如你是李慧，会怎么回答刘阿姨？

_____

_____

3. 如果你是中学生，向不同年龄的人问岁数，应该怎么说。

（1）小孩子。

_____

_____

（2）同龄人或中青年人。

_____

_____

（3）七八十岁的老人。

_____

_____

4. 客人要告辞时,应根据来者不同的身份说送行的话,应该怎么说。

（1）来者是到你家串门的邻居王奶奶。

_____

_____

（2）来者是到你家进行家访的班主任李老师。

_____

_____

（3）来者是你姨妈的儿子,你的表兄。

_____

_____

（4）来者是给你家送煤气罐的工人师傅。

_____

_____

写作训练

话题作文1
确立中心

选材要求

一、确定话题中心

话题中心就是作者在文章中表现出来的观点、看法、态度、想法等等。

（1）想好自己在文章中想表达什么样的思想、观点或说明什么问题，也就是要明确自己所要表达的主题。

（2）确定的主题要有积极意义，并且是读者需要的。

（3）确定的中心要有作者自己独立的看法，新的见解。

（4）中心要单一、具体。

（5）文章中心要突出、明确。

二、围绕中心选材

材料是为突出中心服务的，要想准确表达中心，就必须选择最能表达文章主题的材料。在表达中心的事例确定以后，要紧扣中心构思、叙述，切忌横枝蔓叶。

三、选材要典型

选择出来的材料要有典型性和说服力。

（1）选材或角度要新鲜，而不是老掉牙的。

（2）内容要曲折，一波三折，而不是平铺直叙的。

（3）能以小见大的，而不是空泛的。

（4）视角要广阔，而不局限于家庭、学校。

表达创新

一、思路要新

从有新意、有创见的角度去观察生活，发现体现时代精神的事物，挖掘出它的本质意义，文章就会给人耳目一新的感觉。

二、选材要新

童心最可贵，童趣最可取，用一颗颗经过熏陶的心去发现美、捕捉美，用一颗颗纯真善良的心去揭露丑、抨击丑，才能在风雨中磨炼成材。选材新的前提是真实，不能编造作假、无中生有，更不能改头换面、移花接木。

三、表达要新

在作文时，首先要做到"我手写我口，我手写我心"。这样写出的文章程往往感情真实，让人信服。作文要有创新精神，要想别人之不敢想，写别人之不敢写，只有这样,才能写出符合时代意义、角度新颖、构思精巧、具有创新精神的作文。

例文评析

例文1

真情的呼唤

当老板的爸爸与手下打工妹产生恋情,含辛茹苦的妈妈佯装不知真相忍辱维持着家庭完全是为了我的成长能有一个正常的环境,但终于爱我的爸爸提出了与妈妈离婚的要求,万分悲痛的妈妈在无奈中向爸爸提出一个要求:为了让处在升学重压下的儿子能安心学习,向儿子隐瞒离婚的实情,于是他们瞒着我离了婚,还假装维持着过去的关系,知道实情的我不忍戳破事实的真相,心底滚动着的是一腔对真情的渴望,它在遥远的地方呼唤,呼唤再拥有一个真正的家!

评析:读着这样至诚至纯的文字,心在颤动,同时也深深地感到最感人的力量来自情感的迸发,最绚丽的美丽来自心灵闪烁的火花,最真的情也许就包裹在你不愿或不敢示人的事情里。

其实每个人的心中都装着这样的"感人""美丽"和"真实",只是出于某种顾虑将它深埋于心底。只要有勇气冲破自己设定的心理防线,勇敢地袒露自己的内心世界,写出一段心事,道出一种苦闷,我们是可以寻找到浸透情感、足以感人的素材的,从而使作文具有感人的力量。

例文2

家庭生活

开租车的妈妈瞒着爸爸为即将升入高中的我积攒了一笔钱,但嗜赌成癖的爸爸发现并很快输掉了这笔血汗钱,一向逆来顺受的妈妈终于愤怒了,在那个晚上与爸爸发生了激烈的争吵,失去理智的爸爸把妈妈打得遍体鳞伤,并且迁怒于我,撕毁了我的课本,砸碎了挂在墙上的与妈妈的合影,一记重重的耳光,疼在脸上,更痛在心上,也粉碎了我所有的美好幻想……

评析:沉重的事情道出的是来自心底的痛苦与苦闷,由此产生的渴望和呼唤也当然是发自肺腑的。当一股勇气驱使着我们打开紧锁的内心,禁锢得太久的情感和素材就会化作写的冲动,化作一种表现欲,一吐为快。

练一练

人生路上,我们会无数次地否定自己,觉得自己一文不值。但无论发生什么,或将要发生什么,要永远坚信,我们永远不会丧失价值,我们依然是无价之宝。对此,你有何体验或感悟?

要求:请以"生命的价值来源于你自己"为题写一篇文章,除诗歌外,文体自选,立意自定,不少于600字。

漫步文学殿堂

佳作推介会

活动目的

（1）通过本次综合性学习活动,激发学生对文学作品的阅读兴趣,初步掌握文学欣赏的思路和方法;

（2）学生在具体的欣赏过程中,学习利用相关资料,学会与他人合作;

（3）引导学生体会经典的意义,学会欣赏美、感受美,培养学生积极健康的心理素质和对美好生活的向往。

活动准备

一、任务准备

（1）学生根据自己对文学作品的了解及喜欢程度自由组合成小组,然后推选出小组长,并明确小组中各人员的分工。

（2）以小组为单位阅读名著、名篇,以名著、名篇中感受最深的、最想向别人推荐的内容为切入点准备发言稿。每个学生都要做好名著推介会的准备。

（3）制作"我最喜爱的名著、名篇"推荐表(每人一张),内容包括文章题目、作者、内容概要、推荐理由、评价等。

我最喜爱的名著、名篇

文章题目	作者	内容概要	推荐理由	评价

二、任务搜集

（1）每位同学搜集自己读过的名著、名篇。

（2）阅读作品,把搜集的资料加以归类整理,做好读书笔记。要求学生随时捕捉名著、名篇中的妙词佳句。

三、任务制作

（1）制作 PPT,内容包括读书笔记及读书经验。

（2）每个小组选出喜爱的名段诵读。

（3）各小组交流确定汇报展示的方式,让学生对自己喜欢的名著进行点评。

活动过程

一、激发兴趣,明确任务

请同学们讲一讲自己知道的文学作品,讲述其中的人物故事或相关的内容,调动学生参与阅读活动的积极性。

二、小组汇报读书结果

（1）每个小组分别选派一名代表上台汇报读书结果,交流读书方法及经验。

（2）随机抽取 6 位同学做裁判,评出最佳读书报告。

三、展示环节:"佳作推介会"

（1）抽签决定上台展示的小组顺序。

（2）每个小组选一名同学担任评委。

（3）各小组根据自己汇报展示的方式,对自己喜欢的名著、名篇进行点评,朗读名著精彩段落。学生们也可各抒己见,尤其是阅读同一部名著的学生可发表不同的见解。

（4）教师点评,并评出表现最好的小组。

爱情，绽放春天的浪漫

　　"问世间，情为何物，只教人生死相许？"这一千古名句诠释了爱情的百转千回、至死不渝。古往今来多少人将思念谱成优美的旋律，蘸着淡淡的墨香，让情意安放心间，以满纸素色写出了丝丝暖意。"衣带渐宽终不悔，为伊消得人憔悴""相思相见知何日？此时此夜难为情""得成比目何辞死，愿作鸳鸯不羡仙"……千山万水的寻觅，穷尽韶华的等待，跨越千年的柔情，只为伊人。

　　刻骨铭心的美好爱情让人期待，唯愿执子之手守一份繁华，安一份静好。而错误的爱情却只能以痴怨抒写寂寞，任眼泪撕开卑微的过往。

　　茫茫红尘，有多少人愿意将生命定格在爱情那唯美的画面，相濡以沫携手天涯。但美好的向往却往往淹没于"婚姻是爱情的坟墓"的抱怨中。钱钟书在《围城》中点出了其中奥秘，爱情和婚姻都如同围城，"在外面的人想进来，进来的人想出去"。舒婷在《致橡树》中用火热的诗句表达了作者对爱的焦灼和渴望，但她跳出一般爱情告白的窠臼，发出了"不仅爱你伟岸的身躯，也爱你坚持的位置，脚下的土地"的呼喊，这是自由平等的爱情宣言。李清照夫妻感情笃深，她将《醉花阴》投报给在外做官的丈夫，秋闺的孤寂与闺人的惆怅跃然纸上。恋人的离别总是泪眼蒙眬，让人黯然神伤，柳永的《雨霖铃》却不同于传统送别词红楼深院、春花秋月的狭小境界，表现出一种烟波浩荡、楚天开阔的气象。缠绵悱恻的爱情总让青春期的少男少女情不自禁地去尝试，苏霍姆林斯基在《给女儿的信》中怀着慈父之心，以给女儿写信的形式，深刻而又生动地论述了青年人应当树立怎样的道德观、恋爱观和审美观。叶芝对茅德·冈有着终生不渝的爱慕，但遗憾的是叶芝终其一生的情感追求却没有得到茅德·冈的回报。诗人就在这遥遥无望的爱情中一直吟唱着一首首像《当你老了》那样坚定而寂寞的诗歌。

　　青春期的我们还年轻，成熟的爱需要成熟的条件。就像一棵树的成长，需要浇水，需要施肥，需要修剪，需要除虫一样。与其匆匆步入爱河，不如静静地等待成长成熟。从现在起，让我们做一棵会开花的树，去守候，去期待，去等待一场最隆重、最美满、最幸福的爱。

十七 《围城》^①（节选）

钱钟书

课文导读

《围城》是钱钟书唯一一部长篇小说。在这部小说里，作者运用幽默的语言和毫不留情的讽刺手法，描写了主人公方鸿渐颠沛流离、无家可归的人生境遇。

《围城》向人们揭示了这样一个主题：围在城里的人想逃出来，城外的人想冲进去。对婚姻是这样，对职业也是这样，人生的愿望大多如此。

这是一部社会价值和文学价值都很高的传世佳作，是中国文学史上难得的优秀作品。

苏小姐领了个二十左右的娇小女孩子出来，介绍道："这是我表妹唐晓芙。"唐小姐妩媚^②端正的圆脸，有两个浅酒窝，天生着一般女人要花钱费时、调脂和粉来仿造的好脸色，新鲜得使人见了忘掉口渴而又觉得嘴馋，仿佛是好水果。她眼睛并不顶大，可是灵活温柔，反衬得许多女人的大眼睛只像政治家讲的大话，大而无当。古典学者看她们说笑时露出的好牙齿，会诧异为什么古今中外诗人，都甘心变成女人头插的钗，腰束的带，身体睡的席，甚至脚下践踏的鞋，可是从没想到化作她的牙刷。她头发没烫，眉毛不镊，口红也没有擦，似乎安心遵守天生的限止，不要弥补造化的缺陷。总而言之，唐小姐是摩登文明社会里那桩罕物——一个真正的女孩子。有许多都市女孩子已经是装模作样的早熟女人，算不得孩子；有许多女孩子只是浑沌痴顽的无性别孩子，还说不上女人。方鸿渐立刻想在她心上造个好印象。唐小姐尊称他为"同学老前辈"，他抗议道："这可不成！你叫我'前辈'，我已经觉得像史前猿人的遗骸^③了。你何必加上'老'字？我们不幸生得太早，没福气跟你同时同学，这是恨事。你再叫我'前辈'，就是有意提醒我是老大过时的人，太残忍了！"

唐小姐道："方先生真会挑眼！算我错了，'老'字先取消"。

苏小姐同时活泼地说："不羞！还要咱们像船上那些人叫你'小方'么？晓芙，不用理他。他不受抬举，干脆什么都不叫他。"

---

① 选自同名小说《围城》，人民文学出版社，1980年。钱钟书（1910—1998），原名仰先，字哲良，后改名钟书，字默存，号槐聚，曾用笔名中书君，江苏无锡人，中国现代著名作家、文学研究家。

② ［妩媚(wǔ mèi)］姿态美好。

③ ［遗骸(yí hái)］遗体；骸骨。

方鸿渐看唐小姐不笑的时候，脸上还依恋着笑意，像音乐停止后空中的袅袅余音。许多女人会笑得这样甜，但她们的笑容只是面部肌肉柔软操，仿佛有教练在喊口令："一！"忽然满脸堆笑，"二！"忽然笑不知去向，只余个空脸，像电影开映前的布幕。他找话出来跟她讲，问她进的什么系。苏小姐不许她说，说："让他猜。"

方鸿渐猜文学不对，教育也不对，猜化学物理全不对，应用张吉民先生的话道："Search me！"难道读的是数学？那太厉害了！

唐小姐说出来，原来是极平常的政治系。苏小姐注一句道："这才厉害呢。将来是我们的统治者，女官。"

方鸿渐说："女人原是天生的政治动物。虚虚实实，以退为进，这些政治手腕，女人生下来全有。女人学政治，那真是以后天发展先天，锦上添花了。我在欧洲，听过 Ernst Bergmann 先生的课。他说男人有思想创造力，女人有社会活动力，所以男人在社会上做的事让女人去做，男人好躲在家里从容思想，发明新科学，产生新艺术。我看此话甚有道理。女人不必学政治，而现在的政治家要成功，都是学女人。政治舞台上的戏剧全是反串。"

苏小姐道："这是你那位先生故作奇论，你就喜欢那一套。"

方鸿渐道："唐小姐，你表姐真不识抬举，好好请她女子参政，她倒笑我故作奇论！你评评理看。老话说，要齐家而后能治国平天下。请问有多少男人会管理家务的？管家要仰仗女人，而自己吹牛说大丈夫要治国平天下，区区家务不屑理会，这好比造房子要先向半空里盖个屋顶。把国家社会全部交给女人有许多好处，至少可以减少战争。外交也许更复杂，秘密条款更多，可是女人因为身体关系，并不擅长打仗。女人对于机械的头脑比不上男人，战争起来或者使用简单的武器，甚至不过揪头发、抓头皮、拧肉这些本位武化，损害不大。无论如何，如今新式女人早不肯多生孩子了，到那时候她们忙于干国事，更没工夫生产，人口稀少，战事也许根本不会产生。"

唐小姐感觉方鸿渐说这些话，都为着引起自己对他的注意，心中暗笑，说："我不知道方先生是侮辱政治还是侮辱女人，至少都不是好话。"

苏小姐道："好哇！拐了弯拍了人家半天的马屁，人家非但不领情，根本就没有懂！我劝你少开口罢。"

唐小姐道："我并没有不领情。我感激得很，方先生肯为我表演口才。假使我是学算学的，我想方先生一定另有议论，说女人是天生的计算动物。"

思考与练习

一、解释下列词语。

1. 钗

2. 擅长

3. 遗骸

4. 镘

5. 摩登

二、分析作者是如何描绘方鸿渐、苏小姐以及唐小姐的心理活动的。

_____

_____

_____

_____

三、分析作者是如何通过语言描写外貌，刻画人物的。

_____

_____

_____

_____

十八　爱情诗词三首

致橡树①

舒　婷

课文导读

　　在艺术表现上,诗歌采用内心独白的抒情方式,坦诚地直抒诗人的心灵世界;同时,以整体象征手法构造意象,使得哲理性很强的思想、意念得以在亲切可感的形象中生发、诗化。

　　《致橡树》是舒婷爱情诗的代表作。该诗歌表达了一种独立平等、互依互助、坚贞热烈,既尊重对方存在,又珍视自身价值的崭新爱情观。橡树和木棉可以说是我国爱情诗中一组品格崭新的象征形象。

　　　　　　我如果爱你——
　　　　　　绝不像攀援的凌霄花②
　　　　　　借你的高枝炫耀自己;
　　　　　　我如果爱你——
　　　　　　绝不学痴情的鸟儿
　　　　　　为绿荫重复单调的歌曲;也不止像泉源
　　　　　　长年送来清凉的慰藉③;
　　　　　　也不止像险峰
　　　　　　增加你的高度,衬托你的威仪。
　　　　　　甚至日光,
　　　　　　甚至春雨。
　　　　　　不,这些都还不够!
　　　　　　我必须是你近旁的一株木棉,
　　　　　　作为树的形象和你站在一起。
　　　　　　根,紧握在地下;
　　　　　　叶,相触在云里。
　　　　　　每一阵风过

---

　　①　选自1979年第4期《诗刊》。舒婷(1952—),原名龚佩瑜,福建泉州人,中国当代朦胧诗派的代表作家之一。

　　②　[凌霄花]落叶藤本植物,攀援茎,羽状复叶,小叶卵形,边缘有锯齿,花鲜红色,花冠漏斗形,结蒴果,花、茎、叶都可入药,也叫鬼目、紫葳。

　　③　[慰藉(jiè)]安慰。

我们都互相致意，

但没有人

听得懂我们的言语。

你有你的铜枝铁干

像刀，像剑，

也像戟①；

我有我的红硕花朵

像沉重的叹息，

又像英勇的火炬。

我们分担寒潮、风雷、霹雳；

我们共享雾霭②、云霞、虹霓③。

仿佛永远分离，

却又终生相依。

这才是伟大的爱情，

坚贞就在这里：

不仅爱你伟岸④的身躯，

也爱你坚持的位置，脚下的土地。

思考与练习

一、填空题。

1. 本诗的作者是当代女诗人_____，属于_____诗派。

2. 本诗以_____的方式，主要运用_____手法，展示了富有时代气息的爱情追求，表达诗人主旨的句子是_____。

3. 本诗运用了象征手法，其中橡树的"铜枝铁干"象征_____，木棉的"红硕花朵"象征_____。

4. "根，紧握在地下；叶，相触在云里。"在修辞上属于_____，作用是_____。

二、怎样理解最后一句："不仅爱你伟岸的身躯，也爱你坚持的位置，脚下的土地。"

_____

_____

三、背诵全诗。

_____

① ［戟(jǐ)］古代一种合戈、矛为一体的长柄兵器。

② ［雾霭(ǎi)］云气。

③ ［虹霓(ní)］为雨后或日出、日没之际天空中所现的七色圆弧。

④ ［伟岸］(身材)高大挺拔。

醉花阴①

李清照

课文导读

本词抒发了在重阳佳节时词人对丈夫的思念之情。一句"人比黄花瘦"写出了李清照因思念而消瘦，因思念而憔悴，表现了李清照对丈夫的相思之深、之切，可谓情深意笃。

全词比喻手法的运用增强了词作的形象性、含蓄性。全诗用词贴切，意象明确，意蕴深刻。

薄雾浓云愁永昼，瑞脑②消金兽③。佳节又重阳④，玉枕纱厨⑤，半夜凉⑥初透。东篱⑦把酒黄昏后，有暗香盈袖。莫道不消魂，帘卷西风，人比黄花⑧瘦。

思考与练习

一、给加点的字注音。

1. 愁永昼

2. 瑞脑

3. 玉枕

4. 东篱

---

① 选自《李清照词集》，上海古籍出版社，2007 年。"醉花阴"为词牌名。李清照（108—1155），号易安居士，汉族，齐州章丘（今山东章丘）人，宋代（两宋之交）女词人，婉约词派代表，有"千古第一才女"之称。

② ［瑞脑］龙脑香。

③ ［金兽］兽形铜香炉。

④ ［重阳］农历九月九日为重阳节。《周易》中以"九"为阳数，日月皆值阳数，并且相重，故名。这是个古老的节日。南梁·庾肩吾《九日侍宴乐游苑应令诗》："朔气绕相风，献寿重阳节。"

⑤ ［纱厨］有纱帐的小床。

⑥ ［凉］《全芳备祖》等作"秋"。

⑦ ［东篱］陶渊明《饮酒诗》："采菊东篱下，悠然见南山。"为古今艳称之名句，故"东篱"亦成为诗人惯用之咏菊典故。唐·无可《菊》："东篱摇落后，密艳被寒吹。夹雨惊新拆，经霜忽尽开。"

⑧ ［黄花］指菊花。《札记·月令》："鞠有黄华。"鞠，本用菊。唐·王绩《九月九日》："忽见黄花吐，方知素节回。"

二、解释下列词语。

1. 永昼

2. 瑞脑销金兽

3. 把酒

4. 销魂

三、阅读全词,回答问题。

1. "薄雾浓云愁永昼,瑞脑销金兽。"描绘了一幅什么样的画面? 渲染了怎样的环境氛围? 作者用了什么表现手法?

_____

_____

_____

2. "佳节又重阳,玉枕纱厨,半夜凉初透。"作者为何特别提到重阳佳节? 作者的凉意从何而来?

_____

_____

_____

3. 古人常爱用花比喻人之美貌,如"芙蓉如面柳如眉""人面桃花相映红"等,而李清照却说"人比黄花瘦",这样的比喻有什么丰富的内涵?

_____

_____

_____

_____

四、背诵全词。

雨霖铃①

柳 永

课文导读

这首词是宋代婉约派的代表作,写的是才情卓著但仕途坎坷的柳永离开都城汴京时,与一位红颜知己缠绵悱恻的别离情景。

本词以"离情"为线索,用白描、铺叙、点染的手法,细致地描写了情人话别时留恋难舍的情景。此词上阕细腻刻画了情人离别的场景,抒发离情别绪;下阕着重摹写想象中别后的凄楚情状,反映了作者仕途失意的郁闷心情,景中见情,以情带景。

全词遣词造句不着痕迹,绘景直白自然,场面栩栩如生,起承转合优雅从容,情景交融,情感深沉,将情人惜别时的真情实感表达得缠绵悱恻、凄婉动人,堪称抒写别情的千古名篇。

　　寒蝉凄切②,对长亭③晚,骤雨④初歇。都门⑤帐饮⑥无绪⑦,留恋处,兰舟⑧催发。执手相看泪眼,竟无语凝噎⑨。念去去⑩,千里烟波,暮霭沉沉楚天阔⑪。

　　多情自古伤离别,更那堪冷落清秋节。今宵⑫酒醒何处?杨柳岸,晓风残月。此去经年⑬,应是良辰好景虚设。便纵⑭有千种风情⑮,更⑯与何人说?

---

① 选自《柳永词集》,上海古籍出版社,2009年。"雨霖铃"原为唐教坊曲,相传唐玄宗避安禄山乱入蜀,时霖雨连日,栈道中听到铃声,为悼念杨贵妃,便采用此曲,又名《雨霖铃慢》。柳永(约987—约1053),北宋著名词人,婉约派创始人物,人称"凡有井水饮处,皆能歌柳词"。

② [凄切]凄凉急促。

③ [长亭]古代在交通要道边每隔十里修建一座长亭供行人休息,又称"十里长亭"。靠近城市的长亭往往是古人送别的地方。

④ [骤雨]急猛的阵雨。

⑤ [都门]国都之门。这里代指北宋的首都汴京(今河南开封)。

⑥ [帐饮]在郊外设帐篷饯行。

⑦ [无绪]没有情绪。

⑧ [兰舟]古代传说鲁班曾刻木兰树为舟(南朝·梁任昉《述异记》)。这里用作对船的美称。

⑨ [凝噎]喉咙哽塞,欲语不出的样子。

⑩ [去去]重复"去"字,表示行程遥远。

⑪ [暮霭沉沉楚天阔]傍晚的云雾笼罩着南天,深厚广阔,不知尽头。暮霭,傍晚的云雾。沉沉,深厚的样子。楚天,指南方楚地的天空。

⑫ [今宵]今夜。

⑬ [经年]年复一年。

⑭ [纵]即使。

⑮ [风情]情意。男女相爱之情,深情蜜意。

⑯ [更]一作"待"。

思考与练习

一、通读全词,试找出你认为最能表达作者心绪的一句话。

_____

_____

_____

二、试概括这首词的主要内容。

_____

_____

_____

三、《雨霖铃》中描写月色的著名词句是"_____"。

四、背诵全词。

第五单元 爱情,绽放春天的浪漫

十九　给女儿的信①

[苏]苏霍姆林斯基

课文导读

　　本文是苏联著名教育家写给女儿的信,作者通过童话,巧妙地回答了女儿"什么是爱情",揭示了爱情的真谛:爱情就是"美"与"力量",爱情就是"忠诚",爱情就是"心灵的追念"。

　　在信中,他委婉地告诉女儿:爱情是人类永恒的美与力量,真正的爱情,包含美好的理想,共同的劳动,延续后代,忠贞不渝;启示像女儿一样的少男少女要正确、理智地去理解爱情。

　　亲爱的女儿:

　　你提出的问题使我忐忑不安②。

　　今天你已经十四岁了,已经迈进开始成为一个女人的年龄时期。你问我说:"父亲,什么叫爱情?"

　　我的心经常为这种思想而跳动,就是今天我不再是和一个小孩子交谈了。进入这样一个年龄时期,你将是幸福的。然而只有你是一个明智的人,你才是幸福的。

　　是的,几百万年轻的十四岁的少女怀着一颗跳动的心思考着这样的一个问题:什么叫爱情? 每个人对它的理解都各不相同。希望成长为男子汉的年轻小伙子也在思考这一问题。亲爱的小女儿,现在我给你写的信不再是过去那样的信了。我内心的愿望是:告诉你要学会明智地生活,也就是要善于生活。我希望做父亲的每一句话都能像一颗小小的种子,促使自己的观点和信念的幼芽萌发出来。

　　爱情这个问题也同样使我不平静。在童年和少年时代我最亲近的人是玛丽娅,她是一个了不起的人,渗透到我内心的一切美好、明智和真诚的品质都是受恩于她。她死于战争前夕。她在我面前打开了童话、本族语言和人性美的世界。有一天,在一个早秋的寂静夜晚,我和她坐在一棵枝叶茂密的苹果树下,望着空中正飞往温暖的边远地区的仙鹤,我问祖母:"奶奶,什么叫爱情呀?"

　　她能用童话讲解最复杂的事情。此刻她的一双眼睛呈现出沉思而惊异的神情。她以一种特别的、与往日不同的目光看了我一眼,说:"什么叫爱情? ……当上

---

　　① 选自《爱情的教育》,世敏、寒薇译,教育科学出版社,2001 年。苏霍姆林斯基(1918—1970),苏联著名教育实践家和教育理论家。

　　② [忐忑(tǎn tè)不安]心里七上八下安定不下来,形容胆怯,对事情没有把握。

帝创造人类时,她在地球上播下了一切有生命的种子,并教会他们延续自己的后代,生出和自己同样的人。他把土地分给一个男人和女人。告诉他们怎样搭窝棚,给男人一把铲子,给女人一捧种子,然后对他们说:'你们在一起过日子吧!延续后代,我要办事去了,一年之后,我再来,看看你们的情况怎么样。'

整整一年之后,有一天一大早,他和大天使加弗利尔来了,他看见这一对男女坐在小棚子旁边,地里的庄稼已经熟了,他们身旁放着一个摇篮,摇篮里睡着一个婴儿,这一对男女时而望望天空,时而又彼此看看,就在这一瞬间,他俩的眼神相碰在一起,上帝在他们身上看见了一种不可思议的美和一种从未见过的力量。这种美远远超过蓝天和太阳、土地和长满小麦的田野。总之,比上帝所制作和创造的一切都美,这种美使上帝颤抖、惊异,以致惊呆了。

他向大天使加弗利尔问道:'这是什么?'

'这是爱情。'

'什么是爱情?'

大天使耸耸双肩,上帝走向这对男女,问他们什么是爱情,但是,他们无法向他解释,于是,上帝恼火了,他说:'那么,好吧!我要处罚你们,从即刻开始,你们要变老,你们生命的每一小时,都要消耗一点你们的青春和精力!五十年后我再来,看看你们的眼神里表现出什么,人。'"

"上帝为什么还能生气呢?"我问奶奶。

"是的,要知道,一个人不能擅自创造连他自己本人也没有见过的东西。但是,你住下听啊!五十年后他和大天使加弗利尔又来了。他看见了一座非常好的小木屋代替了原来的小棚子,草原上修起了花园,地里的庄稼已经熟了,儿子们正在耕种,女儿们正在收麦,孙子们正在绿草地上玩耍。在小木屋门前坐着一个老头和老太婆,他们时而看看红色的朝霞,时而又彼此望望。上帝从他俩的眼神里看见了更加美丽和更加强大的力量,而且好像又增加了新的东西。

'这是什么?'上帝问大天使。

'忠诚!'大天使回答说,但是,他还是不能解释。

这次上帝更加恼火了。他说:

'人!你们为什么没有老多少?那好吧,你们的日子不长了,以后我再来,看看你们的爱情将变成什么'。

三年后他与大天使又来了。他看见男人坐在小山坡上,一双眼睛呈现出非常忧虑的神色,但是,却仍然表现出那种不可思议的美和力量,已经不仅仅是爱情和忠诚,而且蕴藏①着一种新的东西。

'这又是什么?'他问大天使。

'心灵的追念。'

---

① [蕴(yùn)藏]蓄积深藏未露。

上帝手握着自己的胡须,离开了坐在小山坡上的老头,面向着麦田和红色的朝霞,他看见,在金色麦穗旁边站着一些青年男女,他们时而看看布满红色朝霞的天空,时而又彼此看看……上帝站了很久,看着他们,然后深深地沉思着走了,从此以后,人就成了地球上的上帝了。

这就是爱情,我的小孙子!爱情比上帝权威大,这是人类永恒的美与力量,一代一代地相传。我们每一个人最终都要变成一把骨灰,但是,爱情将成为赋予生命的、永不衰退的、使人类世代相传的纽带。"

我的小女儿,这就是爱情!世上各种有生命的东西生活、繁殖,成千上万地延续自己的有生命的后代。但是,只有人懂得爱。而且说实在的,只有在他善于像人那样去爱的时候,他才是一个真正的人。如果他不懂得爱,不能提到人性美的高度,那就是说他只是一个能够成为人的人,但是还没有成为真正的人。

思考与练习

一、解释下列词语。

1. 不可思议

2. 擅自

3. 赋予

二、文学常识填空。

苏霍姆林斯基是_____(国籍)人,一生著作颇丰,主要有《_____》《给学生的精神世界》《_____》,是世界著名的教育家。

三、课文讲述了什么内容?

_____

_____

_____

四、作者是通过什么方式回答女儿的问题的?这种方式有什么好处?

_____

_____

_____

_____

中职语文与应用(卫生类)

二十　当你老了①

[爱尔兰] 叶芝

课文导读

　　叶芝在 1889 年遇见女演员、爱尔兰独立运动战士茅德·冈,并爱上了她,他曾多次向对方求婚,均遭拒绝。但他终生爱慕着她,为她写下了许多诗,《当你老了》就是其中一首。

　　虽然自己的苦恋毫无结果,但在历经感情的磨难和挫折之后,诗人仍然执着地爱恋着自己心目中的女神。

　　在诗人创造的永恒的情感空间里,即使时光荏苒,岁月流转,在一百多年后的今天,他的这份爱,也丝毫没有褪色,仍然鲜动地触动着我们心灵最深处。

当你老了,头白了,睡思昏沉,
炉火旁打盹②,请取下这部诗歌,
慢慢读,回想你过去眼神的柔和,
回想它们昔日浓重的阴影;

多少人爱你青春欢畅的时辰,
爱慕你的美丽,假意或真心,
只有一个人爱你那朝圣者的灵魂,
爱你衰老了的脸上痛苦的皱纹;

垂下头来,在红光闪耀的炉子旁,
凄然地轻轻诉说那爱情的消逝,
在头顶的山上它缓缓踱着步子,
在一群星星中间隐藏着脸庞。

---

　　① 选自《英诗经典名家名译:叶芝诗选(英汉对照)》,袁可嘉译,外国教学与研究出版社,2012 年。叶芝(1865—1939),爱尔兰诗人、剧作家,著名的神秘主义者,曾被誉为"二十世纪最伟大的英语诗人"。

　　② [打盹]小睡,多指坐着或靠着断续地入睡。

思考与练习

一、解释下列词语。

1. 打盹

2. 欢畅

3. 凄然

4. 消逝

二、诗人以"当你老了"作为整首诗的开头,这是一种什么样的抒情方式?有怎样的表达效果?

_____

_____

_____

三、诗人的爱情观是什么?

_____

_____

_____

_____

四、熟读全诗。

表达与交流

口语交际
职场交流

案例导入

案例：一位患者正在闹情绪，心情不好，没吃午饭。护士小茹来劝他吃饭。

护士：胖子哥，我给你说，这个不吃饭的滋味可难受了。我可不骗你，我小时候就有这个经验。我小时候离家出走过五回，每次都是因为肚子饿得受不了才回来的。

患者抬起头来看着小茹。

护士：这个肚子饿起来呀，一会儿这边疼，一会儿那边疼。这胃呀！就像磨盘一样在那边磨呀磨、绞啊绞，可难受了！

患者的表情看起来更难受了，竟大哭起来。

另一位护士淑慧见此情景，拉着小茹让她走到了另一间休息室。

淑慧：小茹啊！你可不能这么跟患者说话啊！你错了，你知道吗？

（根据电视剧《都是天使惹的祸》片断整理文字）

导入：案例中，护士小茹不但没有安慰、劝导患者，反而引发了患者更大的情绪波动。小茹作为一个护士说的这些话已被那位年长的护士明确告知是错误的，不能这样跟患者说。

作为护士在和患者交流的过程中应该怎样说话呢？应该遵守哪些原则、方法和技巧呢？

护士的说话之道

据北京大学医学部对三家综合医院医疗投诉的分析："临床上80%的医疗纠纷是由于沟通不良造成的，接近一半的纠纷，主要是由处理方法不当和语言上粗暴引起的。"

一、护士必须说标准普通话

要发音正确，吐字清晰，简洁客观，语义明确，通俗易懂；切忌含糊，歧义，句子过长，避免使用医学术语。

案例：护士小马告诉患者明天早上八点钟做B超。他这样说的："大爷，明天早上八点钟您做个B超。今天晚上呢，您吃点清淡的东西，明天早上千万别吃饭。"第二天早上，李大爷起床，觉得有点口渴，想喝杯水，刚拿起水杯心里就泛起了

第五单元　爱情，绽放春天的浪漫

嘀咕:护士说不能吃饭,那能不能喝水呢?

评析:如果仅告诉患者,明天不能吃饭,患者可能会想,不能吃饭那应该能吃药吧? 可以喝水吗? 水果行吗? 心里会有疑惑。语义明确,是对医护人员口语表达的最基本要求。

二、在工作中对待不同情况患者需要用不同的语言表达方式

1. 安慰性的语言

案例:小孩子害怕打针,护士说:"阿姨打针不疼啊,用最细的针,不会疼的呀,就像蚂蚁咬一下。"

评析:一般给小孩子打针吃药时要多使用安慰性的语言。

2. 劝说性的语言

护理中碰到要求患者配合但患者不理解或者不愿意接受时,可以使用劝说性的语言。

案例:因放射有抑制骨髓的副作用,放射科的患者要一周检查一次血常规。部分患者不知道问题的严重性,心里犯嘀咕:上周刚查过,这周还接着查,有必要吗? 这就需要护士根据不同患者的心理给予劝说。经济困难怕花钱的可以这样给他说:"验血是要花点钱,但能及时发现问题及时处理,说不定还为你省了钱呢!"对抽血感觉紧张的患者可以这样说:"我用小针头给你扎,你放松,来,做深呼吸。"

评析:在实际的临床中遇到的情况可能比案例要复杂,总之,要因人而异,看人说话。

3. 指令性的语言

对于患者需要严格遵守的规定或常规,则适宜用指令性语言。

案例:一位老太太做了腰椎手术只敢趴着,但时间长了也挺累的,还怕长褥疮。护士指导老太太做翻身运动。护士说:"咱现在翻翻身,一定要按照我说的来做。来,把胳膊收起来,用力啊! 用点力!"护士过来帮老太太收胳膊。老太太痛苦地呻吟着。患者家属有些激动了:"别动了,别动了。你没看她那么疼吗? ……你能体会吗?"护士说:"疼也得动动啊! 是你懂还是我懂? 我有技术,专业技术。"

评析:这种情况下,态度坚决才能更好地开展工作。

4. 鼓励性的语言

医护人员对患者的鼓励,更能调动患者与疾病做斗争的信心。

案例:护士过来说:"来,老王! 让我看看你的腿!"患者皱着眉头,护士揭开被子,摸了摸,按了按:"还是没有缓解啊!"患者问道:"是不是好不了了?"护士答道:"谁说的? 你不是在治疗吗? 配合治疗,我们一起努力。""真的吗? 都肿得这么粗了!"护士说:"你就放心吧,你看看我这腿,跟我比你差远了! (胖胖的护士说)患者听了,愁眉不展的脸上露出了难得的笑。

评析:有时候一句玩笑、一些鼓励会给患者带来很大的安慰!

练一练

1. 假如你是一名医护人员,根据我们学习过的理论,回答患者的下列问题。

【案例一】38 床的患者问:"刘护士啊,我都住进来三天了,哪天开刀啊? 床位费好贵啊!"你如何回答?

【案例二】39 床是个 7 岁的小男孩,今天手术后醒来,疼痛难忍,无精打采。你如何安慰一下他?

2. 阅读材料,回答问题。

材料:患者因车祸被撞送至医院,入院时,其呼吸困难,胸部疼痛。医生为患者进行了详细的检查后发现,除一处骨折外,患者并无严重的内脏损伤等危险,故接诊护士向其说明:"别担心,车祸的撞击使您的两根肋骨骨折,不用做什么处理,您只需要平心静养几周就会康复。"然而,事实上,患者并未从这位护士的解释中得到任何安慰和释怀,声称自己很快就会死去。因这位患者在两周前,曾目睹一场交通事故。但当受害者亲人寻找目击证人时,他因一时怕麻烦而不愿作证。之后,他一直感到内疚,并认为这次车祸是老天对他的惩罚,他将随逝者而去。

(摘自《护患沟通指导》)

探究:作为护士应如何安慰这位患者? 大家可以谈一谈自己的想法。

写作训练

话题作文 2

如何选材

何为选材

选材就是对已有的材料进行一番选择。如果说文章的中心是灵魂,结构是骨架,那么材料则是文章的血肉。选材,是为了更好地表达文章的中心,血肉为表达灵魂而服务。选材得当意味着作文盖好了坚实的地基,文章也就成功了一半。

选材的原则

一、选材要适当

选材最基本的原则是适当。材料要紧紧围绕主题,切忌跑题,并且注意不能胡编乱造,要选取自己经历过的、印象深刻的事情,才容易写。

有的人为了让文章立意有特点,编造根本没有经历过的事情来写,自己还满心得意,事实上,他人一眼便可看出这是编出来的。

一篇写人或记事的大作文,一般用两三个事例,注意详略得当即可。

二、选材要有意义

选材要有意义指的是选取材料的内涵要切题,即想表达的主题要有意义,并不是说塑造一个很高大的人,或写一件很伟大的事才叫有意义。

如"舍身救人"之类的题材。事实上,我们都是普通人,生活也都很平凡,身边很多很普通甚至微不足道的小事,也可以表现出人物的品质。一位同学在写《我敬佩的一个人》中,选取的人物是一位冬泳的老爷爷,表现其坚韧的品格,虽然是一件很小的事情,但是切入点很好,并且材料很有意义。

三、选材要新颖

好人好事就一定是扶老奶奶过马路?表现老师的奉献精神就一定是带病上课?反映同学互帮互助就一定是去医院帮他补课?这些选材太俗,没有新意。照搬别人用过的题材叫拾人牙慧,别人用过的材料尽量不要用,要选取新的材料,避免重复。

另外,在材料的选取上不一定都要选择正面材料,歌颂某某品质或反映好的社会现象,适当选取不好的一面予以批评指正,也是不错的角度,让人看后会有所启发。

材料赏析

材料1:74 岁的霍大妈有五个儿女,全都在本市居住,孩子们强烈要求她去自己家里居住，可她就是不肯。"自己一个人挺好，和孩子们在一起不方便。"她随手拿起一个茶杯，"比如，这个茶杯，我认为放在这里好，可他们认为放在那里好，怎么办？"一个人的日子怎么打发时光？邻居们说，居委会组织腰鼓队，霍大妈得知后，搬出自己的缝纫机，和其他几位大妈一起，给腰鼓队做演出服装，一做就是几天，不拿一分钱报酬。当然，这些事不是每天都有，闲下来时怎么办？闷不闷？"闷什么？闷了就去大街上，那里有的是人。"

材料2：刘大爷和刘大妈今年70多岁了，儿子在北京工作，女儿远在美国，老两口留守在石家庄的"空巢"里。老两口都是退休干部，退休金每月4000多元，儿女也都是高收入，不时给老人寄来一些高级保健品。在外人眼里，他们的日子过得挺滋润，是大家羡慕的对象。可是，谁能想到，回到家里的老两口，面对空旷的三室一厅，孤寂之感不时涌上心头。看到儿子喜爱的书籍，摸着女儿甜笑的照片，老人心里好空虚。给孩子们打个电话吧，正是上班时间，他们都忙着，没事没情的打电话干什么。实在无聊了，他们也去儿女家走走，但他们说："那不是自己的家，不能长住呀。"

材料3：与其他孤寡老人一样，孙秀双老人有着许多的无奈。她全部收入，是政府发放的每月560元最低生活保障金，再加上老伴生前单位每月100元钱的补助。水电费、吃穿用，全部生活开支都来自这660元。如果遇上感冒发烧不舒服，她的办法就是"扛着"，实在不行就吃点感冒冲剂。如果病重不能做饭了，就冲点侄子们送来的奶粉。"要是犯了心脏病，我也不打算治，扛不过去死了，我也就解脱了。"说到这，老人无神的眼里流出了浑浊的泪水。

材料4：广州市某铁丝厂退休职工谢某，70岁，在家亡故两年无人知晓，待到警方撬开房门，发现老人已成一堆白骨。

——2005年《南方都市报》

材料5：深夜一场大火将84的郑老伯吞噬，灾难发生时，老人膝下一子三女没一个在他身边。一个熟悉郑老伯的人说："他实在太孤独了，有些时候，我看他一个人和鸡说话，很让人心酸。"

评析：这几个材料都是写空巢老人的孤独生活，每个材料的角度不一样。在写此类文章时，可选择其中一两个材料作为文章中心的支撑内容。

练一练

有人说过：真正的爱如河流，愈深愈无声。天地间的每一个角落都传递着爱的信息，它让我们感悟：有爱的世界真好。

请以"爱，_____"写一篇文章。

要求：（1）先将题目补充完整；

（2）文体自选，立意自定；

（3）不少于600字。

古诗的魅力

流行歌古典味

活动目的

（1）通过欣赏流行歌曲，加深对古诗词的理解，提高古诗词鉴赏能力；

（2）引导学生在欣赏过程中，学习利用相关资料，与他人合作探究；

（3）深入体验优秀作品的艺术魅力和社会价值，加强学生对流行歌曲的感性认识，增强"乐学好学"意识。

活动准备

一、任务准备

（1）学生自由组合，风格相近的同学建立一个活动小组，然后推选出小组长，并明确小组中各人员的分工。

（2）以小组为单位，小组成员共同协作，利用网络等资源，通过访谈等形式探讨古诗词与歌曲在内容、情感、意境等方面的共通之处等。

（3）教师对于源于古诗词的现代流行歌曲种类进行相关指导。

二、任务搜集

（1）每位同学搜集自己喜欢的古诗。

（2）搜集与古典诗词相关的流行歌曲，完成下列表格，初步进行数据统计。

序号	歌曲名称	古诗词	类别	搜集人

三、任务制作

（1）每个学生选择自己喜欢的一首古诗词，根据所选诗词蕴含的意境搭配适合的音乐和画面，制作 PPT 完成作品。

（2）每个小组选一名代表汇报本组改编歌曲展示活动。

活动过程

一、激发兴趣,明确任务

播放琼瑶作词的《在水一方》,词曲同步,让学生完全融入文学与音乐一体化的情景中,借助流行歌曲来营造氛围,激发学生的学习兴趣,让学生在音乐中展开想象,感受作品的魅力。

二、展示交流

(1)抽签决定上台展示的小组顺序。

(2)每个小组选一名同学担任评委。

(3)每个小组分别选派一名代表展示古诗配乐合成作品,一名代表汇报本组改编歌曲展示活动。

(4)教师点评,并评出表现最好的小组。

信念，守望梦想的灯塔

"老骥伏枥，志在千里。烈士暮年，壮心不已。"曹操在《龟虽寿》中自比一匹已经苍老的马，虽然，形容枯槁、屈居林下，但胸中仍然激荡着驰骋千里的万丈豪情。在他看来，人即使到了晚年，也应有一颗勃勃雄心永不消沉，对梦想的追求坚定不移。

"黄沙百战穿金甲，不破楼兰终不还"是边塞将士戍守祖国、盼望胜利的坚定信念。信念，这耀眼夺目的精神搜索之光，照亮了前方有几许幽暗的道路，星星点点，隐隐约约，却为梦想插上翅膀，照亮你的未来。

丘吉尔在谈到成功秘诀时说："第一个是，决不放弃；第二个是，决不、决不放弃；第三个是，决不、决不、决不能放弃！"无数的成功人士验证了：人生之所以失败，就是因为放弃。只要有信念去坚持，失败就不是定局。越王勾践忍辱负重、卧薪尝胆只为一雪前耻，祖逖勤学苦练、闻鸡起舞但求收复中原……

人生路上没人该为自己做什么，要通过自己的双手去创造出一个完完全全属于自己的世界。毕淑敏的《我很重要》让我们明白，无论什么时候，即使我只是沙漠中的一粒细沙，也没有谁可以否定我，除非自己放弃。梦想就像稀世珍珠无比珍贵，一旦有了梦想，便应像马丁·路德·金在《我有一个梦想》中一样去守护、坚持。哪怕有时悲伤和挫败像铺天盖地的大雨在你的世界里肆虐，我们也要有坚强的信念，和欧·亨利《最后的常青藤叶》中琼珊一同去冲破阻碍拥抱新的生命。在追求成功的路上，我们难免会有挫折，有失误，李开复在《追寻失败的勇气》一文中给出了答案，只要尽了力，愿意向自己的极限挑战，就应为自己的勇气而自豪。

同学们，不要在迟疑彷徨中虚度青春，也不要在碌碌无为中浪费生命。一个"梦"如流星般划过人生的星空，短暂、迅捷……我们应小心翼翼、怀揣坚持，用自己的信念去为明天的梦想喝彩。

二十一　我很重要[①]

毕淑敏

课文导读

这是一篇带有浓郁哲理思辨色彩的散文。"我很重要"是一个哲学命题,作者在对这一命题进行思考和探索的过程中,以理性的分析和动人的情感,使文章充满了情感美和理趣美。

"我很重要!"一声呐喊,喊出了对个体生命价值的尊重。

当我说出"我很重要"这句话的时候,颈项后面掠过一阵战栗。我知道这是把自己的额头裸露在弓箭之下了,心灵极容易被别人的批判洞伤。

许多年来,没有人敢在光天化日之下表示自己"很重要"。我们从小受到的教育都是——"我不重要"。

作为一名普通士兵,与辉煌的胜利相比,我不重要。

作为一个单薄的个体,与浑厚的集体相比,我不重要。

作为一位奉献型的女性,与整个家庭相比,我不重要。

作为随处可见的人的一份子,与宝贵的物质相比,我们不重要。

我们——简明扼要地说,就是每一个单独的"我"——到底重要还是不重要?

我们是由无数星辰日月草木山川的精华汇聚而成的。只要计算一下我们一生吃进去多少谷物,饮下了多少清水,才凝聚成一具美妙无比的躯体,我们一定会为那数字的庞大而惊讶。平日里,我们尚要珍惜一粒米、一叶菜,难道可以对亿万粒菽粟[②]亿万滴甘露濡养[③]出的万物之灵,掉以丝毫的轻心吗?

当我在博物馆里看到北京猿人窄小的额和前凸的吻时,我为人类原始时期的粗糙而黯然。他们精心打制出的石器,用今天的目光看来不过是极简单的玩具。如今很幼小的孩童,就能熟练地操纵语言,我们才意识到已经在进化之路上前进了多远。我们的头颅就是一部历史,无数祖先进步的痕迹储存于脑海深处。我们是一株亿万年苍老树干上最新萌发的绿叶,不单属于自身,更属于土地。人类的精神之火,是连绵不断的链条,作为精致的一环,我们否认了自身的重要,就是推卸了一

---

① 选自《二十世纪九十年代散文选》,上海文艺出版社,2000 年,有改动。毕淑敏,女,1952 年出生于新疆,从事医学工作 20 年后,开始专业写作,共发表作品 200 万字。

② [菽(shū)粟]泛指粮食。

③ [濡(rú)养]滋润供养。濡,沾湿。

种神圣的承诺。

回溯我们诞生的过程，两组生命基因的嵌合，更是充满了人所不能把握的偶然性。我们每一个个体，都是机遇的产物。

常常遥想，如果是另一个男人和另一个女人，就绝不会有今天的我……

即使是这一个男人和这一个女人，如果换了一个时辰相爱，也不会有此刻的我……

即使是这一个男人和这一个女人在这一个时辰，由于一片小小落叶或是清脆鸟啼的打搅，依然可能不会有如此的我……

一种令人怅然以致走入恐惧的想象，像雾霭一般不可避免地缓缓升起，模糊了我们的来路和去处，令人不得不断然打住思绪。

我们的生命，端坐于概率垒就的金字塔的顶端。面对大自然的鬼斧神工①，我们还有权利和资格说我不重要吗？

对于我们的父母，我们永远是不可重复的孤本。无论他们有多少儿女，我们都是独特的一个。

假如我不存在了，他们就空留一份慈爱，在风中蛛丝般无法附丽地飘荡。

假如我生了病，他们的心就会皱缩成石块，无数次向上苍祈祷我的康复，甚至愿灾痛以十倍的烈度降临于他们自身，以换取我的平安。

我的每一滴成功，都如同经过放大镜，进入他们的瞳孔，摄入他们心底。

假如我们先他们而去，他们的白发会从日出垂到日暮，他们的泪水会使太平洋为之涨潮。

面对这无法承载的亲情，我们还敢说我不重要吗？

我们的记忆，同自己的伴侣紧密地缠绕在一处，像两种混淆于一碟的颜色，已无法分开。你原先是黄，我原先是蓝，我们共同的颜色是绿，绿得生机勃勃，绿得苍翠欲滴。失去了妻子的男人，胸口就缺少了生死攸关的肋骨，心房裸露着，随着每一阵轻风滴血。失去了丈夫的女人，就是齐斩斩折断的琴弦，每一根都在雨夜长久地自鸣……

面对相濡以沫②的同道，我们忍心说我不重要吗？

俯对我们的孩童，我们是至高至尊的惟一。我们是他们最初的宇宙，我们是深不可测的海洋。假如我们隐去，孩子就永失淳厚无双的血缘之爱，天倾西北，地陷东南③，万劫不复④。盘子破裂可以粘起，童年碎了，永不复原。伤口流血了，没有母亲的手为他包扎。面临抉择，没有父亲的智慧为他谋略……

---

① ［鬼斧神工］像是鬼神制作出来的，形容艺术技艺高超，不是人力所能达到的。

② ［相濡以沫］泉水干涸，鱼靠在一起以唾沫相互湿润，后用来比喻同处困境，相互救助。

③ ［天倾西北，地陷东南］比喻像天崩地陷一样巨大的灾难与打击。古代神话中，共工与颛顼争帝位失败，怒触西北不周山，"折天柱，绝地维，故天倾西北，日月星辰就焉，地不满东南，故百川水潦归焉"。

④ ［万劫不复］指永远不能恢复。万劫，万世。佛教称世界从生成到毁灭的一个过程为一劫。

中职语文与应用(卫生类)

面对后代，我们有胆量说我不重要吗？

与朋友相处，多年的相知，使我们仅凭一个微蹙①的眉尖、一次睫毛的抖动，就可以明了对方的心情。假如我不在了，就像计算机丢失了一份不曾复制的文件，他的记忆库里留下不可填补的黑洞。夜深人静时，手指在揿②了几个电话键码后，骤然停住，那一串数字再也用不着默诵了。逢年过节时，她写下一沓沓的贺卡。轮到我的地址时，她闭上眼睛……许久之后，她将一张没有地址只有姓名的贺卡填好，在无人的风口将它焚化。

相交多年的密友，就如同沙漠中的古陶，摔碎一件就少一件，再也找不到一模一样的成品。面对这般友情，我们还好意思说我不重要吗？

我很重要。

我对于我的工作我的事业，是不可或缺的主宰。我的独出心裁的创意，像鸽群一般在天空翱翔，只有我才捉得住它们的羽毛。我的设想像珍珠一般散落在海滩上，等待着我把它们用金线串起。我的意志向前延伸，直到地平线消失的远方……

没有人能替代我，就像我不能替代别人。

我很重要。

我对自己小声说。我还不习惯嘹亮地宣布这一主张，我们在不重要中生活得太久了。

我很重要。

我重复了一遍。声音放大了一点。我听到自己的心脏在这种呼唤中猛烈地跳动。

我很重要。

我终于大声地对世界这样宣布。片刻之后，我听到山岳和江海传来回声。

是的，我很重要。我们每一个人都应该有勇气这样说。我们的地位可能很卑微，我们的身份可能很渺小，但这丝毫不意味着我们不重要。

重要并不是伟大的同义词，它是心灵对生命的允诺。

对于一株新生的树苗，每一片叶子都很重要。对于一个孕育中的胚胎，每一段染色体碎片都很重要。甚至驰骋寰宇的航天飞机，也可以因为一个油封橡皮圈的疏漏而凌空爆炸，你能说它不重要吗？

人们常常从成就事业的角度，断定我们是否重要。但我要说，只要我们在时刻努力着，为光明在奋斗着，我们就是无比重要地生活着。

让我们昂起头，对着我们这颗美丽的星球上无数的生灵，响亮地宣布——

我很重要。

---

① ［蹙(cù)］皱(眉头)，收缩。

② ［揿(qìn)］方言，用手按。

思考与练习

一、给下列加点的字注音。

1. 战栗　　　2. 濡养　　　3. 黯然　　　4. 头颅　　　5. 回溯

6. 嵌合　　　7. 祈祷　　　8. 瞳孔　　　9. 肋骨　　　10. 微麈

二、解释下列词语。

1. 孤本

2. 祈祷

3. 怅然

4. 万劫不复

5. 相濡以沫

三、有人说只有伟人才是重要的,但偏偏约翰·保罗说:"一个人的真正伟大之处就在于他能够认识到自己的渺小。"而作者也认为"我很重要"。联系自身实际,谈谈你的感受。

_____

_____

_____

_____

二十二 我有一个梦想①

[美]马丁·路德·金

课文导读

　　这是20世纪60年代的美国黑人民权运动领袖马丁·路德·金博士一场极为著名的演讲。这篇演讲稿里，每一个字都流露出他对黑人获得自由的渴望；每一个字都宣告了他对黑人与白人情同骨肉、携手并进的希望。

　　该演讲促使美国国会在1964年通过《1964年民权法案》，宣布所有种族隔离和歧视政策为非法政策。

　　今天，我高兴地同大家一起参加这次将成为我国历史上为争取自由而举行的最伟大的示威集会。

　　100年前，一位伟大的美国人——今天我们就站在他象征性的身影下——签署了《解放黑奴宣言》。这项重要法令的颁布，对于千百万灼烤②于非正义残焰中的黑奴，犹如带来希望之光的硕大灯塔，恰似结束漫漫长夜禁锢③的欢畅黎明。

　　然而，100年后的今天，我们必须正视黑人还没有得到自由这一悲惨的事实。100年后的今天，在种族隔离的镣铐和种族歧视的枷锁之下黑人的生活备受压榨。100年后的今天，黑人依然生活在物质充裕的海洋中一个贫困的孤岛上。100年后的今天，黑人仍然蜷缩在美国社会的角落，并且意识到自己是故土家园中的流亡者。今天我们在这里集会，就是要把这骇人听闻④的情况公诸世人。

　　就某种意义而言，今天我们是为了要求兑现诺言而汇集到我们国家的首都来的。我们共和国的缔造者草拟宪法和独立宣言的气壮山河的词句时，曾向每一个美国人许下了诺言，他们承诺给予所有的人以生存、自由和追求幸福的不可剥夺的权利。

　　就有色公民而论，美国显然没有实践她的诺言。美国没有履行这项神圣的义务，只是给黑人开了一张空头支票，支票上盖着"资金不足"的戳子后便退了回来。但是我们不相信正义的银行已经破产，我们不相信，在这个国家巨大的机会之库里已没有足够的储备。因此今天我们要求将支票兑现——这张支票将给予我们宝贵的自由和正义的保障。

---

　　① 这篇演讲词又称《向华盛顿进军演说词》，佚名译。马丁·路德·金，美国黑人民权运动领袖。他积极参加和领导美国黑人争取平等权利的斗争，1968年在洛兰宾馆306房间阳台散心时遇刺身亡，终年39岁。

　　② [灼(zhuó)烤]烘炙。

　　③ [禁锢(gù)]束缚；强力限制。

　　④ [骇人听闻]使人听了非常吃惊(多指社会上发生的坏事)。骇，震惊，使人听了非常吃惊、害怕、恐惧。

我们来到这个圣地也是为了提醒美国，现在是非常急迫的时刻。现在决非奢谈冷静下来或服用渐进主义的镇静剂的时候。现在是实现民主的诺言时候。现在是从种族隔离的荒凉阴暗的深谷攀登种族平等的光明大道的时候，现在是向上帝所有的儿女开放机会之门的时候，现在是把我们的国家从种族不平等的流沙中拯救出来，置于兄弟情谊的磐石上的时候。

如果美国忽视时间的迫切性和低估黑人的决心，那么，这对美国来说，将是致命伤。自由和平等的爽朗秋天如不到来，黑人义愤填膺的酷暑就不会过去。1963年并不意味着斗争的结束，而是开始。有人希望，黑人只要撒撒气就会满足；如果国家安之若素，毫无反应，这些人必会大失所望的。黑人得不到公民的权利，美国就不可能有安宁或平静，正义的光明的一天不到来，叛乱的旋风就将继续动摇这个国家的基础。

但是对于等候在正义之宫门口的心急如焚的人们，有些话我是必须说的。在争取合法地位的过程中，我们不要采取错误的做法。我们不要为了满足对自由的渴望而抱着敌对和仇恨之杯痛饮。我们斗争时必须永远举止得体，纪律严明。我们不能容许我们的具有崭新内容的抗议蜕变为暴力行动。我们要不断地升华到以精神力量对付物质力量的崇高境界中去。

现在黑人社会充满着了不起的新的战斗精神，但是不能因此而不信任所有的白人。因为我们的许多白人兄弟已经认识到，他们的命运与我们的命运是紧密相连的，他们今天参加游行集会就是明证。他们的自由与我们的自由是息息相关的。我们不能单独行动。

当我们行动时，我们必须保证向前进。我们不能倒退。现在有人问热心民权运动的人，"你们什么时候才能满足？"

只要黑人仍然遭受警察难以形容的野蛮迫害，我们就绝不会满足。

只要我们在外奔波而疲乏的身躯不能在公路旁的汽车旅馆和城里的旅馆找到住宿之所，我们就绝不会满足。

只要黑人的基本活动范围只是从少数民族聚居的小贫民区转移到大贫民区，我们就绝不会满足。

只要密西西比仍然有一个黑人不能参加选举，只要纽约有一个黑人认为他投票无济于事，我们就绝不会满足。

不！我们现在并不满足，我们将来也不满足，除非正义和公正犹如江海之波涛，汹涌澎湃，滚滚而来。

我并非没有注意到，参加今天集会的人中，有些受尽苦难和折磨，有些刚刚走出窄小的牢房，有些由于寻求自由，曾在居住地惨遭疯狂迫害的打击，并在警察暴行的旋风中摇摇欲坠。你们是人为痛苦的长期受难者。坚持下去吧，要坚决相信，忍受不应得的痛苦是一种赎罪。

让我们回到密西西比去，回到亚拉巴马去，回到南卡罗来纳去，回到佐治亚去，回到路易斯安那去,回到我们北方城市中的贫民区和少数民族居住区去,要心中有数,这种状况是能够也必将改变的。我们不要陷入绝望而不可自拔。

朋友们,今天我对你们说,在此时此刻,我们虽然遭受种种困难和挫折,我仍然有一个梦想,这个梦想是深深扎根于美国的梦想中的。

我梦想有一天,这个国家会站立起来,真正实现其信条的真谛:"我们认为这些真理是不言而喻的,人人生而平等。"

我梦想有一天,在佐治亚的红山上,昔日奴隶的儿子将能够和昔日奴隶主的儿子坐在一起,共叙兄弟情谊。

我梦想有一天,甚至连密西西比州这个正义匿迹,压迫成风,如同沙漠般的地方,也将变成自由和正义的绿洲。

我梦想有一天,我的四个孩子将在一个不是以他们的肤色,而是以他们的品格优劣来评价他们的国度里生活。

我今天有一个梦想。我梦想有一天,亚拉巴马州能够有所转变,尽管该州州长现在仍然满口异议,反对联邦法令,但有朝一日,那里的黑人男孩和女孩将能与白人男孩和女孩情同骨肉,携手并进。

我今天有一个梦想。

我梦想有一天,幽谷上升,高山下降;坎坷曲折之路成坦途,圣光披露,满照人间。

这就是我们的希望。我怀着这种信念回到南方。有了这个信念,我们将能从绝望之岭劈出一块希望之石。有了这个信念,我们将能把这个国家刺耳的争吵声,改变成为一支洋溢手足之情的优美交响曲。

有了这个信念,我们将能一起工作,一起祈祷,一起斗争,一起坐牢,一起维护自由;因为我们知道,终有一天,我们是会自由的。

在自由到来的那一天,上帝的所有儿女们将以新的含义高唱这支歌:"我的祖国,美丽的自由之乡,我为您歌唱。您是父辈逝去的地方,您是最初移民的骄傲,让自由之声响彻每个山岗。"

如果美国要成为一个伟大的国家,这个梦想必须实现。

让自由之声从新罕布什尔州的巍峨的崇山峻岭响起来!

让自由之声从纽约州的崇山峻岭响起来!

让自由之声从科罗拉多州冰雪覆盖的落基山响起来!

让自由之声从加利福尼亚州蜿蜒的群峰响起来!

不仅如此,还要让自由之声从佐治亚州的石岭响起来!让自由之声从田纳西州的了望山响起来!

让自由之声从密西西比的每一座丘陵响起来!

让自由之声从每一片山坡响起来。

当我们让自由之声响起来,让自由之声从每一个大小村庄、每一个州和每一个城市响起来时，我们将能够加速这一天的到来，那时，上帝的所有儿女，黑人和白人，犹太教徒和非犹太教徒，耶稣教徒和天主教徒，都将手携手，合唱一首古老的黑人灵歌："终于自由啦！终于自由啦！感谢全能的上帝，我们终于自由啦！"

思考与练习

一、给下列词中加点的字注音。

1. 兑现　　　　2. 履行　　　　3. 戳子　　　　4. 奢谈

5. 磐石　　　　6. 拯救　　　　7. 义愤填膺

二、解释下列词语。

1. 骇人听闻

2. 义愤填膺

3. 安之若素

4. 心急如焚

5. 摇摇欲坠

三、课文的标题是"我有一个梦想"，作者的梦想是什么？作者是怎样勾画自己的梦想的？为了实现这一梦想，作者提出了哪些主张？

_____

_____

_____

_____

四、这篇演讲词感情充沛、语言生动，并运用了多种修辞手法，极富感染力和号召力，试从课文中找出有关语句并仔细体味。

_____

_____

_____

_____

二十三　最后的常青藤叶①

[美]欧·亨利

课文导读

它是美国短篇小说家欧·亨利最为成功的作品之一,讲述了老画家贝尔曼为了鼓励贫病交加的青年画家顽强地活下去,在风雨之夜挣扎着往墙上画了一片永不凋零的常春藤叶。他为绘制这一杰作付出了生命的代价,但青年画家却因此获得勇气而活了下来。

作品表现出的朴素的人类情感是这篇小说最打动人心之处,小小的一片常春藤叶,沐浴着人性光辉,创造了挽救生命的奇迹。

在狰狞的死神面前,信念往往比药物更有效,这信念往往来自于深沉的关爱。

华盛顿广场西面的一个小区里,街道仿佛发了狂似的,分成了许多叫作"巷子"的小胡同。这些"巷子"形成许多奇特的角度和曲线。一条街本身往往交叉一两回。有一次,一个画家发现这条街有它可贵之处:如果商人去收颜料、纸张和画布的账款,在这条街上拐弯抹角、大兜圈子的时候,突然碰上一文钱也没收到、空手而回的自己,那才有意思!

因此,搞艺术的人不久都到这个古色古香的格林威治村来了。他们逛来逛去,寻找朝北的窗户,十八世纪的三角墙、荷兰式的阁楼,以及租金低廉的房子。接着,他们又从六马路买来了一些锡镴②杯子和一两只烘锅,组成了一个"艺术区"。

苏艾和琼珊在一座矮墩墩的三层砖屋的顶楼设立了她们的画室。"琼珊"是琼娜的昵称。两人一个是从缅因州来的,另一个的家乡是加利福尼亚州。她们是在八马路上一家德尔蒙尼戈的饭馆里吃饭时碰到的,彼此一谈,发现她们对于艺术、饮食、衣着的口味十分相投,结果便联合租下了那间画室。

那是五月间的事。到了十一月,一个冷酷无情、肉眼看不见、医生管他叫"肺炎"的不速之客,在艺术区里蹑手蹑脚,用他的冰冷的手指这儿碰碰那儿摸摸。在广场的东面,这个坏家伙明目张胆地走动,每闯一次祸,受害的人总有几十个。但是,在这些错综复杂、苔藓遍地、狭窄的"巷子"里,他的脚步却放慢了。

"肺炎先生"并不是你们所谓的扶弱济困的老绅士。一个弱小的女人,已经被加利福尼亚的西风吹得没有什么血色了,当然经不起那个有着红拳头、气吁吁的老

---

① 选自《欧·亨利短篇小说选》,王永年译,人民文学出版社,2003 年。欧·亨利(1862—1910),美国作家,世界三大短篇小说家之一。

② [镴]锡与铅的合金,可以制器皿。

家伙的赏识。但他竟然打击了琼珊;她躺在那张漆过的铁床上,一动也不动,望着荷兰式小窗外对面砖屋的墙壁。

一天早晨,那位忙碌的医生扬扬他那蓬松的灰眉毛,招呼苏艾到过道上去。

"依我看,她的病只有一成希望。"他说,一面把体温表里的小银柱甩下去,"那一成希望在于她自己要不要活下去。人们不想活,情愿照顾殡仪馆的生意,这种精神状态使医生一筹莫展。你的这位小姐满肚子以为自己不会好了。她有什么心事吗?"

"她——她希望有一天能去画那不勒斯海湾。"苏艾说。

"画画?——别扯淡了!她心里有没有值得想两次的事情——比如说,男人?"

"男人?"苏艾像吹小口琴似地哼了一声说。"难道男人值得——别说啦,不,大夫,根本没有那种事。"

"那么,一定是身体虚弱的关系。"医生说。"我一定尽我所知,用科学所能达到的一切方法来治疗她。可是每逢我的病人开始盘算有多少辆马车送她出殡的时候,我就得把医药的治疗力量减去百分之五十。要是你能使她对冬季大衣的袖子式样发生兴趣,提出一个问题,我就可以保证,她恢复的机会准能从十分之一提高到五分之一。"

医生离去之后,苏艾到工作室里哭了一场,把一张日本纸餐巾擦得一团糟。然后,她拿起画板,吹着拉格泰姆曲调,昂首阔步地走进琼珊的房间。

琼珊躺在被窝里,脸朝着窗口,一点动静也没有。苏艾以为她睡着了,赶紧不吹口哨。

她架好画板,开始替杂志社画一幅短篇小说的钢笔画插图。青年画家不得不以杂志小说的插图来铺平通向艺术的道路,而这些小说则是青年作家为了铺平文学道路而创作的。

苏艾正为小说里的主角,一个爱达荷州的牛仔,画上一条在马匹展览会上穿的漂亮的马裤和一片单眼镜,忽然听到一个微弱的声音重复了几遍。她赶紧走到床边。

琼珊的眼睛睁得大大的。她望着窗外,在计数——倒数上来。

"十二。"她说,过了一会儿,又说"十一",接着是"十""九",再接着是几乎连在一起的"八"和"七"。

苏艾关切地向窗外望去。有什么可数的呢? 外面可以看到的只是一个空荡荡、阴沉沉的院子和二十英尺外的一幢砖砌房屋的墙壁。一株极老极老的常春藤上的叶子差不多全吹落了,只剩下几根几乎是光秃秃的藤枝,依附在那堵松动残缺的砖墙上。

"怎么回事,亲爱的?"苏艾问道。

"六。"琼珊说,声音低得像是耳语。"它们现在掉得快些了。三天前差不多有一百片。数得我头昏眼花。现在可容易了。喏,又掉了一片。只剩下五片了。"

中职语文与应用(卫生类)

"五片什么,亲爱的? 告诉你的苏艾。"

"叶子。常春藤上的叶子。等最后一片掉落下来,我也得去了。三天前我就知道了。难道大夫没有告诉你吗?"

"哟,我从没听到过这样荒唐的话。"苏艾装出满不在乎的样子数落她说。"老藤叶同你的病有什么相干? 你一向很喜欢那株常春藤,得啦,你这淘气的姑娘。别发傻啦。我倒忘了,大夫今天早晨告诉我,你很快康复的机会是——让我想想,他是怎么说的,他说你好的希望是十比一! 哟,那几乎跟我们在纽约搭街车或者走过一幢新房子的工地一样,碰到意外的时候很少。现在喝一点儿汤吧。让苏艾继续画画,她卖给编辑先生,换了钱给她的病孩子买点儿红葡萄酒,也买些猪排填填她自己的馋嘴。"

"你不用再买什么酒啦。"琼珊说,仍然凝视着窗外。"又掉了一片。不,我不要喝汤。只剩下四片了。我希望在天黑之前看到最后的藤叶飘落下来。那时候我也该走了。"

"琼珊,亲爱的,"苏艾弯下腰对她说,"你能不能答应我,在我画完之前,别睁开眼睛,别瞧窗外! 我明天要交那些图画。我需要光线,不然我早就把窗帘拉下来了。"

"你不能到另一间屋子里去画吗?"琼珊冷冷地问道。

"我要待在这儿,跟你在一起。"苏艾说,"而且我不喜欢你老盯着那些莫名其妙的藤叶。"

"你一画完就告诉我,"琼珊闭上眼睛说,她脸色惨白,静静地躺着,活像一尊倒下来的塑像,"因为我要看那最后的藤叶掉下来。我等得不耐烦了,也想得不耐烦了。我想摆脱一切,像一片可怜的、厌倦的藤叶,悠悠地往下飘,往下飘。"

"你争取睡一会儿。"苏艾说,"我要去叫贝尔曼上来,替我做那个隐居的老矿工的模特儿。我去不了一分钟。在我回来之前,千万别动。"

老贝尔曼是住在楼下底层的一个画家。他年纪六十开外,有一把像米开朗琪罗①的摩西②雕像上的胡子,从萨蒂尔③似的脑袋上顺着小鬼般的身体卷垂下来。贝尔曼在艺术界是个失意的人。他耍了四十年画笔,仍同艺术女神隔有相当距离,连她的长袍的边缘都没有摸到。他老是说就要画一幅杰作,可是始终没有动手。除了偶尔涂抹一些商业画或广告画之外,几年来没有什么创作。他替"艺术区"一些雇不起职业模特儿的青年艺术家充当模特儿,挣几个小钱。他喝杜松子酒总是过量,老是唠唠叨叨地谈着他未来的杰作。此外,他还是个暴躁的小老头儿,极端瞧不起别人的温情,却认为自己是保护楼上两个青年艺术家的看家恶狗。

---

① [米开朗琪罗]意大利雕塑家、画家、建筑师、诗人。

② [摩西]《圣经》中犹太人的领袖。

③ [萨蒂尔]希腊神话中半人半兽的森林之神,长着马耳马尾或羊角羊尾。

苏艾在楼下那间灯光黯淡的小屋子里找到了酒气扑人的贝尔曼。角落里的画架上绷着一幅空白的画布，它在那儿静候杰作的落笔，已经有二十五年了。她把琼珊的想法告诉了他，又说她多么担心，唯恐那个虚弱的像枯叶一般的琼珊抓不住她同世界的微弱联系，真会撒手去世。

老贝尔曼的充血的眼睛老是迎风流泪，他对这种白痴般的想法大不以为然，连讽带刺地咆哮了一阵子。

"什么话！"他嚷道，"难道世界上竟有这种傻子，因为可恶的藤叶落掉而想死？我活了一辈子也没有听到过这种怪事。不，我没有心思替你当那无聊的隐士模特儿。你怎么能让她脑袋里有这种傻念头呢？唉，可怜的小琼珊小姐。"

"她病得很厉害，很虚弱。"苏艾说，"高烧烧得她疑神疑鬼，满脑袋都是稀奇古怪的念头。好吧，贝尔曼先生，既然你不愿意替我当模特儿，我也不勉强了。我认得你这个可恶的老——老贫嘴。"

"你真女人气！"贝尔曼嚷道。"谁说我不愿意来着？走吧，我跟你一起去。我已经说了半天，愿意为你效劳。天哪！像琼珊小姐那样好的人实在不应该在这种地方害病。总有一天，我要画一幅杰作，那么我们都可以离开这里啦。天哪！是啊。"

他们上楼时，琼珊已经睡着了。苏艾把窗帘拉到窗槛上，打手势让贝尔曼到另一间屋子里去。他们在那儿担心地瞥着窗外的常春藤。接着，他们默默无言地对瞅了一会儿。寒雨夹着雪花下个不停。贝尔曼穿着一件蓝色的旧衬衫，坐在一口翻转过来的权充岩石的铁锅上，扮作隐居的矿工。

第二天早晨，苏艾睡了一个小时醒来的时候，看到琼珊睁着无神的眼睛，凝视着放下来的绿窗帘。

"把窗帘拉上去，我要看。"她用微弱的声音命令着。

苏艾困倦地照办了。

可是，看哪！经过了漫漫长夜的风吹雨打，仍旧有一片常春藤的叶子贴在墙上。它是藤上最后的一片叶子了。靠近叶柄的颜色还是深绿的，但那锯齿形的边缘已染上了枯败的黄色，它傲然挂在离地面二十来英尺的一根藤枝上面。

"那是最后的一片叶子。"琼珊说。"我以为昨夜它一定会掉落的。我听到刮风的声音。它今天会脱落的，同时我也要死了。"

"哎呀，哎呀！"苏艾把她困倦的脸凑到枕边说，"如果你不为自己着想，也得替我想想呀。我可怎么办呢？"

但是琼珊没有回答。一个准备走上神秘遥远的死亡道路的心灵，是全世界最寂寞、最悲凉的了。当她与尘世和友情之间的联系一片片地脱落时，那个玄想似乎更有力地掌握了她。

那一天总算熬了过去。黄昏时，她们看到墙上那片孤零零的藤叶仍旧依附在茎上。随着夜晚同来的是北风的怒号，雨点不住地打在窗上，从荷兰式的屋檐上倾泻下来。

天色刚明的时候,狠心的琼珊又吩咐把窗帘拉上去。

那片常春藤叶仍在墙上。

琼珊躺着对它看了很久。然后她喊苏艾,苏艾正在煤气炉上搅动给琼珊喝的鸡汤。

"我真是一个坏姑娘,苏艾。"琼珊说,"冥冥中似乎有什么使那片叶子不掉下来,启示了我过去是多么邪恶。不想活下去是个罪恶。现在请你拿些汤来,再弄一点掺葡萄酒的牛奶,再——等一下,先拿一面小镜子给我,用枕头替我垫垫高,我要坐起来看你煮东西。"

一小时后,她说:"苏艾,我希望有朝一日能去那不勒斯海湾写生。"

下午,医生来了,他离去时,苏艾找了个借口,跑到过道上。

"好的希望有了五成。"医生抓住苏艾瘦小的颤抖的手说。"只要好好护理,你会胜利的。现在我得去楼下看看另一个病人。他姓贝尔曼——据我所知,也是搞艺术的,也是肺炎。他上了年纪,身体虚弱,病势来得很猛。他可没有希望了。不过今天还是要把他送进医院,好让他舒服些。"

第二天,医生对苏艾说:"她现在脱离危险了。你赢啦。现在只要营养和调理就行啦。"

那天下午,苏艾跑到床边,琼珊靠在那儿,心满意足地在织一条毫无用处的深蓝色披肩,苏艾把她连枕头一把抱住。

"我有些话要告诉你,小东西。"她说。"贝尔曼先生今天在医院里去世了。他害肺炎,只病了两天。头天早上,看门人在楼下的房间里发现他痛苦得要命。他的鞋子和衣服都湿透了,冰凉冰凉的。他们想不出,在那种凄风苦雨的夜里,他究竟是到什么地方了。后来,他们找到了一盏还燃着的灯笼,一把从原来地方挪动过的梯子,还有几支散落的画笔,一块调色板,上面剩有绿色和黄色的颜料,末了——看看窗外,亲爱的,看看墙上最后的一片叶子。你不是觉得纳闷,它为什么在风中不飘不动吗?啊,亲爱的,那是贝尔曼的杰作——那晚最后的一片叶子掉落时,他画在墙上的。"

思考与练习

一、填空题。

1. 小说的三要素:_____、_____、_____。

2. 本文的作者是_____,_____国著名小说家,代表作有_____和_____。他和法国的莫泊桑、俄国的契诃夫合称为"世界三大短篇小说巨匠"。

二、给下列加点的字注音。

1. 镶   2. 苔藓   3. 咆哮   4. 颤抖

三、解释下列词语的意思。

1. 蹑手蹑脚

2. 扶弱济困

3. 莫名其妙

4. 凄风苦雨

四、文中的人物有哪些？主要人物是谁？

_____

_____

_____

_____

二十四 追寻失败的勇气①

李开复

课文导读

这是前微软全球副总裁、Google 全球副总裁兼中国区总裁李开复写给年轻人的一篇励志小文。

他的人生经历丰富多彩，他的人生感悟充满智慧，他的成功也绝非偶然，正如他所说："这是一个自信和自觉的人，如果能勇敢地尝试新的事物，并有毅力把它做好，他就会从成功里获得自信，从失败里增加自觉。"

曾经有学生问我："这个世界到底是不是公平的？"这个问题在网上引起过一场大讨论。有些同学认为世界很公平，一个人只要有志气就一定能克服一切障碍；也有些同学认为世界极端不公平，因为无论是财富、天赋还是运气，老天爷好像总是青睐②别人。

对此，我的回答是：认为一切都靠命运或一切都靠自己都是不合适的。

每一个人都有选择，都有机会，但是，先天和环境因素造成每个人获得机会的次数是不同的。所以，这个世界不是完全公平的。但如果你因为世界不公平就放弃了自己的机会和选择，那就是你自己的责任，就不能怪世界不公平了。

举一个例子，有些人出生时因为遗传的原因，患上某种疾病的可能性比较大，但这并不表明他一定会患病。如果他能把握机会，做正确的选择，安排好自己的锻炼和饮食，他很可能比谁都健康；但是，如果他因为"基因不好"就自暴自弃，那么他得病的几率一定会成倍增加。

所以，凡事都要想清楚，什么是自己不能改变而必须接受的，什么是自己可以选择的，什么是自己必须勇敢挑战的。当你碰到不可改变的事情时，要勇敢地接受它，不要把时间浪费在悔恨、羡慕和嫉妒上。你应该做的事是积极主动地抓住命运中你可以选择、可以改变、可以最大化你的影响力的部分。

就算在最艰苦的时候，当你感觉命运已抛弃了你的时候，你还是有选择的。就像弗兰克所说的："在任何极端恶劣的环境里，人们都会拥有一种最后的自由，那就是选择自己的态度的自由。"

我以前在工作中，一般的沟通没有问题，但到了总裁面前，总是不敢讲话，怕说

---

① 选自 2011 年第 2 期《科学 FANS》。李开复(1961—)是一位信息产业公司的执行官和计算机科学的研究学者。2005 年 7 月其加入 Google(谷歌)公司，并担任 Google(谷歌)全球副总裁兼中国区总裁一职；2009 年 9 月宣布离职并创办创新工场，任董事长兼首席执行官。

② [青睐(lài)]比喻对人喜爱或重视。

错话。直到有一天,公司要做改组,总裁召集十多个人开会,他要求每个人轮流发言。我当时想,既然一定要讲,那不如把心里的话讲出来。于是,我鼓足勇气说:"我们这个公司,员工的智商比谁都高,但是我们的效率比谁都低,因为我们整天改组,不顾及员工的感受和想法……"我说完后,整个会议室鸦雀无声①。会后,很多同事给我发电子邮件说:"你说得真好,真希望我也有胆量这么说。"结果,总裁不但接受了我的建议,改变了公司在改组方面的政策,而且还经常引用我的话。从此,我充满了自信,不惧怕在任何人面前发言。这个例子充分印证了"你没有试过,你怎么知道你不能"这句话。

有勇气尝试新事物的同时,也必须有勇气面对失败。大家不能只凭匹夫之勇去做注定要失败的事。但当你畏惧失败时,不妨想一想,你怕失去什么?最坏的结果是什么?你能接受吗?在上面的例子中,如果总裁否定了我的看法,他会不尊重我吗?不但不会,别人很可能还会认为我勇气可嘉。而且,自觉的人会从失败中学习,认识到自己不适合做什么事情,再提升自己的自觉。因此,不要畏惧失败,只要你尽了力,愿意向自己的极限挑战,你就应为自己的勇气而自豪。

思考与练习

一、请你谈谈对文章结尾"不要畏惧失败,只要你尽了力,愿意向自己的极限挑战,你就应为自己的勇气而自豪"的理解。

_____

_____

_____

二、学习这篇文章后,请你就成功与勇气间的关联进行思考。

_____

_____

_____

_____

_____

---

① [鸦雀无声]连乌鸦麻雀的声音都没有,形容非常静。

口语交际

有效沟通

案例导入

案例：一次，子禽问他的老师墨子："多说话有好处吗?"墨子答道："青蛙白天黑夜叫个不停，弄得口干舌燥，可是没有人去听它的。你再看那公鸡，在黎明时啼叫几声，大家就知道天快亮了，都很留意。多说话有什么好处呢?"

导入：在社交场合中，有的人夸夸其谈、口若悬河以显示自己知识渊博，卖弄自己的文才口才，其实，说话只有在切合时机的情况下才有用。

有效沟通的原则

有效沟通，就是通过听、说、读、写等载体，通过演讲、会见、对话、讨论、信件等方式将思维准确、恰当地表达出来，以促使对方接受。对方并非一定会接受你的意见；或对方虽未接受，但是乐意进一步了解你的意思；或提出他自己的意见与你讨论，都是良好的回应。因为这显示出对方是想与你达成共识的。

一、给别人一些空间

有时候，我们凭着为别人好的满腔热情，就以为可以代替别人做决定，所以，自作主张替别人安排好了事情，强逼别人接受。当对方不接受时，我们则埋怨对方辜负了自己的一番好意，甚至出现矛盾和争吵。

更有效的方法是：站在对方的价值取向的角度，看看是否有比对方的决定能给他带来更多更好的、他所向往的价值。然后，引导对方自己去意识到改变他的一些决定的可能性。

要允许对方的价值取向在你头脑里存在。思考问题时，一定要考虑到对方的立场，给对方一些空间。

二、不断改变我们的沟通方式

由于成长环境、家庭环境、人生经历等诸多因素的不同，没有两个人的人生经验是相同的。因此，个体凭借人生经验所塑造出来的信念、价值观必然不同。在面对一件事时，没有两个人的感受、情绪、思想状态和反应能够完全一样。

若想取得良好的沟通效果，不能只凭自己认为而去说和做，也不能把以前旧的经验照搬过来。我们必须凭沟通的现场情况、对方的反应而做出调整。

三、恰当的非语言运用

与人沟通时,要不时地通过表情、手势、点头等肢体语言向对方表示你的回应。一定不要有以下举动:一直看表或翻动手机、心不在焉地乱翻档案、随手拿笔乱写乱画。这些举动会让说话者感到你对话题不感兴趣,甚至很厌烦,最忌讳眼神游移不定,多余的不规范的眼神只会引起人们的怀疑和误解。切忌冷漠地坐着一言不发。

练一练

1. 读下面的故事回答问题

孔子在陈、蔡两国之间的路上断了粮,跟弟子们都饿得爬不起来了。他的弟子颜回好不容易找到一点儿米,便赶紧埋锅做饭。饭快熟的时候,孔子看到颜回从锅里抓出一把米饭送入口中。

探究:(1) 如果你是孔子你做何感想?

_____

_____

(2) 如果孔子想了进一步了解情况,他应该怎么和颜回沟通呢? 请你帮他出个主意吧!

_____

_____

2. 接着看完这个故事,回答问题

等到颜回请孔子吃饭时,孔子假装说:"我刚刚梦见了父亲。我想用这干净的米饭来祭祀。"颜回连忙说:"不行,不行,这饭不干净,刚才烧饭时有些烟尘掉到锅里,我觉得弃之可惜,便抓出来吃掉了。"孔子这才知道颜回并没有偷吃,心中不由感慨万分,便对弟子们说:"我们相信自己的眼睛,以为眼睛看到的就是事实,但眼睛不一定可信;我们依靠自己的内心,以为内心的判断一定正确,但内心不一定可靠。你们一定要记住,了解一个人实在不容易啊!"

探究:(1) 读完这则故事,对你平时与人交流、与人相处有什么启发吗?

_____

_____

_____

_____

（2）读完这则故事,有什么样的人生收获呢? 大家可以互相谈一谈,彼此分享一下。

_____

_____

_____

3. 朋友打电话约你周六一起去吃日本料理。可是你不吃日本料理,应该怎么办呢? 有没有两全其美的办法呢?

_____

_____

_____

写作训练

一事一议

就某一事某一现象提出自己的观点、见解或主张,从而就事说理,加以分析议论。

一、结构特点

(1)简要叙述:概括材料要简明扼要,富于概括性。

(2)发表见解:在叙述材料的基础上提炼观点(注意:观点一定要来源于材料,不能脱离材料)。

(3)摆出依据:围绕论点选择有说服力的道理和事实论据,论据要充分。

(4)概括总结:得出结论,提出号召,同开头呼应(注意:一般规律是开头点题定位,中间承上详写,结尾照应深化)。

二、写作指导

例文要求:(1)以"喝彩"为题目写一篇文章;

(2)思想内容要积极健康;

(3)自选文体(诗歌除外),不少于600字。

1.作文开头写法

点题定位:点题,即点明题目(也包括话题、主题);定位,即定范围、定中心。点题之后,迅速给要写的内容定个范围或中心。

例子:几乎没有什么人没被喝彩过,这喝彩声音也许大,也许小。几乎所有人都希望被人喝彩叫好。但是你是否常常忽视或吝惜对他人的喝彩,对集体的喝彩,对祖国的喝彩呢?

——节选自《喝彩》

评析:文中六次写到"喝彩",这叫"点题";我们不应该"忽视或吝惜对他人的喝彩,对集体的喝彩,对祖国的喝彩",这叫"定位"。

2.作文中间写法

承上详写:承上,即承接上文开头"定位"去写,不管有多少内容,都不要忘记"承上"。如《喝彩》,中间便围绕着定位写三方面内容:对他人的喝彩、对集体的喝彩和对祖国的喝彩。

3.作文结尾写法

照应深化:照应,即照应开头或题目,首尾呼应;深化,即在照应的基础上有所延伸、拓展,留有韵味……

例子:只希望自己得到喝彩的人,不过受到小小的、短暂的夸奖罢了。能为别人喝彩的人,会感受到真诚和友善;为集体、为祖国或是以自己的劳动换来喝彩的人,必然得到心灵的升华,感受到灵魂深处最崇高的喝彩。

——节选自《喝彩》

评析:"喝彩"一词多次出现,照应开头(包括题目);除了照应,结尾还深化了主题,进一步阐明了"为别人、为集体、为祖国"喝彩的不同区别,给人留下回味的余地。

例文赏析

成功所要付出的是努力

每个人都想获得成功,但是你可曾想过,获得成功是需要代价的,而代价是什么呢? 那就是:只有付出努力,洒下汗水,才能获得成功。(观点鲜明)

"没有免费的午餐。"(引证)这句话说得不错,要想获得午餐,填饱你的肚子,就要去努力。在学习上有好成绩的同学,肯定不会是游手好闲的。夜里在灯下孜孜不倦地学习,课上认真记笔记的人才是他们。

牛顿曾经说过:"无论做什么事情,只要肯努力奋斗,是没有不成功的。"(引证)电灯在发明之前,有谁认为爱迪生会成功呢? 但是爱迪生努力奋斗,度过了多少个不眠之夜,洒下多少汗水,终于发明了电灯。(例证)试想,如果他不努力奋斗,怎么能成为被后人称赞的发明家呢?(假设反证)现在有同学学习成绩不好,却总是强调自己的基础差之类的客观原因,你是否曾经扪心自问:我付出努力了吗?(对比论证)我国著名生物学家童第周上中学的时候数学经常不及格,但是他没有放弃,而是选择了努力,他夜里在路灯下看书,在厕所里看书,终于在期末数学考了100分。(例证)这个例子很好地反驳了那些找客观原因的人们,那些人应该好好反省一下,真的是自己的基础差吗? 其实不然,主要是因为没有付出努力。(前叙后议,议论很重要)

苏格拉底说过:世界上最快乐的事情,就是为理想而奋斗。不错,当你成功后,那种喜悦的心情是任何事情都无法比拟的,同时你也会享受到朋友和同学们的夸奖,何乐而不为呢? 那么就让我们努力奋斗,走上通往成功的道路。让我们坚信:只要付出努力,洒下汗水,才能获得成功。(引证,分析,重申论点)

评析:此文掌握一事一议作文的基本框架结构,论据基本能够支撑论点,根据材料提出中心论点,然后运用事实和道理论据证明自己的观点,最后得出结论。

练一练

阅读下列材料,按照要求写一篇作文:

材料:法国记者鲍比因一场大病而瘫痪,整个身体只有左眼能够眨动。可是,他还决心要完成患病前构思的一部作品。鲍比通过眨动左眼与助手沟通,逐个字母地背出腹稿,助手每一次要按顺序把法语的常用字母读出来。当读到的字母合意时,博迪就眨一下左眼表示肯定。他们历经千辛万苦,花费几个月的时间,博迪共眨眼20多万次,终于完成了这部150页的不平凡的著作——《潜水钟与蝴蝶》。

    要求:自拟题目,写一篇600字以上的议论文,就以上材料感受最深的一个方面进行写作。

叩开知识大门

走进图书馆

活动目的

（1）学会去图书馆查找资料，扩大阅读的视野，增强阅读的兴趣；

（2）要求学生在实践中学会检索、选择、阅读、整理和处理信息的方法；

（3）学习怎样摘录及做读书卡片。

活动准备

一、任务准备

（1）学生自由组合活动小组，然后推选出小组长，并明确小组中各人员的分工（检索名家名著、查工具书、阅读期刊和报纸等）。

（2）以小组为单位，小组成员共同协作，借助网上的数字图书馆及学校图书馆等寻找有用的学习资料和自己感兴趣的文学书籍或其他图书。

（3）学生去本地区的公共图书馆或著名图书馆进行参观学习，了解其特色和具体的资料查询流程，增强感性认识。

二、任务搜集

（1）查阅有关图书馆的常识。

（2）搜集有用的学习资料和自己感兴趣的文学书籍或其他图书。

三、任务制作

（1）根据自己感兴趣的文学书籍或其他图书制作读书卡片：卡片上要注明资料的来源：书名、篇名、作者、页码、出版社、出版日期。如果是报刊上的资料，要注明报刊名称、日期、第几版或第几页，以便引用时核对。

（2）汇总借阅图书的步骤、图书分类方法及图书检索方法。

活动过程

一、激发兴趣，情境导入

屏幕上展示图书馆图像，带领学生走进图书馆，叩开知识的大门。

二、展示交流

（1）抽签决定上台展示的小组顺序。

（2）展示交流一：小组汇报图书分类方法及图书检索方法，其他同学对发言小组的汇报做出评价。

　　（3）展示交流二：小组汇报借阅图书的步骤，其他同学对发言小组做评价。

　　（4）展示交流三：小组汇报制作的读书文摘卡。

　　（5）评出最佳读书文摘卡。

自然，敬畏苍穹的广袤

"寄蜉蝣于天地，渺沧海之一粟；哀吾生之须臾，羡长江之无穷。"苏轼看着奔流不息的长江水，感觉到了人的渺小和生命的短暂。诚然，当面对陡峭的高山、蜿蜒的长河、奔腾的大海、荒凉的戈壁……时，人的心中恐怕只剩敬畏之情。

提起自然，中国古代大雅之人往往对草木情意殷殷，有人爱菊，有人爱莲，有人爱牡丹。"明月松间照，清泉石上流"的诗句朗朗上口，"日出江花红胜火，春来江水绿如蓝"的佳句信手拈来，"西塞山前白鹭飞，桃花流水鳜鱼肥"的描绘更是让人流连忘返。

可是有一天，我们开始变得贪婪，我们挥刀砍斧，直到"迟日江山丽，春风花草香""荷风送香气，竹露滴清响"的清丽美景逐渐淡出视野，直到"落霞与孤鹜齐飞，秋水共长天一色""晴空一鹤排云上，便引诗情到碧霄"的闲情逸致变得寥若晨星。

大自然的美崇高而又优雅，雄浑而又柔和；时而狂放粗野，时而静谧深远。我们在探索大自然的同时也在无限索取，家园变得满目疮痍，奥尔多·利奥波德的《像山那样思考》给予我们人类与大自然之间唇亡齿寒、休戚相关的忠告。在现代科技的武装下，孩子们已经对室外的游戏、夏夜的星空、月光下的山峦毫无兴趣，三毛把他们称为"塑料儿童"，他们的童年感觉不到快乐，不少人被"自闭""抑郁"纠缠。树林和草原等大自然风光随着都市的发展越来越少见，大家想去看看自然界的山色湖光、原野树林、野草香花、禽兽虫鱼吗？让我们随屠格涅夫的《树木和草原》，看看在他的神奇笔触下，诗趣盎然的旖旎风光。当春天来临时，我们可以尽情地想象那莺歌燕舞、百花齐放的烂漫春光，然而在雷切尔·卡逊眼中却只是《寂静的春天》，她用有力的语言宣告了"地球反扑时代"的到来。

敬畏自然，"敬"是心怀对高山流水的虔诚而不是流于表面的恭维；"畏"是灵魂深处的震颤而不是软弱的恐惧。只有心存敬畏，才能让边地茂密草原上飘起的漫漫黄沙不再蔽日；只有心存敬畏，才能让已经污浊黢黑的河流重泛清波；只有心存敬畏，才能让那些自然界的种种惩罚远离人类。

二十五　像山那样思考①（节选）

[美]奥尔多·利奥波德

课文导读

　　本文是作者对人与自然关系的处理方式的良好建议。人并不是大自然的主人，从生态环境保护和生态伦理的角度看，人不比一座山更高明。人同自然万物的关系，与一座山同自然万物的关系并无二致。

　　本文文笔简洁洗练，从中可以感受到哲人的深刻思想，还可以领略到诗人的激情和想象。这一切，构成了文章鲜明的诗意美和思辨色彩。科学的事实和诗的描述合拍合辙，让读者首先沉浸在一种诗的氛围之中，然后开始评论和思考，最后回归于心灵的顿悟和思想的升华。

　　一声深沉的、骄傲的嗥叫②，从一个山崖回响到另一个山崖，荡漾在山谷中，渐渐地消失在漆黑的夜色里。这是一种不驯服③的、对抗性的悲鸣，和对世界上一切苦难的蔑视④情感的迸发⑤。

　　每一种活着的东西（大概还有很多死了的东西），都会留意这声呼唤。对鹿来说，它是死亡的警告；对松林来说，它是半夜里在雪地上混战和流血的预言；对郊狼⑥来说，是就要来临的拾遗的允诺；对牧牛人来说，是银行里赤字的坏兆头；对猎人来说，是狼牙抵制弹丸的挑战。然而，在这些明显、直接的希望和恐惧之后，还隐藏着更加深刻的涵义，这个涵义只有这座山自己才知道。只有这座山长久地存在着，从而能够客观地去听取一只狼的嗥叫。

　　不过，那些不能辨别其隐藏的涵义的人也都知道这声呼唤的存在，因为在所有有狼的地区都能感觉到它，而且，正是它把有狼的地方与其他地方区别开来的。它

---

　　①　选自《沙乡年鉴》，侯文惠译，吉林人民出版社，1997年，有删节。奥尔多·利奥波德（1887—1948），美国作家、生态学家、土地伦理学家。"像山那样思考"是一种诗意的表达，警示人类应该像山一样思考自身与万物之间的关系。

　　②　[嗥（háo）叫]形容动物的大声嚎叫。

　　③　[驯（xùn）服]顺从，使顺从。

　　④　[蔑（miè）视]轻视。

　　⑤　[迸（bèng）发]由内而外地突然发出。

　　⑥　[郊狼]又叫草原狼，犬科食肉动物，形体同家养牧羊犬。

使那些在夜里听到狼叫，白天去察看狼的足迹的人毛骨悚然①。即使看不到狼的踪迹，也听不到它的声音，它也是暗含在许多小小的事件中：深夜里一匹驮马的嘶鸣，滚动的岩石的嘎啦②声，逃跑的鹿的砰砰声，云杉下道路的阴影。只有不堪教育的初学者才感觉不到狼是否存在，和认识不到山对狼有一种秘密的看法这一事实。

我自己对这一点的认识，是自我看见一只狼死去的那一天开始的。当时我们正在一个高高的峭壁上吃午饭。峭壁下面，一条湍急③的河蜿蜒④流过。我们看见一只雌鹿——当时我们是这样认为——正在涉过这条急流，它的胸部淹没在白色的水中。当它爬上岸朝向我们，并摇晃着它的尾巴时，我们才发觉我们错了：这是一只狼。另外还有六只显然是正在发育的小狼也从柳树丛中跑了出来，它们喜气洋洋地摇着尾巴，嬉戏着搅在一起。它们确确实实是一群就在我们的峭壁之下的空地上蠕动⑤和互相碰撞着的狼。

在那些年代里，我们还从未听说过会放过打死一只狼的机会那种事。在一秒钟之内，我们就把枪弹上了膛，而且兴奋的程度高于准确：怎样往一个陡峭的山坡下瞄准，总是不大清楚的。当我们的来复枪膛空了时，那只狼已经倒了下来，一只小狼正拖着一条腿，进入到那无动于衷⑥的静静的岩石中去。

当我们到达那只老狼的所在时，正好看见在它眼中闪烁着的、令人难受的、垂死时的绿光。这时，我察觉到，而且以后一直是这样想，在这双眼睛里，有某种对我来说是新的东西，是某种只有它和这座山了解的东西。当时我很年轻，而且正是不动扳机就感到手痒的时期。那时，我总是认为，狼越少，鹿就越多，因此，没有狼的地方就意味着是猎人的天堂。但是，在看到这垂死时的绿光时，我感到，无论是狼，或是山，都不会同意这种观点。

自那以后，我亲眼看见一个州接一个州地消灭了它们所有的狼。我看见过许多刚刚失去了狼的山的样子，看见南面的山坡由于新出现的弯弯曲曲的鹿径而变得皱皱巴巴。我看见所有可吃的灌木和树苗都被吃掉，先变成无用的东西，然后则死去。我看见每一棵可吃的、失去了叶子的树只有鞍角那么高。这样一座山看起来就好像什么人给了上帝一把大剪刀，并禁止了所有其他的活动。结果，那原来渴望着食物的鹿群的饿殍⑦，和死去的艾蒿⑧丛一起变成了白色，或者就在高于鹿头的部分还留有叶子的刺柏下腐烂掉。这些鹿是因其数目太多而死去的。

---

① [毛骨悚(sǒng)然]形容很害怕的样子。

② [嘎(gā)啦]象声词，形容短促而响亮的声音。

③ [湍(tuān)急]形容水流动的速度很快，急。湍，冲刷，冲击，流动。急，迅速。

④ [蜿蜒(wān yán)](山脉、河流、道路等)弯弯曲曲地延伸。

⑤ [蠕动]像蚯蚓爬行的样子。

⑥ [无动于衷]心里一点不受感动；一点也不动心。

⑦ [饿殍(piǎo)]被饿死的动物或人的尸体。这里指饿死的鹿。

⑧ [艾蒿(ài hāo)]菊科，多年生草本植物。

我现在想，正是因为鹿群在对狼的极度恐惧中生活着来说，那一座山就要在对它的鹿的极度恐惧中生活。而且，大概就比较充分的理由来说：当一只被狼拖去的公鹿在两年或三年就可得到补替时，一片被太多的鹿拖疲惫了的草原，可能在几十年里都得不到复原。

　　牛群也是如此，清除了其牧场上的狼的牧牛人并未意识到，他取代了狼用以调整牛群数目以适应其牧场的工作。他不知道像山那样来思考。正因为如此，我们才有了尘暴，河水把未来冲刷到大海去了。

　　我们大家都在为安全、繁荣、舒适、长寿和平静而奋斗着。鹿用轻快的四肢奋斗着，牧牛人用套圈和毒药奋斗着，政治家用笔，而我们大家则用机器、选票和美金。所有这一切带来的都是同一种东西：我们这一时代的和平。用这一点去衡量成就，全部是很好的，而且大概也是客观的思考所不可缺少的，不过，太多的安全似乎产生的仅仅是长远的危险。也许，这也就是梭罗的名言潜在的涵义。这个世界的启示在荒野。大概，这也是狼的嗥叫中隐藏的内涵，它已被群山所理解，却还极少为人类所领悟。

思考与练习

一、给下列加点的字注音。

1. 嗥叫　　　　　2. 驯服　　　　　3. 迸发

4. 蜿蜒　　　　　5. 饿殍　　　　　6. 毛骨悚然

二、体会加横线词语的含义。

1. 这是一种<u>不驯服的、对抗性的</u>悲鸣，是对世界上一切苦难的蔑视情感的迸发。

_____

_____

2. 然而，在这些<u>明显、直接</u>的希望和恐惧之后，还隐藏着更加深刻的涵义，这个涵义只有这座山自己才知道。

_____

_____

3. 只有这座山<u>长久地存在</u>着，从而能够客观地去听取一只狼的嗥叫。

_____

_____

三、阅读课文,理一理,文中分别有哪些段落写到了"狼""鹿""牛"?作者怎么从"狼—鹿(牛)—草"这条生物链引发出"人的思考"和"山的思考"的?

_____

_____

_____

四、请你谈谈对"它已被群山所理解,却还极少为人类所领悟"这句话的理解。

_____

_____

_____

_____

二十六　塑料儿童①

[台]三毛

课文导读

"塑料"时代的来临逐渐让孩子们脱离了大自然，他们不会上墙、爬树、捞鱼、摸虾，而是每天上学、补习、学才艺，做完繁重功课后仅有的一点空闲，也是用来看电视、上网玩玩游戏。

本文描述了一对被电视、可乐、动漫包围的双胞胎侄女和两个对室外游戏、夏夜星空、月光下的山峦毫无兴趣的五六岁的孩子，作者称其为"塑料儿童"。她认为这些城里长大的孩子已经失去了大自然天赋给人的灵性，已经习惯用物质代言欢乐，无法与自然和谐共存。

这一次回台小住，忽见姐姐和弟弟的孩子都已是一朵朵高矮不齐可爱的迎风招展的花朵了，真是乍惊乍喜。看看他们，当然联想到这些未来的栋梁和主人翁不知和自己生长时的环境有了多大的不同，我很喜欢跟他们接近。

我家的小孩子，都分别住在一幢幢公寓里面，每天早晨大的孩子们坐交通车去上小学，小的也坐小型巴士去上幼稚园。

我因为在回台时住在父母的家中，所以大弟弟的一对双生女儿与我是住同一个屋顶下的。

"请问小朋友，你们的学校有花吗？"

说这话时，做姑姑的正在跟侄女们玩"上课"的游戏。

"报告老师，我们的学校是跟家里这样的房子一样的，它在楼下，没有花。"

"老师在墙上画了草地，还有花，有花嘛，怎么说没有。"另外一个顶了她姐姐一句。

"现在拿书来给老师念。"姑姑命令着，小侄女们马上找出图画书来送上。"这是什么？""月亮。""这个呢？""蝴蝶。""这是山吗？""不是，是海，海里好多水。"小朋友答。

"你们看过海吗？""我们才三岁，姑姑，不是，老师，长大就去看，爸爸说的。""你们看过真的月亮、蝴蝶和山吗？"被问得拼命摇头。

"好，今天晚上去看月亮。"姑姑看看紧靠着窗口邻家的厨房，叹了一口气。

看月亮本是一件有趣的事情，因为月亮有许许多多的故事和传说，但是手里拉

---

① 选自《稻草人手记》，北京文艺出版社，2009年，有改动。三毛（1943—1991），原名陈懋平，又名陈平，台湾著名女作家。

着两个就是在文具店的街外看月亮的孩子,月光无论如何不能吸引她们。

我们"赏月"的结果,是两个娃娃跑进文具店,一人挑了一块彩色塑胶垫板回家,兴高采烈。

父亲提议我们去旅行的时候,我坚持全家的孩子都带去,姐姐念小学的三个和弟弟的两个都一同去。

"你知道你在说什么吗? 三个大人,带五个小孩子去旅行?"姐姐不同意地说。

"孩子们的童年很快就会过去,我要他们有一点点美丽的回忆,我不怕麻烦。"

被孩子们盼望得双眼发直的旅行,在我们抵达花莲亚士都饭店时方才被他们认可了,兴奋地在我们租下的每一个房间里乱跑。点心被拆了一桌,姐姐的孩子们马上拿出自己私藏的口香糖、牛肉干、话梅这一类的宝贝交换起来。

"小朋友,出来看海,妹妹,来看书上写的大海。"我站在凉台上高叫着,只有一个小男生的头敷衍①地从窗帘里伸出来看了一秒钟,然后缩回去了。

"不要再吃东西了,出来欣赏大自然。"我冲进房内去捉最大的蕙蕙,口中命令似地喊着。"我们正忙呢! 你还是过一下再来吧!"老二芸芸头也不抬地说,专心地在数她跟弟弟的话梅是不是分少了一粒。

"小妹来,你乖,姑姑带你去看海。"我去叫那一双三岁的女娃娃们。"好怕,阳台高,我不要看海。"她缩在墙角,可怜兮兮②地望着我。我这一生岂没有看过海吗? 我跟荷西的家,窗外就是大海。但是回台来了,眼巴巴地坐了飞机带了大群未来的主人翁来花莲,只想请他们也欣赏一下大自然的美景,而他们却是漠不关心的。海,在他们上学放学住公寓的生活里,毕竟是那么遥远的事啊!

大自然对他们已经不存在了啊!

黄昏的时候,父亲母亲和我带着孩子们在旅馆附近散步,草丛里数不清的狗尾巴草在微风里摇晃着,偶尔还有一两只白色的蝴蝶飘然而过,我奔入草堆里去,本以为会有小娃娃们在身后跟来,哪知回头一看,所有的儿童——这一代的——都站在路边喊着——姑姑给我采一根,我也要一根狗尾巴——阿姨,我也要,拜托,我也要——狗尾巴,请你多采一点……

"你们自己为什么不进来采?"我奇怪地回头去问。

"好深的草,我们怕蛇,不敢进去。"

"我小时候怕的是柏油路,因为路上偶尔会有车子;现在你们怕草,因为你们只在电视上看看它,偶尔去一趟荣星花园,就是全部了。"我分狗尾巴草时在想,不过二十多年的距离,却已是一个全新的时代了。这一代还能接受狗尾巴草,只是自己去采已无兴趣了,那么下一代是否连墙上画的花草都不再看了呢?

看"山地小姐"穿红着绿带着假睫毛跳山地舞之后,我们请孩子们上床,因为

①　[敷衍(fū yǎn)]做事不负责任或待人不恳切,只做表面上的应付。

②　[可怜兮兮]形容很可怜的样子。

第七单元　自然,敬畏苍穹的广袤

第二天还要去天祥招待所住两日。

城里长大的孩子，最大的悲哀在我看来，是已经失去了大自然天赋给人的灵性。一整个早晨在天祥附近带着孩子们奔跑，换来的只是近乎为了讨好我，而做出的对大自然礼貌上的欢呼，直到他们突然发现了可以玩水的游泳池，这才真心诚意地狂叫了起来，连忙往水池里奔去。

看见他们在水里打着水仗，这样的兴奋，我不禁想着，塑料的时代早已来临了，为什么我不觉得呢？

"阿姨，你为什么说我们是塑料做的？我们不是。"他们抗辩着。我笑而不答，顺手偷了孩子一粒话梅塞入口里。

天祥的夜那日来得意外的早，我带了外甥女芸芸在广场上散步，一片大大的云层飘过去，月亮就悬挂在对面小山的那座塔顶上，月光下的塔，突然好似神话故事里的一部分，是这么的中国味儿，这么的美。"芸芸，你看。"我轻轻地指着塔、山和月亮叫她看。

"阿姨，我看我还是进去吧！我不要在外面。"她的脸因为恐惧而不自在起来。"很美的，你定下心来看看。"

"我怕鬼，好黑啊！我要回去了。"她用力挣脱了我的手，往外祖父母的房内飞奔而去，好似背后有一百个鬼在追她似的。

勉强孩子们欣赏大人认定的美景，还不如给他们看看电视吧！大自然事实上亦不能长期欣赏的，你不生活在它里面，只是隔着河岸望着它，它仍是无聊的。

这一代的孩子，有他们喜好的东西，旅行回来，方才发觉，孩子们马上往电视机奔去，错过了好几天的节目，真是遗憾啊！

我家十二岁的两个外甥女，已经都戴上了眼镜，她们做完了繁重的功课之后，唯一的消遣①就是看电视，除了这些之外，生活可以说一片空白。将来要回忆这一段日子，想来不过是轻描淡写的一句就带过了吧。

这批快乐的儿童，完完全全沉醉在电视机前，忘记了四周一切的一切。我轻轻地跨过地下坐着躺着的小身体，把采来的野花插入瓶里去。这时候，电视里正大声地播放广告歌——喝可口可乐，万事如意，请喝可——口——可——乐。

什么时候，我的时代已经悄悄地过去了，我竟然到现在方才察觉。

思考与练习

一、解释下列词语。

1. 栋梁

---

① ［消遣］用自己感觉愉快的事来度过空闲时间，消闲解闷。

2. 沉醉

3. 遗憾

4. 消遣

5. 敷衍

二、请结合文章谈谈什么是作者笔下的"塑料儿童"。

_____

_____

_____

_____

三、电子时代的到来是否也让我们成为"塑料少年"？请谈谈你的看法。

_____

_____

_____

_____

_____

二十七　树木和草原①（节选）

[俄]伊凡·谢尔盖耶维奇·屠格涅夫

课文导读

　　本文是作者著名的散文特写集《猎人笔记》的最后一篇,正如文章开头所写,这是向《猎人笔记》告别时的几句关于打猎的话。文章以猎人的行猎为线索,以丰富而优美的语言生动地描写了变幻的天空、树林和草原等大自然的迷人景色,包含了对俄罗斯祖国和人民挚爱的细腻情感,渲染了自己在打猎活动中体验的快感和非猎人难以体会的乐趣,是一首唱给俄罗斯树林和草原,颂赞美丽大自然的牧歌。

　　作者选取了具有代表性的场景和事情,如春天的黎明、夏天七月的早晨、黄昏、到树林里去猎松鸡等等,把俄罗斯农村带有强烈地方色彩的自然风光,描绘得充满诗情画意,且又设置了猎人角色担任导游,引领读者去看、去听、去嗅,如临其境地和猎人一同感悟;写景时则运用散文诗式的语言,将动与静、秀丽景色和人物活动相结合,洋溢着生命活力,在描写中抒发自己在大自然怀抱里的生命感奋,使作品流露出一种高雅恬淡、温暖善良的情思,跃动着一颗爱心。

　　　　　　……渐渐地牵引他向后方:
　　　　　　回到幽暗的花园里,回到村子上,
　　　　　　那里的菩提树高大而荫凉,
　　　　　　铃兰花发出贞洁的芬芳,
　　　　　　那里有团团的杨柳成行,
　　　　　　从堤畔垂垂地挂在水上,
　　　　　　那里有繁茂的橡树生长在膏腴的田地上,
　　　　　　那里的大麻和荨麻发出馨香……
　　　　　　到那地方,到那地方,到那辽阔的原野上,
　　　　　　那里的土地黑沉沉的像天鹅绒一样,
　　　　　　那里的黑麦到处在望,
　　　　　　静静地泛着柔软的波浪。
　　　　　　从一团团明净的白云中央,
　　　　　　照射出沉重的、金黄色的阳光。
　　　　　　那是个好地方……

　　　　　　　　　　　　　　　　　　——节自待焚的诗篇

---

　　①　选自《猎人笔记》,丰子恺译,人民文学出版社,1991 年。屠格涅夫(1818—1883),俄国 19 世纪批判现实主义作家。

读者对于我的笔记也许已经感到厌倦了,我赶快安慰他:约定限于已经发表的几篇为止;但是在向他告别的时候,不能不略谈几句关于打猎的话。

带了枪和狗去打猎,就本身而论即从前所谓 für sich① 是一件绝妙的事;纵然你并不生来就是猎人,但你总是爱好自然和自由的,因此你也就不能不羡慕我们猎人,……请听我讲吧。

例如,春天黎明以前乘车出游时的快感,你知道吗? 你走到台阶上。……深灰色的天空中有几处闪耀着星星,滋润的风时时像微波一般飘过来;听得见夜的隐秘而模糊的私语声;阴暗的树木发出微弱的喧噪声。仆人把地毯铺在马车上了,把装茶饮的箱子放在踏脚的地方了。两匹副马畏缩着身子,打着响鼻,优雅地替换着蹄子站在那里;一对刚才睡醒的白鹅静悄悄、慢吞吞地穿过道路去。在篱笆②后面的花园里,看守人安闲地在那里打鼾;每一个声音都仿佛停滞③在凝结的空气中,停滞不动。于是你坐上马车;马儿一齐举步,马车发出隆隆的声音。……你乘着马车,经过教堂,下山向右转,开过堤坝。……池塘上刚开始升起烟雾。你觉得有点冷,就用大衣领子遮住了脸;你打瞌睡了。马蹄踏在水洼里发出很响的声音;马车夫吹着口哨。但是这时候你已经走了约莫四俄里,……天边发红了;寒鸦在白桦树丛中醒过来,笨拙地飞来飞去;麻雀在暗沉沉的禾堆周围吱吱喳喳地叫。空气清朗了,道路更加看得清楚,天色明净起来,云发白了,田野显出绿色。农舍里点着松明,发出红色的火光,大门里面传出瞌睡朦胧的说话声。这期间朝霞发红了;已经有金黄色的光带扩展在天空中,山谷里缭绕④地升起一团团烟雾来,云雀嘹亮地歌唱着,黎明前的风吹出了,——于是徐徐地浮出深红色的太阳来。阳光像流水一般迸出;你的心像鸟儿一般振奋起来。一切都新鲜、愉快而可爱! 四周远处都看得清楚了。小树林后面有一个村庄;再过去些还有一个村庄,村里有一所白色的礼拜堂;山上有一个白桦树林;这树林后面是一片沼地,就是你要去的地方。……快跑,马儿,快跑! 跨着大步向前进! ……一共只有三俄里了。太阳很快地升起来;天空明净。……今天天气一定很出色。一群家畜从村子里向我们迎面而来。你的车子登上山顶。……风景多么好! 河流蜿蜒十俄里光景,在雾色中隐隐地发蓝;河那边是大片的水汪汪的青草地;草地那边有几个平坦的丘陵;远处有几只田凫⑤在沼地上空飞鸣;通过了散布在空气中的滋润的阳光,远处的景物显得很清楚,……不像夏天那样。呼吸多么自由,四肢动作多么爽快,全身被春天的清新气息笼罩着,感到多么壮健! ……

---

① ［für sich］德语,就本身而论。

② ［篱笆］又叫栅栏、护栏,用来保护院子的一种设施,一般都是由棍子、竹子、芦苇、灌木或者石头构成,常见于我国北方农村以及欧美等地广人稀的国家,用于保护院子。

③ ［停滞(zhì)］停下,受到阻碍,不能顺利地进行或发展;堵车。

④ ［缭(liáo)绕］一圈圈向上飘起。

⑤ ［田凫(fú)］一种东半球的海滨鸟类,在美国以及加拿大的东海岸被发现。

夏天七月里的早晨！除了猎人之外，有谁曾经体会到黎明时候在灌木丛中散步的乐趣呢？你的脚印在白露沾湿的草上留下绿色的痕迹。你用手拨开濡湿①的树枝，夜里蕴蓄着的一股暖气立刻向你袭来；空气中到处充满着苦艾②的新鲜苦味、荞麦和三叶草的甘香；远处有一片茂密的橡树林，在阳光底下发出闪闪的红光；天气还凉爽，但是已经觉得炎热逼近了。过多的芬芳之气使得你头晕目眩。灌木丛没有尽头。……只是远处某些地方有一片黄澄澄的成熟了的黑麦，一条条狭长的粉红色的荞麦田。这时候一辆马车轧轧③的响出；一个农人缓步走来，把他的马预先牵到阴凉的地方去。……你同他打个招呼，就走开了；你后面传来镰刀的响亮的铿锵④声。太阳越升越高。草立刻干燥了。天气炎热起来。过了一个钟头，又一个钟头，……天边上黑暗起来；静止的空气中散发出火辣辣的热气。

"老兄，这里什么地方可以弄点水喝？"你问一个割草的人。

"那边山谷里有一口井。"

你穿过缠着蔓草的茂密的榛树⑤丛，走到山谷底上。果然，断崖的下面隐藏着泉水；橡树的掌形枝叶贪婪地铺张在水面上；银色的大水泡摇摇摆摆地从长满细致柔滑的青苔的水底上升起来。你投身到地上，喝饱了水，但是懒得再动了。你现在正在阴凉的地方，呼吸着芬芳的湿气；你觉得很舒服，可是你对面的丛林晒得火辣辣的，在阳光底下仿佛颜色发黄了。然而这是什么呀？风突然吹来，又疾驰而去；四周的空气颤动了一下；这不是雷声吗？你从山谷里走出来，……天边的一片铅色是什么？是不是暑气浓密起来了？是不是乌云涌过来了？……但是这时候电光微微地一闪。……啊，原来是暴风雨要来了！四周还照着明亮的阳光，还可以打猎。但是乌云增长起来了：它前面的一边像衣袖一般伸展开来，像穹窿⑥似的笼罩着。顷刻之间，草木全部黑暗了。……赶快跑！那边好像有一间干草棚，……赶快跑！……你跑到那里，走了进去。……雨多么大！闪电那么亮啊！有些地方，水通过了草屋顶滴在芳香的干草上。……但是，瞧，太阳又出来了。暴风雨过去了；你走出来。我的天啊，四周一切多么愉快地发出光辉，空气多么清新澄澈，草莓和蘑菇多么芬芳！……

但是现在黄昏来临了。晚霞像火焰一般燃烧，遮掩了半个天空。太阳就要落山了。附近的空气似乎特别清澈，像玻璃一样；远处笼罩着一片柔和的雾气，样子很温暖；鲜红的光辉随着露水落在不久以前还充满淡金色光线的林中旷地上；树木、丛林和高高的干草垛上都投射出长长的影子来。……太阳落山了；一颗星在落

---

① ［濡湿］指使湿；用水或其他液体浸透或弄湿。

② ［苦艾（ài）］菊科苦蒿属的植物。

③ ［轧轧（yà）］象声词，形容机器车轮里的轴承，齿轮等运转挤压时发出的连续的声响。

④ ［铿锵（kēng qiāng）］形容乐器声音响亮，节奏分明，形容有节奏而响亮的声音。

⑤ ［榛（zhēn）树］一种树木，结的果实名叫榛子，世界上四大干果（核桃、扁桃、榛子、腰果）之一。

⑥ ［穹（qióng）窿］亦作"穹隆"，指中间隆起，四周下垂貌，常用以形容天的形状。

中职语文与应用（卫生类）

日的火海里发出颤抖的闪光来。……这火海渐渐泛白了;天空发青了;一个个的影子逐渐消失,空气中充满了烟雾。现在该回去了,回到你过夜的村中的农舍里去了。你背上枪,不顾疲倦,迅速地走着。……这期间黑暗来临了;二十步之外已经看不见了;狗在黑暗中微微地显出白色。在那边黑压压的树丛上,天际模糊地发亮。……这是什么? 火灾吗? ……不是,这是月亮升起来了。下面靠右边,村子里的灯火已经在闪耀了。……终于到达了你的屋子。你从窗子里可以看到铺着白桌布的食桌、灿灿的蜡烛、晚餐……

有时你吩咐套上竞走马车,到树林里去猎松鸡。车子在两旁长着又高又密的黑麦的狭路上经过,是很愉快的事。麦穗轻轻地打你的脸,矢车菊绊住你的脚,四周有鹌鹑①叫着,马儿跑着懒洋洋的大步子。树林到了。阴暗而寂静。体态匀称的白杨树高高地在你上面簌簌作响;白桦树下垂的长枝微微颤动;一颗强大的橡树像战士一般站在一颗优雅的菩提树旁边。你的车子在长满绿草的、阴影斑驳②的小路上行驶着;黄色的大苍蝇一动不动地在金黄色的空气中逗留了一会儿,突然飞去;小蚊蚋成群地盘旋着,在阴暗的地方发亮,在太阳光里发黑;鸟儿安闲地歌唱着。知更鸟的金嗓子欢愉地发出天真烂漫的絮絮叨叨③声,这声音同铃兰的香气很调和。再走远去,再走远去,走到树林的深处。……树林丛密起来。……心中感觉到说不出的沉寂;四周也都充满睡意,悄然无声。但是忽然一阵风吹来了,树梢哗哗地响起来了,仿佛翻落的波浪。有些地方,从去年褐色的落叶中间生出很高的草来;蘑菇各自带着自己的帽子站着。雪兔突然跳出,狗高声吠叫着急起直追。……

同是这座树林,当晚秋山鹬④飞来的时候,显得多么美好啊! 山鹬不停在树林深处,必须到树林边上去找它们。没有风,也没有太阳,没有光亮,没有阴影,没有动作,没有声音;柔和的空气中弥漫着秋天的像葡萄酒似的香气;远处黄澄澄的田野上笼罩着一层淡薄的雾。光秃秃的褐色树枝中间,露出宁静而洁白的天空;菩提树上有几处挂着最后几张金色的叶子。两脚踏在潮湿的土地上觉得有弹性;高高的干燥的草一动也不动;长长的蛛丝在苍白的草上闪闪发光。呼吸舒畅,可是心里感到一种异样的惊悸⑤。你沿着树林边缘走去,一路照看着你的狗,这期间可爱的形象、可爱的人——死了的和活着的——都回忆起来了,久已睡着了的印象蓦地⑥苏醒过来;想象力像鸟一般翱翔⑦,一切都在眼前清晰地出现并活动起来了。心有

---

① [鹌鹑(ān chún)]一种迁徙性雉类鸟。

② [斑驳]原指一种颜色中杂有别的颜色,形容颜色深浅不一的意思。

③ [絮絮叨叨]形容说话啰唆,唠叨。

④ [山鹬(yù)]行形目鹬科丘鹬属的一种,又名大水行。

⑤ [惊悸(jì)]指因惊恐而心跳得厉害。

⑥ [蓦(mò)地]表示出乎意料。

⑦ [翱翔]通常用于描写有志气的人。本义是鸟回旋飞翔,老鹰在天空中,振翅而不动,过一段时间后,可以在天空中任意滑翔,即为翱翔。

时突然颤抖跳动,热情地向前突进,有时一去不回地沉没在回忆中了。全部生活就像一个长卷似的轻快迅速地展开来;人在这时候掌握了他的全部往事、全部感情、力量、全部灵魂。四周没有一样东西来妨碍①他——既没有太阳,也没有风,又没有声音……

思考与练习

一、给下列加点的字注音。

1. 濡湿　　　　　2. 铿锵　　　　　3. 穹隆

4. 蔓草　　　　　5. 蓦地　　　　　6. 榛树

二、作者描写的白桦林、大树林和草原各有什么特点?

_____

_____

_____

三、作者写景有远有近,有动有静。试以文中写夏天的树林为例,细心体会作者采用这种描写手法的特点。

_____

_____

_____

四、判断下列句子所运用的修辞手法。

1. 除了猎人,有谁体会过黎明时候在灌木丛中散步的乐趣?

_____

2. 银色的大水泡摇摇摆摆地从长满细致柔滑的青苔的水底升起。

_____

3. 顷刻之间,草木全部发黑了……赶快跑! 那边好像有一间干草棚……赶快跑!

_____

4. 晚霞像火焰一般燃烧,遮掩了半个天空。

_____

5. 橡树的掌形枝叶贪婪地铺张在水面上。

_____

---

① [妨碍]指干扰、阻碍,使事情不能顺利进行。

二十八　寂静的春天[①]（节选）

[美]雷切尔·卡逊

课文导读

本文是《寂静的春天》这本引发了现代环保运动的经典名著的节选部分。

文章在阐述生物与环境的相互作用及生物对环境的依存关系的基础上，具体阐述了当代人由于急躁轻率，尤其是滥用化学药品污染环境所造成的危害，深刻批判了"控制大自然"口号的错误观念。

地球上生命的历史一直是生物其周围环境互相作用的历史。可以说在很大程度上，地球上植物和动物的自然形体和习性是由环境塑造成的。相对于地球的漫长历史，反向作用即生物对其环境的实际影响较小。只有在 20 世纪极短的时光瞬间中，一个物种——人——才获得了有效力量去改变他所在世界的大自然。

在过去的四分之一世纪里，这种力量不仅增大到了令人不安的程度，而且其性质亦发生了变化。人类对环境最可怕的破坏是用危险甚至致命的物质对空气、土地、河流和海洋的污染。这种污染多数是无法救治的，由它所引发的恶性循环在很大程度上是不可逆转[②]的，它不仅存在于生物赖以生存的世界，而且也存在于生物组织中。在当今对环境的普遍污染中，化学药品是辐射线的凶恶但却被人忽视的同谋，它们共同改变着世界上生物的根本性质。由核爆炸释放到空中的锶-90[③]以放射性尘埃的形式随雨水或漂浮物落到地球上，留在土壤里，进入地上生长着的草、玉米或小麦等植物体内，最后钻进人体，停留在骨骼里直到人死去。同样，喷洒在农田、森林或花园里的化学药品长期留在土壤中，进入活的生物体内，在一种毒害和死亡连锁反应中从一个生物体传到另一生物体；或者随着地下溪流神秘地流淌直至冒出地表，通过空气和阳光的化合作用构成新形式，毒死植物，使牲畜得病，对那些饮用原本纯净的井水的人们造成不知不觉的危害。正如阿尔伯特·施威策[④]所说："人甚至连自己创造的魔鬼都认不出来。"

要生成现今栖居在地球上的生物需要亿万年的时间——在这漫长的时间里，生物不断发展进化，种类越变越多，达到一种同其环境相适应、相平衡的状态。而

---

① 选自《寂静的春天》，吕瑞兰、李长生译，科学出版社，1997 年，本文节选自该书第 2 章和第 17 章，有改动。雷切尔·卡逊(1907—1964)，美国生物学家、科普作家，1962 年出版《寂静的春天》，此书在美国引发了环境保护运动。

② [不可逆转]形容不能倒转过来，多指局势或者局面。

③ [锶-90]元素锶的一种放射性同位素(见放射性)。

④ [阿尔伯特·施威策]法国神学家、哲学家、医生，获 1952 年诺贝尔和平奖。

环境一丝不苟①地塑造和引导它所供养的生物,这环境既包含有利生物生长的成分,又包含有害的成分。某些岩石放射出危险的射线;即便在一切生物从中取得能量的日光中,也包含着有伤害力的短波射线。经过一定的时间——不是过了若干年,而是过了千百年,生物适应了环境,达到了平衡。时间是最基本的因素。但在现代世界里人们没有时间去适应世界的急速变化。

人类急躁轻率的步伐胜过了自然界稳健的步履,事物很快发生变化,新情况急剧不断地产生。如今辐射已不仅仅是地球上出现生命之前便存在的岩石隐秘射线、宇宙射线以及太阳紫外线,它更是人类拨弄②原子的奇异产物。同样,逼迫生物与之适应的化学物质也不再只是从岩石上冲刷出来由河流带入海洋的钙、二氧化硅、铜以及其他矿物质,它们还有人类的聪明才智所创造的人工合成物,在实验室里配制而成,在自然界找不到与它们相似的东西。

适应这些化学药品所需的时间应以大自然的尺度来衡量,人的短暂一生是不够的,它要求的是若干世代的时间。但即令在这么漫长的时间内可能奇迹般地实现了适应,也将毫无用处,因为从我们的各个实验室会源源不断地冒出新的化学药品并投入实际使用。这数字令人震惊,而且它的深层含义不易为人们所领会——单是在美国,每年就有约 500 种新的化学药品需要人和动物的身体以某种方式去与之适应,它们完全超出了生物学经验的范围。

这些化学药品有许多被用于人类对自然的战争。自 20 世纪 40 年代中期以来,逾 200 种基本化学药品被研制出来,用于杀死昆虫、杂草、啮齿③动物和其他现代行话称之为"害虫"的生物体;这些化学药品被打着数千种不同的商标出售。

这些喷雾液、药粉、烟雾剂现在几乎普遍在农场、花园、森林和家庭中使用——这些化学药品能够不加选择地杀死任何昆虫,不论其是"好"是"坏";能够使鸟儿不再歌唱,鱼儿不再跳跃于水中;能够以一层剧毒物质覆盖在叶片表面或长期滞留在土壤中。而人们使用所有这些药品消灭的目标或许仅仅是屈指可数的几种杂草或昆虫。难道有人会相信,可以向地球表面倾泻这么多毒物而又继续使它适宜一切生物生长?这些化学药品不应称作"杀虫剂",而应称为"杀生剂"。

药物使用的整个发展过程似乎卷入了一个永无终点的螺旋。自从滴滴涕④被允许民用以来,逐步升级的过程便开始了,人们得不断寻找更有毒性的物质。这是因为作为对达尔文适者生存原理的绝好证明,昆虫已演化出对人们使用的某一杀虫药具有抗药性的超级品种,于是人们必须发明一种更毒的药剂,接着又发明一种比这种药剂更毒的药剂……

---

① [一丝不苟]指做事认真细致,一点儿不马虎。

② [拨弄(bō nong)]用手脚或棍棒等来回地拨动。

③ [啮(niè)齿]哺乳动物的一目,门齿没有齿根而且终生生长,没有犬齿,繁殖力很强,吃植物或杂食,如老鼠。

④ [滴滴涕]是一种杀虫剂,也是一种农药。

"控制大自然"这一短语是在骄傲自大的心态中构思出来的,它源于尼安德特人①时期的生物学和哲学,当时人们以为自然界是为人类的便利而存在的。应用昆虫学的概念和实践大都发端于那石器时代的科学。如此原始的科学竟已用最现代、最可怕的武器装备起来,这真是我们的一大灾祸。这门科学在使用这些武器对付害虫的同时也在打击整个地球。

思考与练习

一、给下列加点的字注音。

1. 啮齿　　　　2. 拨弄　　　　3. 滞留

4. 栖居　　　　5. 步履　　　　6. 牲畜

二、"在过去的四分之一世纪里,这种力量不仅增大到了令人不安的程度,而且其性质亦发生了变化。"这句话中"这种力量"具体指什么?其性质发生了怎样的变化?

_____

_____

_____

三、联系课文内容,说说标题"寂静的春天"是什么意思,作者借"寂静的春天"向世人提出了什么警告。

_____

_____

_____

_____

---

① 〔尼安德特人〕简称尼人,也被译为尼安德塔人,常作为人类进化史中间阶段的代表性居群的通称。

口语交际

应 聘

案例导入

案例1:

面试官:Can you speak English?

面试者:Of course!

面试官:What we need is the ability to organize marking campaigns and to supervise employees affective communications abilities and public relations skills that is your competitive advantage.

面试者:…… 我们还是说母语吧!

案例2:

面试官刚刚要给面试者提问题,却被面视者先发制人。

面试者:您孩子多大了?

主考官:有事吗?

面试者:您给孩子买保险了吗? 这个保险特适合您孩子,您看看。

说着就开始往外掏保险材料。

案例3:

主考官:我觉得你不太合适。

面试者:为什么呀? 我感觉我挺好的,我觉得我特合适。

主考官:你看,后面还有人等着呢!

面试者:要不您试试我。给我个支点我会把地球撬起来,您信不信?

主考官:我看你就别撬了,把简历好好地写一写。

面试者:为什么呀? 我简历挺好的呀。

主考官:你上专业的招聘网站,像中华英才网,先从学写简历开始。

面试者:如果我学有所成您会给我一个支点吗?

主考官:能能能,欢迎下次再来。

评析:这几则有关应聘面试的案例都是比较失败的,从中我们能吸取哪些教训? 在我们的求职中应该注意哪些事项。

"应聘"的注意事项

一、应聘前的工作

（1）做好充分的准备。现代社会发展日新月异，复合型人才才会有竞争力。对自己应聘的工作要有充分的知识和技能储备。

（2）调整好心态。不盲目自信，也不自卑。请相信：天生我材必有用。保持良好的状态，愉悦的心情，才能发挥正常水平。

（3）客观认识自己。把自己好好分析一番，对自己的优点、缺点、工作能力等各方面要有一个清醒的认识。问问自己：我想干什么，我能干什么？制定出符合自身条件的求职目标。

二、面试的注意事项

应聘之后，如果得到了面试机会，需再接再厉，做好充分准备。以下重点说一说职场面试时应该注意的问题。

（1）一定要守时。首先，需确定好面试时间；其次，应提前10分钟到达面试地点，一来安定自己的情绪，二来熟悉这里的环境。在面试时迟到或是匆匆忙忙赶到都是致命的错误。如提前时间过长（半小时以上）也会被视为没有时间观念。

（2）仪表很重要。所穿衣服应自然得体，配合自己的个性气质。男孩子除选好西装、领带外，还要整理好发型，修好脸；女孩子应该化个淡妆，给自己信心，也是尊重别人的表现。

（3）必要的礼节。进入面试现场时，无论门是敞开的还是关闭的，一定要先敲门，连续敲两次门是较为标准的，敲门时千万不可太用力。进门后不要用后手随手将门关上，更不能用脚踢。应转过身去正对着门，用手轻轻将门合上，同时面带微笑走向面试官。

（4）注意聆听。面试时一定要认真听主考官所提问题，有条理地回答，切忌答非所问。不要一味忙于推荐自己，要聆听考官的问话。如果你没听清面试的问题，可以向考官提问以便将问题弄清楚。

（5）准备面试的内容。一般来说，除了简历、学历证明外，还要准备好回答考官提问。如与应聘职位有关的专业性问题：你能为我们做什么？为什么选择我们公司？为什么跳槽？业余爱好等。所以要做好充分准备，时刻牢记：带着你的优雅从容、灿烂微笑来表明你的诚意和自信。

（6）面试时的姿态。在面试过程中，不要弓着腰，也不要把腰挺得很直，这样反而会给人留下死板的印象，应该很自然地将腰伸直。说话时声调放低、面带微笑等细节都决定着面试的成败。

三、职场面试中几个忌讳的问题

（1）面试中对自己经历及能力的表述应简明扼要，适可而止，千万不要像开了话匣子般没完没了地夸夸其谈，自吹自擂。

（2）不要局限于用一两个字回答考官的问题。求职面试的目的是要让用人单位考核自己，你羞羞答答地不张嘴说话，人家又怎么考核你呢？

（3）有的求职者急于展现自己，还没等面试官说完就迫不及待地抢话、插话，甚至将双方的谈话陷入无厘头的争辩之中。

（4）反应迟钝、木讷。反应迟钝大多是因为自卑，越自卑就越发慌，越发慌就越使你说起话来鬼使神差地词不达意、语无伦次，早先设计好的答问词早已在脑中荡然无存。而这些足以摧毁主考官对你的热情和信心。

（5）说话大嗓门，态度傲慢无理，且目中无人，没有教养。

练一练

1. 阅读下面这段文字，回答下列问题。

有一位求职者到一家公司去应聘，由于各方面的条件都不错，他很快便从众多的应聘者中脱颖而出。面试的最后一关，由公司的总裁亲自主持。这位求职者刚一跨进总裁的办公室，总裁便惊喜地站起来，紧紧握住他的手说："世界真是太小了，真没想到会在这儿碰上你。上次在西湖游玩时，我的孩子不慎掉进湖中，多亏你奋不顾身地跳进湖中将她救起，我当时由于太忙，忘记问你的名字了。快说你叫什么名字？"这位求职者被弄糊涂了，但他很快便想到可能是总裁认错人了。于是，他平静地说："总裁先生，我从来没有在西湖救过人，你一定是认错人了。"不管这位求职者如何解释，总裁依然一口咬定自己不会记错。求职者呢，也犯起了倔强，就是不肯承认自己曾经救过总裁的孩子。过了好一会儿，总裁才微笑着拍了下这位求职者的肩膀，说："年轻人，你很诚实，我们决定录取你，你明天就可以来上班了！"

探究：这位求职者成功的原因何在？

_____

_____

_____

_____

2. 分组进行模拟招聘活动。

_____

_____

_____

_____

写作训练

调查报告的特点

什么是调查报告

调查报告是对发生的事件、问题与现象进行深入调查，揭示事件的真相，并得出正确结论的应用文书。调查报告也叫"考察报告""调查汇报""情况反映""情况介绍"。命题的文章或标注"调查与思考""信访调查""调查附记"等的文章也属于调查报告。

调查报告有两个构成要素：一是调查，二是报告。调查，是为了了解情况，而搜集材料，或深入现场考察，或找有关人员进行采访、了解；报告，是将调查搜集到的材料进行整理、分析，用书面形式如实地向上级或群众报道。

调查报告的要点

一、调查报告的特点

（1）真实性：真实性是调查报告的生命线。调查报告的材料包括数据都必须全部真实。只有这样才能从中推导出正确的结论，找到问题的症结所在，归纳出符合客观事实的具有指导意义的规律。

（2）事理性：主要通过大量的材料进行分析，综合揭示出事物的本质和规律；通过对事实的概括叙述和简要说明，由事论理、寓理于事，最后得出结论。调查报告具有的事理性的特点决定了它在写作上主要运用夹叙夹议、叙议结合的表达方式。

（3）典型性：写调查报告调查的对象必须典型，所运用的材料要有典型意义，所得出的结论和规律必须具有普遍性意义，不允许以偏概全。

二、注意事项

1. 明确目的、对象、范围

不管是普遍调查（如全国人口普查等）还是专题调查（我们现在做的都是这一种），都应该注意这一点。

分析：把调查来的材料分门别类地加以分解，分清主要与次要、主流与支流、多数人的意见和少数人的意见。

综合：把经过分析的各部分联成一体，从整体上揭示出调查对象的本质，描绘出"自在之物本身"的面貌，不能掺杂个人成见。

2. 要有很强的针对性

调查报告要将事实联系起来，把握、研究它的一切方面、一切联系和"中介"。切忌罗列现象，把调查来的材料不加分析地、不整理地甲乙丙丁、一二三四都写进

第七单元　自然，敬畏苍穹的广袤

调查报告中。

3. 应有详细的调查提纲

写好调查报告,必须建立在对材料的综合分析的基础之上。要对感性的材料进行理性的分析,对材料进行"去粗取精,去伪存真,由此及彼,由表及里"的综合分析,再提出问题,总结经验,得出教训。

例文赏析

环 境

今年6月5日是第33个世界环境日。今年世界环境日的主题是:海洋存亡,匹夫有责。我国是海洋大国,防治海洋污染和生态破坏一直是我国环保工作的重要内容。特别是国家把渤海作为全国污染防治的重点工程,坚持河海统筹、陆海兼顾的方针,实施"碧海行动计划",初步遏制了渤海海洋环境恶化的趋势。但是,全国陆源污染物排海问题仍然突出,近岸海域污染尚未得到有效控制。由于长期沿袭的粗放型发展模式,加之生态环境脆弱、历史欠账多,从全国环境状况看,无论是近岸海域,还是陆地环境,形势都不容乐观。目前,我国环境问题主要表现在三个方面:一是主要污染物排放量大;二是污染结构发生变化;三是生物多样性遭到破坏。

针对我国的环境形势,当前环保部门将重点做好七个方面的工作:

一是促进转变传统的发展模式,积极推动发展循环经济,实现经济与环境"双赢"。循环经济是新型工业化的重要载体,是转变发展模式的战略选择,体现了科学发展观的要求。要积极借鉴国际经验,深化各类循环经济试点示范,推广典型经验和做法,将循环经济理念贯穿到环境保护的政策、法律、规划、标准中,努力建立一套符合国情的科学发展的制度,促进建立循环型社会。

二是严格环境监管,依法行政,促进产业结构和布局的优化。区域、城市经济发展必须考虑环境承载能力,新上项目污染排放不能超出当地环境容量,要通过优化产业结构,淘汰技术落后、污染环境的工艺、设备,实行清洁生产,治理老污染源,削减排污量,确保增产不增污;积极实行排污许可证制度,逐步实行持证排污,建立总量控制定期考核、公布制度和企业环境行为公开制度。努力实现既促进经济发展,又改善环境质量。

三是抓住重点,按照生态系统方式管护环境,集中力量治理"三河""三湖"等重点地区、城市环境问题。要加强入海江河流域氮、磷排放总量的控制,防止陆源污染对海洋环境的破坏;要认真落实重要生态功能保护区、重点资源开发区和自然保护区的生态保护措施。确保实现国家"十五"环境保护计划目标。

四是坚持体制、机制创新。切实落实党委重视、政府领导、环保部门监管、部门分工负责、企业治理、社会参与、公众监督的环境保护体制,坚持污染者负担原则,积极建立政府主导、多元化筹资、企业化治理、市场化运营的污染治理设施建设和运营机制。要逐步提高排污收费标准,特别是限期征收城市污水处理费,确保保本微利,保证污染处理设施建设和正常运营。

五是发动群众,鼓励公众参与环境保护和监管。依法加大对环境违法行为的处罚力度,解决违法成本低、守法成本高、执法成本更高的问题。广泛动员社会力量,积极参与环境保护;实行政务公开、信息公开,提高环境管理和环境信息的透明度,为公众了解和监督环保工作提供必要条件;建立完善鼓励公众在环境保护政策、规划制定和开发建设项目评估过程中的听证制度,维护公众的环境权益。

六是依靠科技进步保护环境。整合、动员和发挥各方面的科技能力,集中力量研究和解决我国环境与发展领域的难点、热点问题,力争用较少的投入解决更多的环境问题,落实科学发展观。

七是提高加强各级政府环境保护和可持续发展的能力。

人类只有一个地球。保护环境是我们的神圣职责。我们要坚持以人为本,树立和落实全面、协调、可持续的科学发展观,采取多种措施,切实解决人民群众反映强烈的环境问题,努力实现人与自然的和谐相处,经济、社会、环境的均衡发展。

练一练

分组根据下面调查的主题撰写调查提纲并搜集资料,将调查结果制作成 PPT 并进行课堂展示。

（1）居住区环境状况;

（2）学校卫生状况;

（3）树木保护状况;

（4）水污染、空气污染现状;

（5）道路上乱停放车辆的现象;

（6）上学路上不文明的现象。

环境保护

活动目标

（1）通过观察、调查等方式，了解人类对环境的影响，初步形成环保意识，并自觉形成环保行为；

（2）鼓励学生调查、访问、查找资料等学习方法，提高学生对信息的分析、整合能力；

（3）培养学生团结协作的意识和相互合作的能力。

活动准备

一、任务准备

（1）学生自由组合，根据自己的生活环境和兴趣、爱好（如树木保护现状、水污染环境情况、一次性物品使用情况、空气污染情况、垃圾投放处理情状、人们为保护环境所做出的努力等），自由组成调查小组，然后推选出小组长，并明确小组中各人员的分工。

（2）制订计划，开展活动：

① 制订计划，明确分工。

② 开展活动，搜集整理资料。深入生活和利用网络进行调查研究，了解环境污染的情况以及成因，以前的环境状况以及人们对目前这种状况的态度、看法，并写成调查报告。

（3）通过查阅书籍、网络搜索等了解环境污染的基本防治措施。

二、任务搜集

（1）搜集学生自己亲见的，也可以是报纸、电视、网络等媒体上有关环境污染的资料。

（2）拍摄自己周围环境污染的图片。

（3）采访亲朋好友对环境污染的看法。

三、任务制作

（1）制作 PPT，内容包括环境污染的情况、原因以及环境污染的基本防治措施。

（2）完成调查报告。

（3）将拍摄的图片及采访过程制成视频。

活动过程

一、激发兴趣,明确任务

展示一组清洁、美丽的生活环境及一组被污染的环境图片,激发学生的忧患意识和探究欲望。

二、小组展示调查成果

(1)每个小组分别选派一名代表上台展示本组的调查报告,并根据调查到的具体问题列出详细的解决方案,同组的同学可以补充,其他组的同学可以提出问题,由汇报人或汇报人所在的小组讨论后认真做答。

(2)随机抽出6位同学做裁判,评出最佳调查报告。

(3)学生自由讲述通过各种渠道获取的有关环境保护的基本防治措施。

三、视频展示:"焦点访谈"

(1)抽签决定上台展示的小组顺序。

(2)每个小组选出一名同学担任评委。

(3)教师点评,并评出表现最好的小组。

教育,启迪魂灵的钥匙

"贤人智士之于子孙也,厉之以志,弗厉以诈;劝之以正,弗劝以诈;示之以俭,弗示以奢;贻之以言,弗贻以财。"王符的话契合了现代教育理念,教以生存的本领和高贵的品质远比授以财产更为重要。

一提到"学"这个字,就不禁令人想起"书山有路勤为径,学海无涯苦作舟""学无止境""读万卷书,行万里路"这些激荡人心的千古名句,以及"凿壁偷光""头悬梁,锥刺股"的感人画面。古人尚且如此,何况在"信息爆炸"的现代社会呢?

学习是把钥匙,人生有许多未知的领域,学习可以为我们打开一扇扇大门。开阔了视野,才能摆脱"井蛙不可以语于海,拘于虚也"的尴尬;启迪了智慧,才能避免"盲人骑瞎马,夜半临深池"的鲁莽和危险;认识了自我,才能"知人者智,自知者明"。

"无论是什么样的人,上天都必然赐予他一项出类拔萃的才能。"这是一所与众不同的巴学园校长小林先生常说的一句话。孩子的世界充满了好奇,孩子的想象天马行空,阅读《放回原处》会让我们在忍俊不禁中去学习倾听孩子和改变自身。无论是父母还是教师都应抱有一颗宽容、博爱的心去呵护孩子的成长,启迪孩子的智慧。"学无止境",学习是个持续的过程,正如荀子《劝学》开篇中提出的"学不可以已",学习贵在勤奋、坚持和积累,任何时候都不可滋生"闻道百,以为莫己若者"的自满,否则只能贻笑大方。"三人行,必有我师焉",在学习的过程中要形成韩愈《师说》中虚心请教的作风,摒弃耻于从师的错误观念。汪曾祺先生笔下《金岳霖先生》就是一位"一肚子学问、为人天真、热爱生活"的大哲学家。读罢此文,我们对金岳霖先生专心于学问的崇敬之情油然而生。

"劝君莫惜金缕衣,劝君惜取少年时。花开堪折直须折,莫待无花空折枝。"时光不停流逝,只有趁着青春的大好时光,不要吝惜自己在学习上的付出,才能收获属于自己的梦想和希望。我们不应缅怀昨天,而应好好珍视今天,莫待"黑发不知勤学早,白首方悔读书迟"。

二十九　放回原处①（节选）

[日]黑彻柳子

课文导读

　　本文为《窗边的小豆豆》的一篇。作者因淘气被原学校退学,来到巴学园。在小林校长的爱护和引导下,一般人眼里"怪怪"的小豆豆逐渐找到自信、自尊,成长为一个善良、聪慧的孩子,并在这里奠定了她一生的基础。这本书不仅带给世界几千万读者无数的笑声和感动,而且为现代教育的发展注入了新的思想,成为20世纪全球最有影响力的作品之一。

　　今天,对小豆豆来说,可是一个大大的辛苦日。因为她把自己最珍爱的钱包掉进了学校的厕所里。虽说钱包里一分钱也没有,但这个钱包本身却是小豆豆的心爱之物,是连上厕所也舍不得放下的宝贝。钱包是缎子质地的,有红色、黄色、绿色的格子图案,形状是平平的四方形,有一个三角形的舌头一样的盖子,在应当缝按扣儿的位置,缝的是一个银色的苏格兰小猎犬扣子,像胸针一样可爱。总之,那是一个非常漂亮的钱包。

　　小豆豆上完厕所以后,总习惯往下看一看,这真是一个奇怪的坏毛病,但她从小就这样。因为这个毛病,小豆豆上小学之前,已经掉了好几顶麦秆②草帽啦、白色蕾丝帽啦什么的到厕所里。那时候的厕所不像现在这样是抽水式的,还都是掏取式的,下面就是水槽,帽子就飘浮在水槽里。所以,妈妈总是提醒小豆豆,"上完厕所以后,不要往下看"。

　　但是,这天上课前,小豆豆去了一次厕所,终于忍不住又往下看了看。就在这时,那个宝贝钱包"啪"的一下掉了进去,可能是本来就没放好的缘故吧。小豆豆惊叫一声:

　　"啊——"

　　再看的时候,下面黑糊糊的,钱包再也看不见了。

　　那么,小豆豆这时又是什么反应呢? 她没有哭泣,也没有干脆放弃,不要那个

---

①　选自《窗边的小豆豆》,赵玉皎译,南海出版社,2011年。黑彻柳子(1933—),日本著名作家,著名电视节目主持人,联合国儿童基金会亲善大使。

②　[麦秆]麦子的茎。

钱包了,而是立刻跑到校工叔叔放工具的库房里,扛了洒水用的长把舀子①出来。小豆豆还很矮小,舀子的长把足有两个小豆豆高,但这没有关系。小豆豆在校园深处转来转去,寻找厕所的掏口。本来以为会在厕所外墙的附近,但怎么找也找不到。好不容易,小豆豆发现在离外墙有一米左右的地面上,有一个圆形的混凝土盖子。这个无论如何该是掏口了吧,小豆豆这么判断。总算使劲地把盖子移开了,下面立刻出现了一个深深的洞口,果然就是厕所的掏口。小豆豆趴下看了看,说:

"好像有九品佛的水池那么大啊。"

于是,小豆豆开始了她的浩大工程。她把长把舀子伸到掏口里面,向外面舀起来。一开始,小豆豆估计一下钱包掉落的位置,尽可能地舀那附近的,但是便池又深又黑,而且厕所是分成三间的,而下面却只有一个池子,可以想见便池非常大。所以,如果小豆豆的头探得太深,就有掉进去的危险。于是,小豆豆顾不得是哪个方位了,只管挖起来。挖出来的东西,就堆在掏口周围。当然,每挖出一舀子,小豆豆都要检查一下钱包会不会混在里面。本来以为很快就会找到钱包,但钱包好像藏在什么地方了,总是不肯露面。这时候,上课的铃声响了。"怎么办呢?"小豆豆想,"好不容易干到这里了……"于是索性继续干了下去。而且比刚才干得更加卖力了。

舀出来的东西已经堆成了一座小山。这时候,校长先生走过这条小路。他看到小豆豆正在忙活着,问:

"你在干什么呢?"

小豆豆顾不得停下手里的活儿,一边舀一边回答:

"我的钱包掉到池子里面了。"

"是吗?"

说着,校长先生把手背在身后,就像平时散步那样,又走开了。

过了一会儿,钱包还是没有出现,地上的小山却越来越高。这时,校长先生又走了过来,问:

"找到了吗?"

小豆豆满头大汗,脸也红彤彤的,被围在小山当中,回答说"没有"。先生稍微把脸凑近了小豆豆的面孔,像好朋友似的说:

"弄完以后,要把这些全都放回去,啊。"

说完,他又像刚才那样走开了。

"嗯——"小豆豆精神十足地回答,又继续干起活儿来。突然,小豆豆想起一件事来,她看了看那座小山:

"干完以后,会把这些都弄回去的。但是,地上的水怎么办呢?"

确实,小山里的水分不断地向地面渗下去,已经看不见了。小豆豆停下来,思

---

① [舀子]一种生活中常见的取水工具。

考着怎么才能把渗到地面下的水分,按校长先生嘱咐的那样全部放回去。思考的结果是:把渗进了水的土也放回去一些,就可以了。

结果,地面上堆起了一座挺高的小山,便池几乎被掏空了,但那个钱包仍然无影无踪。也许钱包紧紧地贴在了便池的边上,或者是落在池底了吧。但是,这时小豆豆已经觉得"即便钱包没有了,也挺满意的",因为自己干了这么多的活儿。实际上,在小豆豆的满足之中,还有一点是因为"校长先生对自己做的事没有生气,很信任我,把我当作一位很有人格的人来尊重"。不过,当时的小豆豆还意识不到这么复杂的心理活动吧。

一般来说,大人们要是看到了小豆豆在做的事,会说"在干什么蠢事呢"或者"太危险了,快停下"。或者也会有态度截然不同的大人说"我来帮你吧"。但是,只说一句"弄完以后,要把这些全都放回去"的,除了校长先生,不会再有第二个人了。所以,当妈妈听小豆豆说了这件事,由衷地赞叹校长先生"真是一位了不起的人"。

经过这件事,小豆豆上厕所的时候,再也不往下看了。而且,她觉得校长先生是一位"可以真心信赖的人",所以,她比以前更加喜欢校长先生了。

小豆豆按照和校长先生约好的那样,把那座小山完全放回了原来的便池中。往外挖的时候非常吃力,但是往里送的时候却很快就干完了。然后,小豆豆用舀子铲下一层渗进了水分的泥土,也送进便池里。最后,她把地面弄平整,把混凝土的盖子盖上,一切都像原来一样,把长把舀子也照样送回工具房。

那天晚上,睡觉之前,小豆豆又想起了掉进黑暗中的漂亮钱包,还是觉得有些可惜。但是她白天干了好多活儿,已经十分疲倦了,所以很快就睡着了。

那时候,小豆豆奋战过的地面还有些潮湿,在月光下,好像是什么美丽的东西那样,闪闪地发着光。

那个美丽的钱包,也一定静静地待在某个地方。

思考与练习

一、给下面词语加点的字注音。

1. 缎子　　　　2. 麦秆　　　　3. 舀子　　　　4. 红彤彤

二、本文讲述了小豆豆一件怎样的事情? 为什么小豆豆觉得校长是一位"可以真心信赖的人"?

_____

_____

_____

三、介绍一位学习生涯中对你影响最大的老师,并结合课文谈谈自己的体会。

三十 劝 学①（节选）

荀 子

课文导读

　　全文以"学不可以已"作为贯穿全文的中心思想。围绕全文的中心分为两个部分：前一部分，论述学习的重要性；后一部分，论述学习的步骤、内容、途径等。

　　文中除少数地方直接说明道理外，几乎都运用了比喻。通过比喻阐述道理、证明论点，这是本文在写作方式上的一大特色。由于作者写作技巧很高，因此这些比喻精辟动人。如"'青'取之于蓝，而青于蓝""不积跬步，无以至千里；不积细流，无以成江海""锲而舍之，朽木不折；锲而不舍，金石可镂"等等，都被人们当作指导学习的格言。

　　君子②曰：学不可以已③。

　　青④，取之于⑤蓝⑥而青于⑦蓝；冰，水为之而寒于水。木直中绳⑧，輮⑨以⑩为轮，其曲中规⑪。虽有槁暴⑫，不复挺⑬者，輮使之然也。故木受绳⑭则直，金⑮就砺⑯则利，君子博学⑰而日⑱参省乎己⑲，则知⑳明㉑而行无过㉒矣。

---

　　① 选自《荀子·劝学篇》。《荀子》是由战国末期思想家荀况所著，本文是《荀子》一书开宗明义的第一篇。荀子（约公元前313—前238），名况，著名思想家、文学家、政治家，先秦儒家的最后代表人物，主张"人性恶"。
　　② ［君子］指有学问有修养的人。
　　③ ［已(yǐ)］停止。
　　④ ［青］靛青，一种染料。
　　⑤ ［于］从。
　　⑥ ［蓝］蓼蓝一年生草本植物。
　　⑦ ［于］比。
　　⑧ ［中(zhòng)绳］（木材）合乎拉直的墨线。木工用拉直的墨线来取直。
　　⑨ ［輮(róu)］通"煣"，用火烤使木条弯曲（一种手工艺）。
　　⑩ ［以］把……当作。
　　⑪ ［规］圆规。
　　⑫ ［虽有(yòu)槁暴(pù)］即使又晒干了。有，通"又"。槁，枯。暴，同"曝"，晒干。
　　⑬ ［挺］直。
　　⑭ ［受绳］用墨线量过。
　　⑮ ［金］指金属制的刀剑等。
　　⑯ ［就砺］拿到磨刀石上去磨。砺，磨刀石。就，动词，接近，靠近。
　　⑰ ［博学］广泛地学习。
　　⑱ ［日］每天。
　　⑲ ［参(cān)省(xǐng)乎己］每天对照反省自己。参，同"叁"，多次。省，省察。乎，介词，于。
　　⑳ ［知(zhì)］通"智"，智慧。
　　㉑ ［明］明达。
　　㉒ ［行无过］行动没有过错。

吾尝终日而①思矣，不如须臾之所学②也；吾尝跂③而望矣，不如登高之博见④也。登高而招⑤，臂非加长也，而见者远⑥；顺风而呼，声非加疾⑦也，而闻者彰⑧。假⑨舆⑩马者，非利足⑪也，而致⑫千里；假舟楫⑬者，非能水⑭也，而绝⑮江河。君子生非异⑯也，善假于⑰物⑱也。

积土成山，风雨兴⑲焉⑳；积水成渊㉑，蛟龙㉒生焉；积善成德，而神明自得，圣心备焉。故不积跬㉓步，无以㉔至千里；不积小流，无以成江海。骐骥㉕一跃，不能十步；驽马十驾㉖，功在不舍㉗。锲而舍之，朽木不折㉘；锲㉙而不舍，金石可镂㉚。蚓无爪牙之利，筋骨之强，上食埃土，下饮黄泉，用心一也㉛。蟹六跪㉜而二螯㉝，非蛇鳝

---

① [而]表修饰。
② [须臾(yú)之学]在极短的时间内所学到的东西。须臾，片刻，一会儿。
③ [跂(qǐ)]抬起脚后跟站着。
④ [博见]看见的范围广，见得广。
⑤ [招]招手。
⑥ [而见者远]意思是远处的人也能看见。而，表转折。
⑦ [疾]快，速，这里引申为"洪亮"。
⑧ [彰]明显，清楚，这里指听得更清楚。
⑨ [假]凭借，利用。
⑩ [舆]车厢，这里指车。
⑪ [利足]脚走得快。
⑫ [致]达到。
⑬ [楫]桨。
⑭ [能水]指会游泳。
⑮ [绝]横渡。
⑯ [生(xìng)非异]本性(同一般人)没有差别。生，通"性"，天赋，资质。
⑰ [于]向。
⑱ [物]外物，指各种客观条件。
⑲ [兴]起。
⑳ [焉]于之，在那里。
㉑ [渊]深水。
㉒ [蛟龙]一种似龙的生物。
㉓ [跬(kuǐ)]古代的半步。古代称跨出一脚为"跬"，跨两脚为"步"。
㉔ [无以]没有用来……的(办法)。
㉕ [骐骥]骏马，千里马。
㉖ [驽马十驾]劣马拉车连走十天(也能到达)。"驽马十驾"后漏说一句，可能是"则亦及之"。驽马，劣马。驾，马拉车一天所走的路程叫"一驾"。
㉗ [功在不舍](它的)成功在于不停止。舍，停。
㉘ [折(shé)]同"折(zhé)"，折断。
㉙ [锲(qiè)]用刀雕刻。
㉚ [金石可镂(lòu)]金，金属。石，石头。镂，原指在金属上雕刻，泛指雕刻。
㉛ [用心一也](这是)因为用心专一(的缘故)。用，以，因为。
㉜ [六跪]六条腿。蟹实际上是八条腿。跪，蟹脚。一说，海蟹后面的两条腿只能划水，不能用来走路或自卫，所以不能算在"跪"里面。
㉝ [螯]螃蟹的大钳子。

之穴无可寄托者,用心躁①也。

思考与练习

一、找出下列句中的通假字。

1. 輮以为轮

2. 虽有槁暴

3. 则知明而行无过矣

4. 君子生非异也

二、解释下面的古今异义词的含义。

1. 非能水也,而绝江河

2. 蚓无爪牙之利,筋骨之强

三、解释下列各句中"而"字的用法。

1. 吾尝终日而思矣

2. 登高而招,臂非加长也,而见者远

3. 君子博学而日参省乎己

4. 蟹六跪而二螯

四、解释下列各句中"焉"字的用法。

1. 积土成山,风雨兴焉

2. 积水成渊,蛟龙生焉

3. 积善成德,而神明自得,圣心备焉

---

① [躁]浮躁,不专心。

五、本文用了大量的比喻,请先翻译下列比喻句,并概括出该比喻句说明的具体内容。

1. 青,取之于蓝而青于蓝;冰,水为之而寒于水。

译义:_____

比喻义:_____

2. 锲而舍之,朽木不折;锲而不舍,金石可镂。

译义:_____

比喻义:_____

六、背诵全文。

三十一　师　说①

韩　愈

课文导读

　　本文是一篇议论文,明为赞许李蟠而作,实际上是抨击当时那些自恃门第高贵,看不起别人,不肯从师学习,甚至对别人从师而嘲笑的士大夫阶层。

　　作者先从老师的功能角度做演绎推理立论,再以现实存在的不良风气和孔子从师的言行作归纳推理加深论点。

　　全文结构严谨,论证有力,是古代论说文的典范。

　　古之学者②必有师。师者,所以传道③受④业⑤解惑也。人非生而知之者⑥,孰能无惑? 惑而不从师,其为惑也⑦,终不解矣。生乎吾前,其闻道也固先乎吾,吾从而师之;生乎吾后,其闻道⑧也亦先乎吾,吾从而师之⑨。吾师道也,夫庸知其年之先后生于吾乎⑩? 是故无贵无贱,无长无少,道之所存,师之所存也⑪。

　　嗟乎! 师道⑫之不传也久矣! 欲人之无惑也难矣! 古之圣人,其出人⑬也远矣,犹且从师而问焉;今之众人⑭,其下圣人也亦远矣,而耻学于师⑮。是故圣益圣,愚益愚⑯。圣人之所以为圣,愚人之所以为愚,其皆出于此乎? 爱其子,择师而教

---

①　选自《韩昌黎文集校注》,上海古籍出版社,1986 年。说,古代的一种议论文体。韩愈(768—824),字退之,河南河阳(今河南省孟州市)人,唐代著名的文学家,哲学家,古文运动的倡导者,祖籍河北昌黎,也称"韩昌黎"。

②　[学者]求学的人。

③　[道]指儒家孔子、孟轲的哲学、政治等原理、原则。

④　[受]通"授",传授。

⑤　[业]泛指古代经、史、诸子之学及古文写作。

⑥　[人非生而知之者]人不是生下来就懂得道理。之,指知识和道理。

⑦　[其为惑也]那些成为疑难问题的。

⑧　[闻道]语本《论语·里仁》:"子曰:'朝闻道,夕死可矣。'"闻,听见,引申为懂得。道,这里作动词用,学习、从师的意思。

⑨　[从而师之]跟从(他),拜他为老师。师之,即以之为师。

⑩　[夫庸知其年之先后生于吾乎]哪管他的生年是比我早还是比我晚呢? 庸,岂,哪。知,了解,知道。

⑪　[道之所存,师之所存]知识、道理存在的地方,就是老师存在的地方。

⑫　[师道]从师学习的风尚。

⑬　[出人]超出(一般)人。

⑭　[众人]普通人。

⑮　[耻学于师]以向老师学习为耻。

⑯　[是故圣益圣,愚益愚]因此圣人更加圣明,愚人更加愚昧。益,更加,越发。

之；于其身也，则耻师焉，惑矣①。彼童子之师②，授之书而习其句读③者，非吾所谓传其道解其惑者也。句读之不知，惑之不解，或师焉，或不焉④，小学而大遗⑤，吾未见其明也。巫医⑥乐师百工⑦之人，不耻相师。士大夫之族，曰师曰弟子云者，则群聚而笑之。问之，则曰："彼与彼年相若⑧也，道相似也。位卑则足羞⑨，官盛则近谀⑩。"呜呼！师道之不复⑪，可知矣。巫医乐师百工之人，君子⑫不齿⑬，今其智乃反不能及，其可怪也欤⑭！

圣人无常师⑮。孔子师郯子⑯、苌弘⑰、师襄、老聃⑱。郯子之徒，其贤不及孔子。孔子曰："三人行，则必有我师⑲。"是故弟子不必⑳不如师，师不必贤于弟子，闻道有先后，术业有专攻㉑，如是而已。

李氏子蟠㉒，年十七，好古文，六艺经传㉓皆通习之，不拘于时㉔，学于余。余

---

① [惑矣]（真）糊涂啊！

② [彼童子之师]那些教小孩子的（启蒙）老师。

③ [句读（dòu）]读，通"逗"。古代称文辞意尽处为句，语意未尽而须停顿处为读（逗），句号为圈，逗号为点。古代书籍上没有标点，老师教学童读书时要进行句读的教学。

④ [或师焉，或不（fǒu）焉]有的（指"句读之不知"这样的小事）请教老师，有的（指"惑之不解"这样的大事）却不问老师。"不"通"否"。

⑤ [小学而大遗]小的方面（句读之不知）倒要学习，大的方面（惑之不解）却放弃了。

⑥ [巫医]古代用祝祷、占卜等迷信方法或兼用药物医治疾病为业的人，连称为巫医。

⑦ [百工]泛指手工业者。

⑧ [相若]相像，差不多的意思。

⑨ [位卑则足羞]（以）地位低（的人为师），就感到耻辱。

⑩ [谀（yú）]阿谀、奉承。

⑪ [复]恢复。

⑫ [君子]古代"君子"有两层意思，一是指地位高的人，一是指品德高的人。这里用前一种意思，相当于士大夫。

⑬ [不齿]不屑与之同列，表示鄙视。齿，原指年龄，也引申为排列。幼马每年生一齿，故以齿计马岁数，也以指人的年龄。古人常依年龄长少相互排列次序。

⑭ [其可怪也欤]难道值得奇怪吗？其，语气词，起加强反问语气作用。

⑮ [圣人无常师]《论语·子张》："子贡曰'……夫子焉不学，而亦何常师之有？'"夫子，老师，指孔子。子贡说他何处不学，又为什么要有一定的老师呢！

⑯ [郯（tán）子]春秋时郯国（今山东郯城一带）国君，孔子曾向他请教过少皞（hào）氏（传说中古代帝王）时代的官职名称。

⑰ [苌（cháng）弘]东周敬王时候的大夫，孔子曾向他请教古乐。师襄，春秋时鲁国的乐官，名襄，孔子曾向他学习弹琴。师，乐师。

⑱ [老聃（dān）]即老子，春秋时楚国人，思想家，道家学派创始人。孔子曾向他请教礼仪。

⑲ [三人行，则必有我师]语本《论语·述而》："三人行，必有我师焉。择其善者而从之，其不善者而改之。"

⑳ [不必]不一定。

㉑ [术业有专攻]学问和技艺上（各）自有（各的）专门研究。攻，学习、研究。

㉒ [李氏子蟠（pán）]李蟠，唐德宗贞元十九年（803年）进士。

㉓ [六艺经传（zhuàn）]六艺的经文和传文。六艺指六经，即《诗》《书》《礼》《乐》《易》《春秋》六部儒家经典。经，六经本文。传，注解经典的著作。

㉔ [不拘于时]不被时俗所限制。时，时俗，指当时士大夫中耻于从师的不良风气。于，被。

中职语文与应用（卫生类）

嘉①其能行古道,作《师说》以贻②之。

思考与练习

一、给下列字注音。

1. 谀　　　　2. 欤　　　　3. 郯　　　　4. 苌

5. 襄　　　　6. 聃　　　　7. 蟠　　　　8. 贻

二、了解下列古今词义的变化并解释之。

1. 古之学者必有师

_____

_____

2. 句读之不知

_____

_____

3. 小学而大遗

_____

_____

4. 吾从而师之

_____

_____

5. 今之众人

_____

_____

6. 是故弟子不必不如师

_____

_____

三、用课文原文回答下列问题。

1. 老师的职能是什么?

_____

_____

---

① [嘉]赞许。
② [贻]赠送。

2. 择师的标准是什么?

3. 作者引述孔子的言行得出了什么结论?

四、下面加点的词有多种含义,联系上下文说出它们的意义和不同的用法。

1. 师

古之学者必有师
不耻相师
孔子师郯子

2. 而

小学而大遗
群聚而笑之
如是而已

3. 道

师者,所以传道、受业、解惑也
师道之不存也久矣
余嘉其能行古道

五、背诵文章第 1 段。

中职语文与应用(卫生类)

三十二　金岳霖先生[①]

汪曾祺

课文导读

　　本篇文章是作者回忆早年在西南联大里的一位"很有趣"的教授——金岳霖先生所做的一篇散文。

　　作者用平实的语言,通过描写金先生在课堂内和生活中方方面面的细节,向我们展示了一个学问渊博、风趣幽默、感情真挚的大学教授。

　　西南联大[②]有许多很有趣的教授,金岳霖先生是其中的一位。金先生是我的老师沈从文先生的好朋友。沈先生当面和背后都称他为"老金"。大概时常来往的熟朋友都这样称呼他。关于金先生的事,有一些是沈先生告诉我的。我在《沈从文先生在西南联大》一文中提到过金先生。有些事情在那篇文章里没有写进,觉得还应该写一写。

　　金先生的样子有点怪。他常年戴着一顶呢帽[③],进教室也不脱下。每一学年开始,给新的一班学生上课,他的第一句话总是:"我的眼睛有毛病,不能摘帽子,并不是对你们不尊重,请原谅。"他的眼睛有什么病,我不知道,只知道怕阳光。因此他的呢帽的前檐压得比较低,脑袋总是微微地仰着。他后来配了一副眼镜,这副眼镜一只的镜片是白的,一只是黑的。这就更怪了。后来在美国讲学期间把眼睛治好了,——好一些,眼镜也换了,但那微微仰着脑袋的姿态一直还没有改变。他身材相当高大,经常穿一件烟草黄色的麂皮[④]夹克,天冷了就在里面围一条很长的驼色的羊绒围巾。联大的教授穿衣服是各色各样的。闻一多先生有一阵穿一件式样过时的灰色旧夹袍,是一个亲戚送给他的,领子很高,袖口极窄。联大有一次在龙云的长子、蒋介石的干儿子龙绳武家里开校友会,——龙云的长媳是清华校友,闻先生在会上大骂"蒋介石,王八蛋!混蛋!"那天穿的就是这件高领窄袖的旧夹袍。朱自清先生有一阵披着一件云南赶马人穿的蓝色毡子[⑤]的一口钟。除了体育教员,教授里穿夹克的,好像只有金先生一个人。他的眼神即使是到美国治了后也还

---

　　①　选自《蒲桥集》,作家出版社,1989 年。金岳霖(1895—1984),中国哲学家、逻辑学家,是最早把现代逻辑学系统地介绍到中国来的逻辑学家之一。汪曾祺,在小说、散文、戏剧文学与艺术研究上都有建树的作家,大部分作品收录在《汪曾祺全集》中。

　　②　[西南联大]卢沟桥事变后,日本帝国主义全面发动侵华战争。为保存中华民族教育精华免遭毁灭,当时的国立北京大学、国立清华大学和私立南开大学迁入云南,联合而成西南联合大学,简称西南联大。

　　③　[呢(ní)帽]毛呢做的帽子。

　　④　[麂(jǐ)皮]一种小型鹿类的皮,质地相当柔软。

　　⑤　[毡(zhān)子]多指用于铺垫的块片毡。

是不大好,走起路来有点深一脚浅一脚。他就这样穿着黄夹克,微仰着脑袋,深一脚浅一脚地在联大新校舍的一条土路上走着。

金先生教逻辑。逻辑是西南联大规定文学院一年级学生的必修课,班上学生很多,上课在大教室,坐得满满的。在中学里没有听说有逻辑这门学问,大一的学生对这课很有兴趣。金先生上课有时要提问,那么多的学生,他不能都叫得上名字来——联大是没有点名册的,他有时一上课就宣布:"今天,穿红毛衣的女同学回答问题。"于是所有穿红衣的女同学就都有点紧张,又有点兴奋。那时联大女生在蓝阴丹士林旗袍外面套一件红毛衣成了一种风气。——穿蓝毛衣、黄毛衣的极少。问题回答得流利清楚,也是件出风头的事。金先生很注意地听着,完了,说:"Yes!请坐!"

学生也可以提出问题,请金先生解答。学生提的问题深浅不一,金先生有问必答,很耐心。有一个华侨同学叫林国达,操广东普通话,最爱提问题,问题大都奇奇怪怪。他大概觉得逻辑这门学问是挺"玄"的,应该提点怪问题。有一次他又站起来提了一个怪问题,金先生想了一想,说:"林国达同学,我问你一个问题:'Mr. 林国达 is perpendicular to the blackboard(林国达君垂直于黑板),这什么意思?"林国达傻了。林国达当然无法垂直于黑板,但这句话在逻辑上没有错误。

林国达游泳淹死了。金先生上课,说:"林国达死了,很不幸。"这一堂课,金先生一直没有笑容。

有一个同学,大概是陈蕴珍,即萧珊,曾问过金先生:"您为什么要搞逻辑?"逻辑课的前一半讲三段论,大前提、小前提、结论、周延、不周延、归纳、演绎……还比较有意思。后半部全是符号,简直像高等数学。她的意思是:这种学问多么枯燥!金先生的回答是:"我觉得它很好玩。"

除了文学院大一学生必修课逻辑,金先生还开了一门"符号逻辑",是选修课。这门学问对我来说简直是天书。选这门课的人很少,教室里只有几个人。学生里最突出的是王浩。金先生讲着讲着,有时会停下来,问:"王浩,你以为如何?"这堂课就成了他们师生二人的对话。王浩现在在美国。前些年写了一篇关于金先生的较长的文章,大概是论金先生之学的,我没有见到。

王浩和我是相当熟的。他有个要好的朋友王景鹤,和我同在昆明黄土坡一个中学教书,王浩常来玩。来了,常打篮球。大都是吃了午饭就打。王浩管吃了饭就打球叫"练盲肠"。王浩的相貌颇"土",脑袋很大,剪了一个光头,——联大同学剪光头的很少,说话带山东口音。他现在成了洋人——美籍华人,国际知名的学者,我实在想象不出他现在是什么样子。前年他回国讲学,托一个同学要我给他画一张画。

我给他画了几个青头菌、牛肝菌,一根大葱,两头蒜,还有一块很大的宣威火腿。——火腿是很少入画的。我在画上题了几句话,有一句是"以慰王浩异国乡情"。王浩的学问,原来是师承金先生的。一个人一生哪怕只教出一个好学生,也值得了。当然,金先生的好学生不止一个人。

金先生是研究哲学的,但是他看了很多小说。从普鲁斯特到福尔摩斯,都看。听说他很爱看平江不肖生的《江湖奇侠传》。有几个联大同学住在金鸡巷,陈蕴珍、王树藏、刘北汜①、施载宣(萧荻)。楼上有一间小客厅。沈先生有时拉一个熟人去给少数爱好文学、写写东西的同学讲一点什么。金先生有一次也被拉了去。他讲的题目是《小说和哲学》。题目是沈先生给他出的。大家以为金先生一定会讲出一番道理。不料金先生讲了半天,结论却是:小说和哲学没有关系。有人问:那么《红楼梦》呢?金先生说:"红楼梦里的哲学不是哲学。"他讲着讲着,忽然停下来:"对不起,我这里有个小动物。"他把右手伸进后脖领,捉出了一个跳蚤②,捏在手指里看看,甚为得意。

金先生是个单身汉(联大教授里不少光棍,杨振声先生曾写过一篇游戏文章《释鳏③》,在教授间传阅),无儿无女,但是过得自得其乐。他养了一只很大的斗鸡(云南出斗鸡)。这只斗鸡能把脖子伸上来,和金先生一个桌子吃饭。他到处搜罗大梨、大石榴,拿去和别的教授的孩子比赛。比输了,就把梨或石榴送给他的小朋友,他再去买。

金先生朋友很多,除了哲学家的教授外,时常来往的,据我所知,有梁思成、林徽因夫妇,沈从文,张奚若……君子之交淡如水,坐定之后,清茶一杯,闲话片刻而已。金先生对林徽因的谈吐才华,十分欣赏。现在的年轻人多不知道林徽因。她是学建筑的,但是对文学的趣味极高,精于鉴赏,所写的诗和小说如《窗子以外》《九十九度中》风格清新,一时无二。林徽因死后,有一年,金先生在北京饭店请了一次客,老朋友收到通知,都纳闷:老金为什么请客?到了之后,金先生才宣布:"今天是徽因的生日。"

金先生晚年深居简出。毛主席曾经对他说:"你要接触接触社会。"金先生已经八十岁了,怎么接触社会呢?他就和一个蹬平板三轮车的约好,每天蹬着他到王府井一带转一大圈。我想象金先生坐在平板三轮上东张西望,那情景一定非常有趣。王府井人挤人,熙熙攘攘④,谁也不会知道这位东张西望的老人是一位一肚子学问,为人天真、热爱生活的大哲学家。

金先生治学精深,而著作不多。除了一本大学丛书里的《逻辑》,我所知道的,还有一本《论道》。其余还有什么,我不清楚,须问王浩。

我对金先生所知甚少。希望熟知金先生的人把金先生好好写一写。

联大的许多教授都应该有人好好地写一写。

---

① [汜(sì)]从主流里面分出一个分流,然后再回到主流里面去。这个流动的过程就叫汜。

② [跳蚤(zao)]一种昆虫,寄生在人或哺乳动物身体上,吸血液。

③ [鳏(guān)]无妻或丧妻的男人。

④ [熙熙攘攘]形容人来人往,非常热闹拥挤。

思考与练习

一、给下面加点的字注音。

1. 呢帽　　　　2. 麂皮　　　　3. 逻辑　　　　4. 演绎

5. 跳蚤　　　　6. 鳏夫　　　　7. 熙攘

二、阅读全文,用自己的语言简单概括作者写了金岳霖教授哪些行事?

_____

_____

_____

_____

_____

三、作者为了使文章生动活泼,写人时用了什么笔法?

_____

_____

_____

_____

_____

四、作者主要写金岳霖先生,为什么还安排部分篇幅来写其他人的事情? 这样写有什么意义?

_____

_____

_____

_____

_____

口语交际

电话交流

案例导入

案例: 马:电话人人都会打。

马:但是打电话的时候尽量得节约时间。

郭:对。

……

马:我那天在长安街上,我碰见一位……约他的朋友去听戏去……连来带去,他打了两个多小时。

……

马:你贵姓呀? 嗯? 老胡同志呀。

马:哎哟…嗯? 不是老胡。

马:哦,老张呀。

马:哎哟,我没听出…嗯? 不是老张? 老刘呀! 嗨…嗯? 不是老刘?

郭:还不对呀?

马:哦,你是耗子呀。

马:那人外号叫耗子。

马:四害之一呀,呵呵! 哦,出来接电话来啦。哦,好呀,前些日子消灭四害你没敢出来吧。

郭:他怕人给他逮了去。

马:逗着玩。啊? 我是谁? 我是谁你不知道啊。

郭:那他哪知道呀。

马:不知道你猜猜。

郭:猜?

马:猜不着? 使劲猜!

郭:使劲猜?

马:真猜不着? 猜不着我告诉你呀。

郭:那你告诉人家吧。

马:我姓罗,我叫罗嗦。

……

马:我找小王讲话。嗯。我的未婚妻呀!

……

(根据小品《打电话》整理文字)

导入:《打电话》是一段惹人发笑、发人深省的相声,它讽刺了一个在公用电话亭打电话,缺乏公共道德的年轻人。一句话就能说清楚的小事,被这个人东拉西扯说了两个多小时,既耽误了自己的事,又浪费了别人的时间。这段相声采用夸张的手法,对那些时间观念不强、说话啰啰唆唆、废话连篇、缺乏公共道德的人给予了辛辣绝妙的讽刺。

电话交流的礼仪

一、打电话礼仪

1. 时间和空间的选择

接电话没有什么时间限制,但主动打电话,是有时间选择的。一般情况下要遵循"三不打"和"三必打"原则:清晨不打(早7:00以前)、夜里不打(9:00以后)、吃饭时间不打;"三必打"是指上班1小时后、中午下班前、下午下班前。因公打电话一般要避开节假日和周末。

关于打电话的空间选择,一般选比较私密的场合,在电影院、音乐厅等公众场合,切忌无所顾忌地大声喧哗。

尤其注意,不要占用公用电话谈个人私事,更不允许在工作时间用电话与亲朋好友聊天。

2. 通话时间长度

通话时间的长度,一般由谈话内容决定。在拨打电话之前,先把所要表达的内容准备好,尤其在和陌生人第一次通话,或者与客户、领导通话前,最好先列出几条主要内容写在手边的纸上,以免对方接通电话后,由于紧张或者兴奋忘了自己要讲的内容。

3. 打电话谁先挂

一般来说,在社交场合中有这么一条规则:晚辈和长辈打电话,长辈先挂,同辈的人,年龄大的先挂;和领导打电话一般是领导先挂;如果是请求和被请求的关系,那被请求的人先挂。

4. 接通的礼仪

电话拨通后,应先说"您好",问对方的身份和信息。如果是因公电话,那么得到明确答复后,再报自己的单位和名字。

二、接电话礼仪

(1)听到电话铃响,若口中正嚼东西,不要立即接听电话,等吐出东西再接;若正嬉笑或争执,一定要等情绪平稳后再接电话。

（2）及时接电话，不要太早也不要太晚。一般情况下铃声响过三声接电话。讲电话的声音不要过大，话筒离口的距离不要过近或过远。

（3）如果本人在场，不要让别人帮你接电话。

三、手机的使用

如今，手机的使用已大大超越了打电话的通话交流基本功能。拍照、多媒体播放器、高速网络浏览器、GPS 导航仪、无线连接、微博、微信……越来越丰富的功能被加载到手机上，它也确实给我们的生活带来了很多方便。

使用手机应该注意：开车时不打手机，飞机上、加油站、病房内均不得使用电话。公共场所如在电影院、音乐厅等地手机要改设成震动。

值得一提的是不要用手机和别人开玩笑。一般情况下不要向别人借手机打电话。

练一练

1. 谈一谈在日常生活中，电话使我们的生活发生了怎样的变化？

_____

_____

_____

_____

2. 如果你是某装修公司的业务员，当王先生在某小区有一套新房要装修时，要怎样在打电话的开头就让王先生对你的公司感兴趣呢？

_____

_____

_____

_____

写作训练

调查报告的格式

调查报告的格式

一、标题

（1）规范化的标题格式，基本格式为"××关于××××的调查报告""关于××××的调查报告""××××调查"等。

（2）自由式标题，包括陈述式、提问式和正副标题结合式三种。陈述式如《东北师范大学毕业生就业情况调查》；提问式如《为什么大学毕业生择业倾向沿海和京津地区》；正副标题结合式，正标题陈述调查报告的主要结论或提出中心问题，副标题表明调查的对象、范围、问题，如《高校发展重在学科建设——××××大学学科建设实践调查》等。

二、列出调查的主要内容

调查的主要内容包括调查时间、调查地点、调查对象、调查方法、调查人员、调查分工（以小组形式的，每小组人数不得超过 3 人）。

三、报告正文

正文一般分前言、主体、结尾三部分。

1. 前言

前言一般有三种写法。第一种写明调查的起因或目的、时间和地点、对象或范围、经过与方法，以及人员组成等调查本身的情况，从中引出中心问题或基本结论；第二种写明调查对象的历史背景、大致发展经过、现实状况、主要成绩、突出问题等基本情况，进而提出中心问题或主要观点；第三种是开门见山式，直接概括出调查的结果，如肯定做法、指出问题、提示影响、说明中心内容等。前言起到画龙点睛的作用，要精练概括，直切主题。

2. 主体结构

这是调查报告最主要的部分。调查报告的内容大体有标题、导语、概况介绍、资料统计、理性分析、总结和结论或对策、建议，以及所附的材料等。正文是调查报告的主体。它对调查得来的事实和有关材料进行叙述，对材料进行分析、议论，对调查研究的结果和结论进行说明。

3. 结尾

结尾的写法也比较多，可以提出解决问题的方法、对策或下一步改进工作的建议；或总结全文的主要观点，进一步深化主题；或提出问题，引发人们的进一步思考；或展望前景，发出鼓舞和号召。

范文赏析

××学校学生对专业的了解情况以及志愿选择调查报告

一、调查时间：××××年

二、调查地点：××学校

三、调查对象

1. 学生：××级全体学生

2. 学校老师：×××、×××、×××、×××

（注：该校所调查的班级来自市区、县城、农村的学生比例相当。）

四、调查方法

（一）××级学生对专业的了解情况的调查问卷

1. 您是否做过职业测试：

A. 是　　　　　B. 否

⋮

（二）××级学生对志愿选择的调查问卷

1. 结合自己的性格特点和兴趣爱好，您了解自己适合学习怎么样的专业吗？
（　　）

A. 很清楚　　　B. 比较清楚　　　C. 不太清楚　　　D. 几乎不清楚

⋮

五、分析

从以上可以看出，将近67%的人不了解或几乎不了解自己究竟适合就读怎样的专业。那么，这究竟是由于对自己性格不了解还是由于对专业不熟悉，或是对性格与专业之间的联系不清楚而导致的？

性格是一个人对周围现实的稳固态度，以及与之适应的习惯了的行为的一种个性心理特征。性格是在生活中逐渐形成的，经历一个漫长的过程，这一点与气质是不同的，要改变一个人的性格很难，即便要改也要经过很长时间的努力。

因此，在选择自己所学的专业时，最好的办法不是选定了专业后再改变自己的性格，而是根据自己的性格选择适合自己的专业。这样可少走弯路，避免毕业后在找工作的时候才发现对工作环境或工作类型不满意。从上面的数据可以发现，有将近一半以上的人对自己目前所在的专业情况还不是很清楚，通过调查发现：只有极少数的人对自己喜欢的专业很了解，甚至对将要学习、工作和研究的方向都有所了解。这部分人主要是来自市区、县城的条件好的家庭和学生成绩优异的农村家庭。

填报志愿的时候，有15个人会听从父母的建议，有30个人会听取老师的意见，另外有94个人会根据自己的喜好或者专业前景进行选择。这种情况可能与每个人获取专业信息的途径有关，自己主动去搜索信息的同学，根据自己的学习状况，一般情况下，会选择自己所喜欢的学校和专业。另外，一部分人从父母那里获得的相关信息很少，可能与同学父母的受教育程度、工作繁忙程度有关。

五、结论

中考是人生的转折。然而，中考过后，硝烟却没有散尽，被人们称为"第二次中考"的志愿填报，同样有着不容忽视的重要作用。我们的专业选择合适与否对自己将来的人生有着很大的决定作用。在这个填报志愿的岔路口，我们应该正确指导学生选择适合自己的学校和专业。

练一练

根据你所学的专业对全校同学进行调查，整理资料后写一篇调查报告。

附：调查报告的组成部分
（1）问题的提出；（2）调查；（3）分析；（4）结论；（5）建议。

我爱我的专业

了解专业

活动目的

(1) 学习设计调查表并发放、回收、统计,最后从统计中总结出结论,写调查报告;

(2) 通过确立调查主题、设计调查表、写调查报告,提高学生对信息的分析、整合能力;

(3) 培养学生团结协作的意识和相互合作的能力。

活动准备

一、任务准备

(1) 学生自由组合成调查小组,确定调查主题然后推选出小组长,并明确小组中各人员的分工。

(2) 以小组为单位制作调查问卷,如以"我校护生对专业了解情况的调查"为主题(附护生专业意识调查问卷,供学生参考,见附件)。

二、任务搜集

(1) 打印"护生专业意识调查问卷",分别到不同班级做调查,并收回调查问卷。

(2) 将搜集到的各种资料、数据汇总。

三、任务制作

(1) 制作PPT,内容包括调查报告。

(2) 将采访过程制成视频。

(3) 各小组交流确定汇报展示的方式(讲故事、演话剧、说感受、诗歌朗诵等)。

活动过程

一、激发兴趣,明确任务

以"名人知多少"知识问答形式,激发学生的学习兴趣。

二、小组展示调查成果

(1) 每个小组分别选派一名代表上台展示本组的调查报告。

（2）随机抽出6位同学做裁判,评出最佳调查报告。

三、视频展示:"我眼中的名人"

（1）抽签决定上台展示的小组顺序;

（2）各个小组选出一名同学担任评委;

（3）教师点评,并评出表现最好的小组。

附:

护生专业意识调查问卷

1. 您是否做过职业测试: （　）
   A. 是　　　　　　　　　　B. 否

2. 您对护理本科专业是否已有所了解: （　）
   A. 了解　　　　　　　　　B. 略有所知　　　　　　C. 不了解

3. 在您就读初中时是否有关于职业导向的课程: （　）
   A. 有　　　　　　　　　　B. 没有

4. 在招生简章中是否对护理专业的相关介绍: （　）
   A. 有,很具体　　　　　　B. 有,但不具体　　　　　C. 没有

5. 您是如何看待护理专业的: （　）
   A. 值得就读　　　　　　　B. 没有多大意思　　　　C. 不值得就读

6. 选择护理专业是您的: （　）
   A. 第一志愿　　　　　　　B. 第二、三志愿　　　　C. 调剂

7. 之所以选择护理专业是因为: （　）
   A. 喜欢　　　　　　　　　B. 亲友推荐
   C. 工作好找　　　　　　　D. 其他

8. 是否曾打算毕业后效力于其他行业: （　）
   A. 是　　　　　　　　　　B. 否

在您入学后:

9. 学校在提高专业意识方面的工作: （　）
   A. 有,很到位　　　　　　B. 有,但不多　　　　　　C. 没有

10. 您认为这些工作是否对你起到作用: （　）
    A. 是的,效果明显　　　　B. 效果不显著　　　　　C. 毫无作用

11. 您认为这样的工作是否有必要: （　）
    A. 很有必要　　　　　　　B. 可有可无　　　　　　C. 没有必要

12. 学校老师的言行对您在专业意识方面的认识是否起到作用: （　）
    A. 作用积极　　　　　　　B. 作用不大
    C. 没有作用　　　　　　　D. 反作用

13. 您现在对护理行业的看法是： （　　）

A. 喜欢　　　　　　　　B. 一般　　　　　　　　C. 不喜欢

14. 您现在是否后悔就读该专业： （　　）

A. 非常后悔　　　　　　B. 有点后悔　　　　　　C. 一点也不后悔

15. 您自认为现在的学习状态是： （　　）

A. 认真积极的

B. 较被动,抱着混日子的想法

C. 很消极,不太想上学

16. 如果在你正要下班时,看到老师正忙着接手术回来的病人,您是否会主动留下来帮忙? （　　）

A. 会主动留下

B. 不会主动留下,老师叫才留下

C. 乘老师不注意赶快溜掉

17. 您在毕业后对于自己的工作岗位： （　　）

A. 满足现状　　　　　　B. 继续自学深造

18. 您在毕业后的两三年内是否会从事护理工作： （　　）

A. 会　　　　　　　　　B. 视情形而定　　　　　C. 不会

19. 您现在是否已有以后要转行的打算： （　　）

A. 有　　　　　　　　　B. 暂时不考虑　　　　　C. 没有

20. 以后若有机会是否会转行： （　　）

A. 会　　　　　　　　　B. 视情形而定　　　　　C. 不会

希望，扬起远航的红帆

　　"沉舟侧畔千帆过，病树前头万木春。"白居易虽然被贬远迁，但困苦失意时也不消沉，而是洋溢着对未来的无限希望和热情。苏东坡贬至荒岛九死一生却乐观豁达，超然物外，希冀着"参横斗转欲三更，苦雨终风也解晴"后的乌云散尽。

　　鲁迅曾经说过："希望是附着于存在的，有存在，便有希望，有希望，便是光明。"西班牙思想家松苏内吉也曾说过："我唯一不能缺少的东西就是希望。"一旦有了希望，哪怕是万分之一的可能，顽强的人也会在黑暗中看到生命的光芒，在绝境中新生力挽狂澜的勇气。

　　生活中，我们缺少的往往就是这种等待和耐心。美国百货巨子甘布士最后一分钟抓住了去纽约的机会，成功走上了奋斗之路。轮椅上的张海迪用尽全身力量去呐喊新的希望，摆脱了死神的纠缠。史学家司马迁抱着完成巨著的希望，强忍着酷刑带来的痛苦……

　　幽闭在盲聋哑世界里的海伦·凯勒用生命的全部力量在奔走奋斗，以惊人的毅力面对困境，最后被美国《时代周刊》评选为20世纪美国十大英雄偶像。创造这一奇迹，全靠一颗不屈不挠的心，只因心中有着"假如给我三天光明"的希望。同样是残疾人的史铁生，在无法改变命运的轨迹时，他在轮椅中思索"我与地坛"的生命意义，在顾影自怜中找到了人生的希望，并完成了自我超越。李白在仕途失意时满腹惆怅，但依然能意气风发，在《将进酒》中引吭高歌"天生我材必有用，千金散尽还复来"。苏轼被贬黄州时感叹自己怀才不遇，但也能踌躇满志，将"人生如梦，一樽还酹江月"的信念寄情于《念奴娇·赤壁怀古》中。人生不可能永远一帆风顺，当处于困境时，带着希望去耕耘就一定可以看到曙光，栗良平的《一碗清汤荞麦面》里一家人顽强走出困境的历程给了我们爱的启示。

　　我们有过懵懂，我们有过无知，我们曾经任性，但我们开始成熟，学会思索，逐渐进步。春天，我们开始用心播下希望的种子；夏天，我们努力浇水施肥；秋天，我们在这片"金色地带"收获回报；而冬天，让我们整理行装，再次出发。

三十三 再塑生命的人①

[美]海伦·凯勒

课文导读

本文以翔实细腻的笔触描写了一个盲聋人的奋斗历程。这种自强不息的精神使得海伦·凯勒成为历史上最鼓舞人心的人物之一。

从早年的懵懂无知,到与安妮·莎莉文建立起沉厚的师生情谊,再到难以忘怀的学院生活,通过海伦朴实无华的文字我们领略到她惊人的智慧和伟大的人格。

透过这些,我们看到了一种精神——坚韧不拔的精神,自我超脱的精神,追寻美和崇高的精神,这也正是引导人类迈向未来的精神。

老师安妮·莎莉文来到我家的这一天,是我一生中最重要的一天。这是1887年3月3日,当时我才6岁零9个月。回想此前和此后截然不同的生活,我不能不感叹万分。

那天下午,我默默地站在走廊上。从母亲的手势以及家人匆匆忙忙的样子,猜想一定有什么不寻常的事要发生。因此,我安静地走到门口,站在台阶上等待着。

下午的阳光穿透遮满阳台的金银花叶子,照射到我仰着的脸上。我的手指搓捻着花叶,抚弄着那些为迎接南方春天而绽开的花朵。我不知道未来将有什么奇迹会发生,当时的我,经过数个星期的愤怒、苦恼,已经疲倦不堪了。

朋友,你可曾在茫茫大雾中航行过,在雾中神情紧张地驾驶着一条大船,小心翼翼地缓慢地向对岸驶去? 你的心怦怦直跳,惟恐意外发生。在未受教育之前,我正像大雾中的航船,既没有指南针也没有探测仪,无从知道海港已经非常临近。我心里无声地呼喊着:"光明! 光明! 快给我光明!"恰恰正在此时,爱的光明照在了我的身上。

我觉得有脚步向我走来,以为是母亲,我立刻伸出双手。一个人握住了我的手,把我紧紧地抱在怀中。我似乎能感觉得到,她就是那个来对我启示世间的真理、给我深切的爱的人——安妮·莎莉文老师。

---

① 选自《假如给我三天光明》,李汉昭译,华文出版社,2002年。海伦·凯勒(1880—1968),美国女作家、教育家,19个月时患病,两耳失聪,双目失明。1964年其被授予美国公民最高荣誉——总统自由勋章,次年被推举为世界十大杰出妇女之一。

第二天早晨,莎莉文老师带我到她的房间,给了我一个洋娃娃。后来我才知道,那是柏金斯盲人学校的学生赠送的。衣服是由年老的萝拉亲手缝制的。我玩了一会儿洋娃娃,莎莉文小姐拉起我的手,在手掌上慢慢地拼写"DOLL"这个词,这个举动让我对手指游戏产生了兴趣,并且模仿在她手上画。当我最后能正确地拼写这个词时,我自豪极了,高兴得脸都涨红了,立即跑下楼去,找到母亲,拼写给她看。

　　我并不知道这就是在写字,甚至也不知道世界上有文字这种东西。我不过是依样画葫芦模仿莎莉文老师的动作而已。从此以后,以这种不求甚解的方式,我学会了拼写"针"(PIN)、"杯子"(CUP),以及"坐"(SIT)、"站"(STAND)、"行"(WALK)这些词。世间万物都有自己的名字,是在老师教了我几个星期以后,我才领悟到的。

　　有一天,莎莉文小姐给我一个更大的新洋娃娃,同时也把原来那个布娃娃拿来放在我的膝上,然后在我手上拼写"DOLL"这个词,用意在于告诉我这个大的布娃娃和小布娃娃一样都叫做"DOLL"。

　　这天上午,我和莎莉文老师为"杯"和"水"这两个字发生了争执。她想让我懂得"杯"是"杯","水"是"水",而我却把两者混为一谈,"杯"也是"水","水"也是"杯"。她没有办法,只好暂时丢开这个问题,重新练习布娃娃"DOLL"这个词。我实在有些不耐烦了,抓起新洋娃娃就往地上摔,把它摔碎了,心中觉得特别痛快。发这种脾气,我既不惭愧,也不悔恨,我对洋娃娃并没有爱。在我的那个寂静而又黑暗的世界里,根本就不会有温柔和同情。莎莉文小姐把可怜的洋娃娃的碎布扫到炉子边,然后把我的帽子递给我,我知道又可以到外面暖和的阳光里去了。

　　我们沿着小路散步到井房,房顶上盛开的金银花芬芳扑鼻。莎莉文老师把我的一只手放在喷水口下,一股清凉的水在我手上流过。她在我的另一只手上拼写"WATER"——"水"字,起先写得很慢,第二遍就写得快一些。我静静地站着,注意她手指的动作。突然间,我恍然大悟,有股神奇的感觉在我脑中激荡,我一下子理解了语言文字的奥秘了,知道了"水"这个字就是正在我手上流过的这种清凉而奇妙的东西。

　　水唤醒了我的灵魂,并给予我光明、希望、快乐和自由。

　　井房的经历使我求知的欲望油然而生。啊! 原来宇宙万物都各有名称,每个名称都能启发我新的思想。我开始以充满新奇的眼光看待每一样东西。回到屋里,碰到的东西似乎都有了生命。我想起了那个被我摔碎的洋娃娃,摸索着来到炉子跟前,捡起碎片,想把它们拼凑起来,但怎么也拼不好。想起刚才的所作所为,我悔恨莫及,两眼浸满了泪水,这是生平第一次。

　　那一天,我学会了不少字,譬如"父亲"(FATHER)、"母亲"(MOTHER)、"妹妹"（SISTER）、"老师"（TEACHER）等。这些字使整个世界在我面前变得花团锦簇①，美不胜收②。记得那个美好的夜晚，我独自躺在床上，心中充满了喜悦，企盼着新的一天快些来到。啊！世界上还有比我更幸福的孩子吗？

思考与练习

一、圈出下列词语中的错别字，并写出正确的字。

1. 由然而生　　　2. 悔恨莫即　　　3. 疲倦不勘

4. 小心依依　　　5. 美不胜搜　　　6. 谜惑不解

二、适当地运用修辞手法，能增强语言的表现力，使表达更为生动形象。试分析下列句子用了哪些修辞方法，并结合具体语境说明其作用。

1. 我心里无声地呼喊着："光明！光明！快给我光明！"恰恰正在这时，爱的光明照在了我的身上。

_____

_____

_____

2. 这些字使整个世界在我面前变得花团锦簇，美不胜收。

_____

_____

_____

三、莎莉文以她无私的爱重塑了海伦·凯勒的生命，在文中找出相关的语句，并在朗读中体会它的含义。

_____

_____

_____

_____

① ［花团锦簇］形容五彩缤纷、十分华丽的形象。
② ［美不胜收］美好的东西太多，一时接受不完（看不过来）。

四、每个人的人生经历中都会有许多与爱有关的故事,回忆一下,与同学交流分享。

_____

_____

_____

_____

三十四　我与地坛^①（节选）

史铁生

课文导读

这是一篇带有浓厚自传色彩和哲理色彩的散文。作者史铁生以自己的亲身经历为基础，叙述了他多年来在体坛公园沉思流连所体味到的人生百态和对命运的感悟，讲述的中心是人该怎样来看待生命中的苦难。

作者最终由对个人严酷命运的反思上升到对生命永恒流变的思考，超越了个体生命中有限的必然，把自己的沉思带入到生命全体的融会之中。

一

我在好几篇小说中都提到过一座废弃的古园，实际就是地坛。许多年前旅游业还没有开展，园子荒芜冷落得如同一片野地，很少被人记起。

地坛离我家很近。或者说我家离地坛很近。总之，只好认为这是缘分。地坛在我出生前四百多年就坐落在那儿了，而自从我的祖母年轻时带着我父亲来到北京，就一直住在离它不远的地方——五十多年间搬过几次家，可搬来搬去总是在它周围，而且是越搬离它越近了。我常觉得这中间有着宿命的味道：仿佛这古园就是为了等我，而历尽沧桑^②在那儿等待了四百多年。

它等待我出生，然后又等待我活到最狂妄的年龄上忽地残废了双腿。四百多年里，它一面剥蚀^③了古殿檐头浮夸的琉璃，淡褪了门壁上炫耀的朱红，坍圮^④了一段段高墙又散落了玉砌雕栏，祭坛四周的老柏树愈见苍幽，到处的野草荒藤也都茂盛得自在坦荡。这时候想必我是该来了。十五年前的一个下午，我摇着轮椅进入园中，它为一个失魂落魄的人把一切都准备好了。那时，太阳循着亘古不变^⑤的路途正越来越大，也越红。在满园弥漫的沉静光芒中，一个人更容易看到时间，并看见自己的身影。

自从那个下午我无意中进了这园子，就再没长久地离开过它。我一下子就理

---

①　选自《当代艺术散文精粹》，北京十月文艺出版社，1996年。全文共七节，这里节选一、二节，写于1989年5月。史铁生（1951—2010），北京人，著名小说家、散文家。

②　[沧（cāng）桑]"沧海桑田"的略写，比喻世事变化很大。

③　[剥蚀（bō shí）]物质表面因风化而损坏；侵蚀。

④　[坍圮（tān pǐ）]因倒塌而毁坏。坍，倒塌。圮，毁坏。

⑤　[亘（gèn）古不变]自古以来一直都没变化。

解了它的意图。正如我在一篇小说中所说的："在人口密集的城市里,有这样一个宁静的去处,像是上帝的苦心安排。"

两条腿残废后的最初几年,我找不到工作,找不到去路,忽然间几乎什么都找不到了,我就摇了轮椅总是到它那儿去,仅为着那儿是可以逃避一个世界的另一个世界。我在那篇小说中写道："没处可去我便一天到晚耗在这园子里。跟上班下班一样,别人去上班我就摇了轮椅到这儿来。""园子无人看管,上下班时间有些抄近路的人们从园中穿过,园子里活跃一阵,过后便沉寂下来。""园墙在金晃晃的空气中斜切下一溜阴凉,我把轮椅开进去,把椅背放倒,坐着或是躺着,看书或者想事,撅一权树枝左右拍打,驱赶那些和我一样不明白为什么要来这世上的小昆虫。""蜂儿如一朵小雾稳稳地停在半空;蚂蚁摇头晃脑捋①着触须,猛然间想透了什么,转身疾行而去;瓢虫爬得不耐烦了,累了,祈祷一回便支开翅膀,忽悠一下升空了;树干上留着一只蝉蜕,寂寞如一间空屋;露水在草叶上滚动,聚集,压弯了草叶轰然坠地摔开万道金光。""满园子都是草木竞相生长弄出的响动,窸窸窣窣片刻不息。"这都是真实的记录,园子荒芜但并不衰败。

除去几座殿堂我无法进去,除去那座祭坛我不能上去而只能从各个角度张望它,地坛的每一棵树下我都去过,差不多它的每一米草地上都有过我的车轮印。无论是什么季节,什么天气,什么时间,我都在这园子里呆过。有时候呆一会儿就回家,有时候就呆到满地上都亮起月光。记不清都是在它的哪些角落里了,我一连几小时专心致志地想关于死的事,也以同样的耐心和方式想我为什么要出生。这样想了好几年,最后事情终于弄明白了:一个人,出生了,这就不再是一个可以辩论的问题,而只是上帝交给他的一个事实;上帝在交给我们这件事实的时候,已经顺便保证了它的结果,所以死是一件不必急于求成的事,死是一个必然会降临的节日。这样想过后我安心多了,眼前的一切不再那么可怕。比如你起早熬夜准备考试的时候,忽然想起有一个长长的假期在前面等待你,你会不会觉得轻松一点? 庆幸并且感激这样的安排?

剩下的就是怎样活的问题了,这却不是在某一个瞬间就能完全想透的,不是能够一次性解决的事,怕是活多久就要想它多久了,就像是伴你终生的魔鬼或恋人。所以,十五年了,我还是总得到那古园里去,去它的老树下或荒草边或颓墙旁,去默坐,去呆想,去推开耳边的嘈杂理一理纷乱的思绪,去窥看自己的心魂。十五年中,这古园的形体被不能理解它的人肆意雕琢,幸好有些东西是任谁也不能改变它的。譬如祭坛石门中的落日,寂静的光辉平铺的一刻,地上的每一个坎坷都被映照得灿烂;譬如在园中最为落寞的时间,一群雨燕便出来高歌,把天地都叫喊得苍凉;譬如冬天雪地上孩子的脚印,总让人猜想他们是谁,曾在哪儿做过些什么,然后又都到哪儿去了;譬如那些苍黑的古柏,你忧郁的时候它们镇静地站在那儿,你欣喜的时

---

① ［捋(luō)］用手指顺着抹过去。

候它们依然镇静地站在那儿,它们没日没夜地站在那儿,从你没有出生一直站到这个世界上又没了你的时候;譬如暴雨骤临园中,激起一阵阵灼烈而清纯的草木和泥土的气味,让人想起无数个夏天的事件;譬如秋风忽至,再有一场早霜,落叶或飘摇歌舞或坦然安卧,满园中播散着熨帖①而微苦的味道。味道是最说不清楚的。味道不能写只能闻,要你身临其境去闻才能明了。味道甚至是难于记忆的,只有你又闻到它你才能记起它的全部情感和意蕴。所以我常常要到那园子里去。

二

现在我才想到,当年我总是独自跑到地坛去,曾经给母亲出了一个怎样的难题。

她不是那种光会疼爱儿子而不懂得理解儿子的母亲。她知道我心里的苦闷,知道不该阻止我出去走走,知道我要是老呆在家里结果会更糟,但她又担心我一个人在那荒僻的园子里整天都想些什么。我那时脾气坏到极点,经常是发了疯一样地离开家,从那园子里回来又中了魔似的什么话都不说。母亲知道有些事不宜问,便犹犹豫豫地想问而终于不敢问,因为她自己心里也没有答案。她料想我不会愿意她跟我一同去,所以她从未这样要求过,她知道得给我一点独处的时间,得有这样一段过程。她只是不知道这过程得要多久,和这过程的尽头究竟是什么。每次我要动身时,她便无言地帮我准备,帮助我上了轮椅车,看着我摇车拐出小院;这以后她会怎样,当年我不曾想过。

有一回我摇车出了小院;想起一件什么事又返身回来,看见母亲仍站在原地,还是送我走时的姿势,望着我拐出小院去的那处墙角,对我的回来竟一时没有反应。待她再次送我出门的时候,她说:"出去活动活动,去地坛看看书,我说这挺好。"许多年以后我才渐渐听出,母亲这话实际上是自我安慰,是暗自的祷告,是给我的提示,是恳求与嘱咐。只是在她猝然②去世之后,我才有余暇设想。当我不在家里的那些漫长的时间,她是怎样心神不定坐卧难宁,兼着痛苦与惊恐与一个母亲最低限度的祈求。现在我可以断定,以她的聪慧和坚忍,在那些空落的白天后的黑夜,在那不眠的黑夜后的白天,她思来想去最后准是对自己说:"反正我不能不让他出去,未来的日子是他自己的,如果他真的要在那园子里出了什么事,这苦难也只好我来承担。"在那段日子里——那是好几年长的一段日子,我想我一定使母亲做过了最坏的准备了,但她从来没有对我说过:"你为我想想。"事实上我也真的没为她想过。那时她的儿子还太年轻,还来不及为母亲想,他被命运击昏了头,一心以为自己是世上最不幸的一个,不知道儿子的不幸在母亲那儿总是要加倍的。她有一个长到二十岁上忽然截瘫了的儿子,这是她惟一的儿子;她情

---

① [熨(yù)帖]心里平静。
② [猝(cù)然]突然,出乎意外。

愿截瘫的是自己而不是儿子,可这事无法代替;她想,只要儿子能活下去哪怕自己去死呢也行,可她又确信一个人不能仅仅是活着,儿子得有一条路走向自己的幸福;而这条路呢,没有谁能保证她的儿子终于能找到。——这样一个母亲,注定是活得最苦的母亲。

有一次与一个作家朋友聊天,我问他学写作的最初动机是什么?他想了一会说:"为我母亲。为了让她骄傲。"我心里一惊,良久无言。回想自己最初写小说的动机,虽不似这位朋友的那般单纯,但如他一样的愿望我也有,且一经细想,发现这愿望也在全部动机中占了很大比重。这位朋友说:"我的动机太低俗了吧?"我光是摇头,心想低俗并不见得低俗,只怕是这愿望过于天真了。他又说:"我那时真就是想出名,出了名让别人羡慕我母亲。"我想,他比我坦率。我想,他又比我幸福,因为他的母亲还活着。而且我想,他的母亲也比我的母亲运气好,他的母亲没有一个双腿残废的儿子,否则事情就不这么简单。

在我的头一篇小说发表的时候,在我的小说第一次获奖的那些日子里,我真是多么希望我的母亲还活着。我便又不能在家里呆了,又整天整天独自跑到地坛去,心里是没头没尾的沉郁和哀怨,走遍整个园子却怎么也想不通:母亲为什么就不能再多活两年?为什么在她儿子就快要碰撞开一条路的时候,她却忽然熬不住了?莫非她来此世上只是为了替儿子担忧,却不该分享我的一点点快乐?她匆匆离我去时才只有四十九呀!有那么一会儿,我甚至对世界对上帝充满了仇恨和厌恶。后来我在一篇题为《合欢树》的文章中写道:"我坐在小公园安静的树林里,闭上眼睛,想,上帝为什么早早地召母亲回去呢?很久很久,迷迷糊糊的我听见了回答:'她心里太苦了,上帝看她受不住了,就召她回去。'我似乎得了一点安慰,睁开眼睛,看见风正从树林里穿过。"小公园,指的也是地坛。

只是到了这时候,纷纭①的往事才在我眼前幻现得清晰,母亲的苦难与伟大才在我心中渗透得深彻。上帝的考虑,也许是对的。

摇着轮椅在园中慢慢走,又是雾罩的清晨,又是骄阳高悬的白昼,我只想着一件事:母亲已经不在了。在老柏树旁停下,在草地上在颓墙边停下,又是处处虫鸣的午后,又是鸟儿归巢的傍晚,我心里只默念着一句话:可是母亲已经不在了。把椅背放倒,躺下,似睡非睡挨到日没,坐起来,心神恍惚②,呆呆地直坐到古祭坛上落满黑暗然后再渐渐浮起月光,心里才有点明白,母亲不能再来这园中找我了。

曾有过好多回,我在这园子里呆得太久了,母亲就来找我。她来找我又不想让我发觉,只要见我还好好地在这园子里,她就悄悄转身回去,我看见过几次她的背影。我也看见过几回她四处张望的情景,她视力不好,端着眼镜像在寻找海上的一

---

① [纷纭]多而杂乱(指言论、事情方面)。
② [恍惚(huǎng hū)]神志不清,精神不集中。

条船,她没看见我时我已经看见她了,待我看见她也看见我了我就不去看她,过一会我再抬头看她就又看见她缓缓离去的背影。我单是无法知道有多少回她没有找到我。有一回我坐在矮树丛中,树丛很密,我看见她没有找到我;她一个人在园子里走,走过我的身旁,走过我经常呆的一些地方,步履茫然又急迫。我不知道她已经找了多久还要找多久,我不知道为什么我决意不喊她——但这绝不是小时候的捉迷藏,这也许是出于长大了的男孩子的倔强或羞涩?但这倔强留给我痛悔,丝毫也没有骄傲。我真想告诫所有长大了的男孩子,千万不要跟母亲来这套倔强,羞涩就更不必,我已经懂了可我已经来不及了。

儿子想使母亲骄傲,这心情毕竟是太真实了,以致使"想出名"这一声名狼藉①的念头也多少改变了一点形象。这是个复杂的问题,且不去管它了罢。随着小说获奖的激动逐日暗淡,我开始相信,至少有一点我是想错了:我用纸笔在报刊上碰撞开的一条路,并不就是母亲盼望我找到的那条路。年年月月我都到这园子里来,年年月月我都要想,母亲盼望我找到的那条路到底是什么。母亲生前没给我留下过什么隽永的哲言,或要我恪守②的教诲,只是在她去世之后,她艰难的命运,坚忍的意志和毫不张扬的爱,随光阴流转,在我的印象中愈加鲜明深刻。

有一年,十月的风又翻动起安详的落叶,我在园中读书,听见两个散步的老人说:"没想到这园子有这么大。"我放下书,想,这么大一座园子,要在其中找到她的儿子,母亲走过了多少焦灼③的路。多年来我头一次意识到,这园中不单是处处都有过我的车辙,有过我的车辙的地方也都有过母亲的脚印。

思考与练习

一、解释下列词语。

1. 亘古不变　　　　2. 玉砌雕栏　　　　3. 失魂落魄　　　　4. 窸窸窣窣

5. 肆意雕琢　　　　6. 身临其境　　　　7. 心神恍惚　　　　8. 步履蹒跚

二、圈出下列词语中书写错误的字,并写出正确的字。

1. 坍杞　　　　　　2. 历尽仓桑　　　　　　3. 竟相生长

4. 痛侮　　　　　　5. 急与求成　　　　　　6. 格守

---

① ［声名狼藉］名声败坏到了极点。声名,名誉。狼藉,杂乱不堪。
② ［恪(kè)守］严格地遵守。
③ ［焦灼(zhuó)］非常焦急。

三、本文的主题是什么？文章开头细致地介绍了地坛的历史与今日的荒凉，对表现主题起了什么作用？

_____

_____

_____

_____

四、举例说说本文是通过哪些方式来展现母爱的深挚的。

_____

_____

_____

三十五　古诗二首

将进酒①

李　白

课文导读

　　本诗是一支劝酒歌,大约作于李白以梁园(开封)为中心的十载漫游期间。诗中记李白与岑勋、元丹丘相聚饮酒之事。

　　《将进酒》是汉乐府曲名,李白这首诗虽用了旧题,但跳出了前人的窠臼,自创新意,把饮酒和对黑暗现实的批判结合起来,在一定程度上赋予这个历来被许多诗人歌唱过的诗题以积极的内容,吟出此千古绝唱。

　　浪漫的诗风,奔放的语言,抒发了他不合时宜而又慷慨自信的情怀。诗中起兴和夸张手法的运用颇具特色。

　　　君不见,黄河之水天上来,奔流到海不复回②。
　　　君不见,高堂③明镜悲白发④,朝如青丝暮成雪⑤!
　　　人生得意⑥须尽欢,莫使金樽空对月。
　　　天生我材必有用,千金散尽还复来⑦。
　　　烹羊宰牛且为乐,会须⑧一饮三百杯。
　　　岑夫子,丹丘生⑨,将进酒,杯莫停。
　　　与君歌一曲,请君为我倾耳听⑩。
　　　钟鼓馔玉⑪不足贵,但愿长醉不复醒。
　　　古来圣贤皆寂寞⑫,惟有饮者留其名。

----

　　①　选自《李太白全集》,中华书局,1977 年。这首诗写于唐玄宗开元二十四年(736 年)。将(qiāng)进酒,乐府旧题,意译即为"劝酒歌"。将,请。李白(701—762),字太白,号青莲居士,唐代伟大的浪漫主义诗人,在中国历史上,被称为"诗仙",与杜甫并称"李杜"。

　　②　[奔流到海不复回]黄河东流入海,不会倒流回来。

　　③　[高堂]父母。

　　④　[悲白发]为鬓发斑白而伤感。

　　⑤　[朝如青丝暮成雪]形容时光匆促,人生短暂。青丝,黑色的头发。暮成雪,到晚上黑发变白。

　　⑥　[得意]指心情愉快,有兴致。

　　⑦　[千金散尽还复来]意思是金钱不足珍贵,散去还会来。

　　⑧　[会须]应该。

　　⑨　[岑夫子,丹丘生]李白的朋友岑勋、元丹丘。

　　⑩　[倾耳听]侧着耳朵听,形容听得认真、仔细。倾,一作"侧"。

　　⑪　[钟鼓馔玉]代指富贵利禄。钟鼓,古时豪贵之家宴饮以钟鼓伴奏。馔玉,形容食物珍美如玉。

　　⑫　[寂寞]默默无闻,一说"被世人冷落"。

陈王昔时宴平乐①，斗酒十千恣欢谑②。

主人何为言少钱，径须③沽取对君酌。

五花马，千金裘④，呼儿将出⑤换美酒，与尔同销万古愁⑥。

思考与练习

一、为下列加点的字注音。

1. 将进酒　　　　　2. 莫使金樽空对月　　　　3. 烹羊宰牛且为乐

4. 岑夫子　　　　　5. 钟鼓馔玉　　　　　　　6. 斗酒十千恣欢谑

7. 呼儿将出　　　　8. 还复来

二、解释下列诗句中加点的词语。

1. 高堂明镜悲白发

_____

2. 会须一饮三百杯

_____

3. 钟鼓馔玉不足贵

_____

4. 斗酒十千恣欢谑

_____

_____

5. 径须沽取对君酌

_____

---

① ［陈王昔时宴平乐］陈王，指三国时魏诗人曹植（192—232），封陈王。宴平乐，在洛阳的平乐观宴饮。

② ［斗酒十千恣欢谑］斗酒十千，一斗酒值十千钱，指酒美价昂。曹植《名都篇》"归来宴平乐，美酒斗十千"。斗，盛酒器，有柄。恣欢谑，尽情寻欢作乐。谑，喜乐。

③ ［径须］只管。

④ ［五花马，千金裘］五花马，指名贵的马。千金裘，名贵的皮衣。

⑤ ［将出］拿出。

⑥ ［万古愁］绵绵不尽的愁。

6. 与尔同销万古愁

_____

7. 但愿长醉不复醒

_____

8. 主人何为言少钱

_____

_____

三、划分下列句子节奏。

1. 君不见黄河之水天上来,奔流到海不复回。

2. 天生我材必有用,千金散尽还复来。

3. 烹羊宰牛且为乐,会须一饮三百杯。

四、起兴与夸张手法的运用是本诗颇具特色之处,请各举一例予以解说。

_____

_____

_____

_____

五、背诵全诗。

念奴娇·赤壁怀古[①]
苏 轼

课文导读

这是苏轼的代表作之一。诗人才华出众,有志为国家建功立业,但却遭人陷害,被贬黄州。幸而他心胸豁达,没有消沉下去,在畅游长江时写下了这篇千古名作。

上阕写景,描绘了万里长江的壮美景象。下阕怀古,追忆了功业非凡的豪杰,感慨自己未能建立功业。

---

① 选自《苏轼诗词选注》,上海古籍出版社,1990年。"念奴娇",词牌名,又名"百字令""酹江月"等。赤壁,此指黄州赤壁,一名"赤鼻矶",在今湖北黄冈西。苏轼(1037—1101),宋代文学家,字子瞻,号东坡居士,眉州眉山(今属四川)人,博学多才,善文,工诗词,书画俱佳。

大江①东去，浪淘②尽，千古风流人物③。故垒④西边，人道是：三国周郎⑤赤壁。乱石穿空，惊涛拍岸，卷起千堆雪⑥。江山如画，一时多少豪杰。

遥想⑦公瑾当年，小乔初嫁了⑧，雄姿英发⑨。羽扇纶巾⑩，谈笑间樯橹⑪灰飞烟灭。故国神游⑫，多情应笑我，早生华发⑬。人生如梦，一尊还酹江月⑭。

思考与练习

一、理解下列加点字的含义。

1. 乱石穿空

2. 早生华发

3. 还酹江月

二、《念奴娇·赤壁怀古》这首词，是怎样结合写景和怀古来抒发感情的？我们应当怎样认识作者对历史和人生的看法？

_____

_____

_____

_____

---

① ［大江］指长江。

② ［淘］冲洗，冲刷。

③ ［风流人物］指杰出的历史名人。

④ ［故垒］过去遗留下来的营垒。

⑤ ［周郎］指三国时吴国名将周瑜，字公瑾，少年得志，二十四为中郎将，掌管东吴重兵，吴中皆呼为"周郎"。下文中的"公瑾"，即指周瑜。

⑥ ［雪］比喻浪花。

⑦ ［遥想］形容想得很远；回忆。

⑧ ［小乔初嫁了(liǎo)］《三国志·吴志·周瑜传》载，周瑜从孙策攻皖，"得桥公两女，皆国色也。策自纳大桥，瑜纳小桥"。乔，本作"桥"。其时距赤壁之战已经十年，此处言"初嫁"，是言其少年得意，倜傥风流。

⑨ ［雄姿英发(fā)］谓周瑜体貌不凡，言谈卓绝。英发，谈吐不凡，见识卓越。

⑩ ［羽扇纶(guān)巾］古代儒将的便装打扮。羽扇，羽毛制成的扇子。纶巾，青丝制成的头巾。

⑪ ［樯橹(qiáng lǔ)］这里代指曹操的水军战船。樯，挂帆的桅杆。橹，一种摇船的桨。"樯橹"一作"强虏"，又作"樯虏"，又作"狂虏"。《宋集珍本丛刊》之《东坡乐府》，元延祐刻本，作"强虏"。

⑫ ［故国神游］"神游故国"的倒文。故国，这里指旧地，当年的赤壁战场。神游，于想象、梦境中游历。

⑬ ［多情应笑我，早生华发］"应笑我多情，早生华发"的倒文。华发(fà)，花白的头发。

⑭ ［一尊还(huán)酹(lèi)江月］古人祭奠以酒浇在地上祭奠。这里指洒酒酬月，寄托自己的感情。尊，通"樽"，酒杯。

中职语文与应用(卫生类)

三、这首词写景用词洗练生动,着墨不多,却能表现出气势雄伟的"江山如画"的景象。你觉得哪些词句写得好? 好在哪里?

_____

_____

_____

_____

四、背诵全词。

三十六　一碗清汤荞麦面①

[日]栗良平

课文导读

　　这是日本著名作家和演讲家栗良平的小说。本文通过四个大年夜里母子三人一起到北海亭面馆吃清汤荞麦面的故事,描写了他们在遭受厄运后积极、勇敢面对生活、顽强奋斗度过难关的经历。

　　本文刻画了一位伟大母亲的形象,并传达出周围温暖的人间真情。

　　对于面馆来说,最忙的时候,要算是大年夜了。北海亭面馆的这一天,也是从早就忙得不亦乐乎。

　　平时直到深夜十二点还很热闹的大街,大年夜晚上一过十点,就很宁静了。北海亭面馆的顾客,此时也像是突然都失踪了似的。

　　就在最后一位顾客出了门,店主要说关门打烊②的时候,店门被咯吱咯吱地拉开了。一个女人带着两个孩子走了进来。六岁和十岁左右的两个男孩子,一身崭新的运动服。女人却穿着不合时令的斜格子短大衣。

　　"欢迎光临!"老板娘上前去招呼。

　　"啊……清汤荞麦面……一碗……可以吗?"女人怯生生地问。那两个小男孩躲在妈妈的身后,也怯生生地望着老板娘。

　　"行啊,请,请这边坐。"老板娘说着,领他们母子三人坐到靠近暖气的二号桌,一边向柜台里面喊着,"清汤荞麦面一碗!"

　　听到喊声的老板,抬头瞥了他们三人一眼,应声道:"好咧! 清汤荞麦面一碗——"

　　案板上早就准备好了面条,一堆堆像小山,一堆是一人份。老板抓起一堆面,继而又加了半堆,一起放进锅里。老板娘立刻领悟到,这是丈夫特意多给这母子三人的。

　　热腾腾香喷喷的清汤荞麦面一上桌,母子三人立即围着这碗面,头碰头地吃了起来。

　　"真好吃啊!"哥哥说。

　　"妈妈也吃呀!"弟弟夹了一筷子面,送到妈妈口中。

---

　　①　选自1990年第1期《电视·电影·文学》杂志。栗良平,日本作家,本名伊藤贡,主要从事童话创作和演讲活动,他以《一碗清汤荞麦面》而成为日本的儿童类畅销作家。

　　②　[打烊(yàng)](商店)晚上关门停止营业。

不一会,面吃完了,付了一百五十元钱。

"承蒙款待。"母子三人一起点头谢过,出了店门。

"谢谢,祝你们过个好年!"老板和老板娘应声答道。

过了新年的北海亭面馆,每天照样忙忙碌碌。一年很快过去了,转眼又是大年夜。

和以前的大年夜一样,忙得不亦乐乎的这一天就要结束了。过了晚上十点,正想打烊的时候,店门又被拉开了,一个女人带着两个男孩走了进来。

老板娘看那女人身上那件不合时令的斜格子短大衣,就想起去年大年夜最后那三位顾客。

"……唔……一碗清汤荞麦面……可以吗?"

"请,请到里边坐,"老板娘又将他们带到去年的那张二号桌,"清汤荞麦面一碗——"

"好咧,清汤荞麦面一碗——"老板应声回答着,并将已经熄灭的炉火重新点燃起来。

"喂,孩子他爹,给他们下三碗,好吗?"

老板娘在老板耳边轻声说道。

"不行,如果这样的话,他们也许会尴尬的。"

老板说着,抓了一份半的面下了锅。

桌上放着一碗清汤荞麦面。母子三人边吃边谈着,柜台里的老板和老板娘也能听到他们的声音。

"真好吃……"

"今年又能吃到北海亭的清汤荞麦面了。"

"明年还能来吃就好了……"

吃完后,付了一百五十元钱。老板娘对着他们的背影说道:"谢谢,祝你们过个好年!"这一天,被这句说过几十遍乃至几百遍的祝福送走了。

生意日渐兴隆的北海亭面馆,又迎来了第三个大年夜。

从九点半开始,老板和老板娘虽然谁都没说什么,但都显得有点心神不定。十点刚过,雇工们下班走了,老板和老板娘立刻把墙上挂着的各种面的价格牌一一翻了过来,赶紧写好"清汤荞麦面一百五十元"。其实,从当年夏天起,随着物价的上涨,清汤荞麦面的价格已经是二百元一碗了。

二号桌上,在三十分钟以前,老板娘就已经摆好了"预约席"的牌子。

到十点半,店里已经没有客人了,但老板和老板娘还在等候着那母子三人的到来。

他们来了。哥哥穿着中学生的制服,弟弟穿着去年哥哥穿的那件略有些大的旧衣服,兄弟二人都长大了,有点认不出来了。母亲还是穿着那件不合时令的有些褪色的短大衣。

"欢迎光临。"老板娘笑着迎上前去。

"……啊……清汤荞麦面两碗……可以吗?"母亲怯生生地问。

"行,请,请里边坐!"

老板娘把他们领到二号桌,顺手将桌上那块预约牌藏了起来,对柜台喊道:

"清汤荞麦面两碗!"

"好咧,清汤荞麦面两碗——"

老板应声答道,把三碗面的分量放进锅里。

母子三人吃着两碗清汤荞麦面,说着,笑着。

"大儿,淳儿,今天,妈妈我想要向你们道谢。"

"道谢? 向我们? ……为什么?"

"实在是,因为你们的父亲死于交通事故,生前欠下了八个人的钱。我把抚恤金全部还了债,还不够的部分,就每月五万元分期偿还。"

"这些我们都知道呀。"

老板和老板娘在柜台里,一动不动地凝神听着。

"剩下的债,本来约定到明年三月还清,可实际上,今天就可以全部还清了。"

"啊,这是真的吗,妈妈?"

"是真的。大儿每天送报赚钱支持我,淳儿每天买菜烧饭帮我忙,所以我能够安心工作。因为我努力工作,得到了公司的特别津贴,所以现在能够全部还清债款。"

"好啊! 妈妈,哥哥,从现在起,每天烧饭的事还是包给我了!"

"我也继续送报。弟弟,我们一起努力吧!"

"谢谢,真是谢……谢……"

"我和弟弟也有一件事瞒着妈妈,今天可以说了。那是在十一月的一个星期天,我到弟弟学校去参加家长会。那时,弟弟已经藏了一封老师给妈妈的信……弟弟写的作文如果被选为北海道的代表,就能参加全国的作文比赛。正因为这样,家长会的那天,老师要弟弟自己朗读这篇作文。老师的信如果给妈妈看了,妈妈一定会向公司请假,去听弟弟朗读作文。于是,弟弟就没有把这封信交给妈妈。这事,我还是从弟弟的朋友那里听来的。所以,家长会那天,是我去了。"

"哦,是这样……那后来呢?"

"老师出的作文题目是,'你将来想成为怎样的人',全体学生都写了。弟弟的题目是《一碗清汤荞麦面》,一听这题目,我就知道写的是北海亭面馆的事。当时我就想,弟弟这家伙,怎么把这种难为情的事都写出来了,我这么想着。"

"作文写的是,父亲死于交通事故,留下一大笔债。妈妈每天从早到晚拼命工作,我去送早报和晚报……弟弟全写了出来。接着又写,十二月三十一日的晚上,母子三人吃一碗清汤荞麦面,非常好吃……三个人只买一碗清汤荞麦面,可面馆的叔叔阿姨还是很热情地接待我们,谢谢我们,还祝福我们过个好年。在弟弟听来,那祝福的声音分明是在对他说:不要低头! 加油啊! 要好好活着! 因此,弟弟长大成人后,想开一家日本第一的面馆,也要对顾客说:'加油啊!''祝你幸福!''谢谢!'弟弟大声地朗读着作文……"

此刻,柜台里竖着耳朵,全神贯注听母子三人说话的老板和老板娘不见了。在柜台后面,只见他们两人面对面地蹲着,一条毛巾,各执一端,正在擦着夺眶而出的眼泪。

"作文朗读完后,老师说:'今天淳君的哥哥代替他母亲来参加我们的家长会,现在我们请他来说几句话……'"

"这时哥哥都说了些什么?"弟弟疑惑地望着哥哥。

"因为突然被叫上去发言,一开始,我什么也说不出……'诸君一直和我弟弟很要好,在此,我谢谢大家。弟弟每天要做晚饭,只能放弃兴趣小组的活动,中途回家。我做哥哥的,感到很难为情。刚才,弟弟开始朗读《一碗清汤荞麦面》的时候,我感到很丢脸,但是,当我看到弟弟激动地大声朗读的样子,我心里更感到羞愧。这时我想,决不能忘记妈妈买一碗清汤荞麦面的勇气。我们兄弟二人一定要齐心协力,照顾好我们的妈妈! 希望大家以后也能够和我弟弟做好朋友。'我就说了这些……"

母子三人,静静地,互相握着手,良久。继而又欢快地笑了起来。和去年相比,像是完全变了模样。

作为年夜饭的清汤荞麦面吃完了,付了三百元。

"承蒙款待。"母子三人深深地低头道谢,走出了店门。

"谢谢,祝你们过个好年!"

老板和老板娘大声向他们祝福,目送他们远去……

又是一年的大年夜降临了。北海亭面馆里,晚上九点一过,二号桌上又摆上了"预约席"的牌子,等待着母子三人的到来。可是,没看到那三人的身影。

又是一年,二号桌始终默默地等待着。可母子三人还是没有出现。

北海亭面馆因为生意越来越兴隆,店内重又进行了装修。桌子、椅子都有换了新的。可二号桌却依然如故。老板夫妇不但没感到不协调,反而把二号桌安放在店堂中央。

"为什么把这张旧桌子放在店堂中央?"有的顾客感到奇怪。

于是,老板夫妇就把"一碗清汤荞麦面"的事告诉他们。并说,看到这张桌子,就是对自己的激励。而且说不定哪天那母子三人还会来,这个时候,想用这张桌子来迎接他们。

就这样,关于二号桌的故事,使二号桌成了"幸福的桌子"。顾客们到处传颂着。有人特意从远方赶来。有女学生,也有年轻的情侣,都要到二号桌上吃一碗清汤荞麦面。二号桌也因此而名声大振。

时光流逝,年复一年。这一年的大年夜又来到了。

这时,北海亭面馆已经是同一条街的商店会的主要成员。大年夜这天,亲如家人的朋友、近邻、同行,结束了一天的工作后,都来到了北海亭。在北海亭吃了过年面,听着除夕夜的钟声,然后亲朋好友聚集起来,一起到附近的神社去烧香磕头,以求神明保佑在新的一年里万事如意,厄除运开。这种情形,已经有五六年的历史了。

今年的大年夜当然也不例外。九点半一过,以鱼店老板夫妇双手捧着装满生鱼片的大盆子进来为信号,平时亲如家人的朋友们大约三十多人,也都带着酒菜,陆陆续续地会集到北海亭,店里的气氛,一下子热闹起来。

知道二号桌由来的朋友们,嘴里虽然没说什么,可心里都有在想着,今年二号桌也许又要空等了吧。那块"预约席"的牌子,早已悄悄地站在二号桌上。

狭窄的座席之间,客人们一点一点地移动着身子坐下,有人还招呼着迟到的朋友,吃着面,喝着酒,互相夹着菜。有人到柜台里去帮忙,有人随意拉开冰箱拿东西。什么廉价出售的生意啦,海水浴的艳闻轶事啦,什么添了孙子的事啦。十点半时,北海亭里的热闹气氛到达了顶点。

就在这时,店门被咯吱咯吱地拉开了。人们都向门口望去,屋子里突然静了下来。

两位西装笔挺,手臂上搭着大衣的青年走了进来。这时,大伙都松了口气,随着轻轻的叹息声,店里又恢复了刚才的热闹。

"真不凑巧,店里已经坐满了。"老板娘面带着歉意说。

就在她拒绝两位青年的时候,一位身穿和服的妇人,深深低着头走了进来,站在两位青年的中间。

店里的人们,一下子都屏住了呼吸,耳朵也竖起来了。

"唔……三碗清汤荞麦面,可以吗?"穿和服的妇人平静地说。

听了这话,老板娘的脸色一下子变了。十几年前留在脑海中的母子三人的印象,和眼前这三人的形象重叠起来了。

老板娘指着三位来客,目光和正在柜台里找韭菜的丈夫的目光撞到一处。

"啊!啊……孩子他爹!"

面对不知所措的老板娘,青年中的一位开口了。

"我们就是十四年前的大年夜,母子三人共吃一碗清汤荞麦面的顾客。那时,就是这一碗清汤荞麦面的鼓励,使我们三人同心合力,度过了艰难的岁月。这以后,我们搬到母亲的婆家滋贺县去了。"

"我今年通过了医生的国家考试,现在京都的大学医院里当实习医生。明年四月,我将到札幌的综合医院工作。还没有开面馆的弟弟,现在京都银行里工作。我

中职语文与应用(卫生类)

和弟弟商谈,计划了这生平第一次的奢侈的行动。就这样,今天我们母子三人,特意来拜访,想要麻烦你们烧三碗清汤荞麦面。"

边听边点头的老板夫妇,泪珠一串串地掉下来。

坐在靠近门口桌上的蔬菜店老板,嘴里含着一口面听着,直到这时,才把面咽下去,站起身来。

"喂喂!老板娘,你呆站着干什么!这十年的每一个大年夜,你都为等待他们的到来而准备着这十年后的预约席,不是吗?快!请他们入座,快!"

被蔬菜店老板用肩一撞,老板娘这才清醒过来。

"欢……欢迎,请,请坐……孩子他爹,二号桌清汤荞麦面三碗——"

"好咧——清汤荞麦面三碗——"可泪流满面的丈夫却应不出声来。

店里,突然爆发出一阵欢呼声和鼓掌声。

店外,刚才还在纷纷扬扬的飘着的雪,此刻也停了。皑皑白雪映着明净的窗子,那写着"北海亭"的布帘子,在正月的清风中,摇曳着,飘着……

思考与练习

一、给下面加点的字注音。

1. 忙忙碌碌　　　2. 打烊　　　3. 抚恤　　　4. 轶事

二、解释下列词语。

1. 打烊

2. 轶事

3. 皑皑

4. 摇曳

5. 不亦乐乎

6. 不知所措

7. 手足无措

三、读完这篇小说,谈谈你对成功有了哪些新的认识。例如,决定成功的因素有哪些? 成功之后我们怎样面对过去的艰难? 怎样帮助别人实现奋斗目标?

_____

_____

_____

_____

_____

口语交际

演 讲

案例导入

案例："如果我是你,一定选择演讲课。"在《第二语言英语》六级课程学完后,面对五花八门的选修课拿不定主意时,好莱坞成人学校的学生顾问卡莉对我这样说。

"演讲课?我需要学演讲吗?我又不做政治家。"

"演讲可不是政治家的专利……"说到这里,卡莉给我举了个例子:有一个同学,在这所学校学完计算机课程,他的成绩很好,满心想找到一个好工作。某个计算机公司的老板对他很有兴趣,可是在面试的时候,他慌里慌张,结结巴巴,词不达意,老板很是失望,没有雇用他。这个同学听了卡莉的建议,回到学校选修了演讲课。后来,他在一个计算机公司当了电脑推销员,他用演讲才能,推销了大量产品,不久晋升为部门经理,一年之后他成了公司的总管,事业大为成功。卡莉微笑着说:"要知道,一个人从小开始,要交友、聚会,要参加学生会竞选,上课要回答问题,要找工作、做生意,甚至要入美国籍,当然还包括竞选议员或总统……没有一样离得开演讲。演讲是进入成功之门的第一把钥匙。对于英语是第二语言的人,学演讲同时就是提高英语水平,你为什么不试试呢!"

不用说,我当然选择了演讲课,虽然我不想入美国籍也不想做总统。

在进行了演讲的重要性、演讲的心理特征、怎样消除紧张等一系列理论学习后,老师开始教我们演讲要领:演讲开头要用醒目的语言引起听众注意,中间要逻辑地阐述你要说的事实或道理,最后要明确告诉你演讲的结论;你的眼睛注视你的听众,和他们交流、沟通;你的声音必须响亮,必须清楚,让所有的人都能听见;你的速度不能太快像赛跑,也不能太慢像有人拖着你;你的手势要和语言配合默契,既不能夸张又不能拘谨……

……

让我惊奇的是,修完演讲课,我一下子找到了好几份工作,连我自己都怀疑演说水平是不是真的帮助了我,但是有一点是肯定的,上了演讲课,我的英文水平提高了,我的知识面宽了,我的信心足了。

(节选自王周生《我在美国修演讲学》)

导入:视频讲述作家王周生在美国求学的一段经历。一个看似和自己的专业

第九单元 希望,扬起远航的红帆

和生活均无关的学科——演讲学,却是美国学生的必修科目之一。王周生惊奇地发现:修完演讲学之后,她的生活发生了很奇妙的变化。

演讲的要点

一、什么是演讲

演讲又叫讲演或演说,是指在公众场所,以有声语言为主要手段,以体态语言为辅助手段,针对某个具体问题,鲜明、完整地发表自己的见解、主张,阐明事理或抒发情感,进行宣传鼓动的一种语言交际活动。

二、演讲前的准备

演讲是一门语言艺术,主要形式是"讲",辅之以"演",使讲话"艺术化",从而产生一种特殊的艺术魅力。

1. 熟练背诵演讲稿是进行演讲的基本条件

演讲者未必都用演讲稿,历史上不少著名的演讲都是即兴之作,由别人记录流传开来,但最好还是事先准备好演讲稿。其一,可以帮助梳理思路,组织材料,使内容更富有条理。其二,可以帮助演讲者消除紧张、恐惧的心理,增强信心。

2. 良好的心理素质是进行演讲的先决条件

良好的心理素质,可以帮助演讲者获得成功,而心理素质差的演讲者还没有登场就会败下阵来,因此培养良好的心理素质,是取得演讲成功的先决条件。过度紧张只会使演讲者表现出笨拙的姿势和僵硬的面部表情,声音飘忽、呼吸急促、说话结巴等,造成不良影响。缓解紧张情绪可以这样做:将一只手稍微插入口袋中、手触桌边、手握麦克风等。

3. 良好的口才是进行演讲的必要条件

真正的演讲家,既要善写,还要会讲,即既要有文才又要有口才。如果演讲者夹杂"哼哼哈哈""这个""那个""那么"的一大串,演讲效果也不会好。

三、演讲时应该注意的问题

1. 演讲时的声音和腔调

演讲的语言从口语表述角度看,要求:(1)吐字正确清楚,语气得当,节奏自然;(2)声音洪亮清越,铿锵有力;(3)区分轻重缓急,随感情变化而变化;(4)声音有一定的响度和力度。

2. 演讲时开场白很重要

俗话说万事开头难,良好的开端是成功的一半。开门见山,介绍完自己和标题,便进入主题的演讲更吸引人。同时,慷慨激昂的声音和活泼丰富的内容是吸引观众的关键。

3. 演讲时的面部表情

演讲时的面部表情,无论好坏都会给听众留下极其深刻的印象,紧张、疲劳、喜悦、焦虑等情绪无不清楚地表露在脸上。最主要是"不可垂头",一旦"垂头"就会予人"丧气"之感,要始终以放松的心态和微笑来面对观众。

4. 演讲时肢体语言的运用

整个演讲不能没有肢体语言,但千万也不要夸大肢体语言,不要故意编动,而要自然、流畅、恰到好处地运用肢体语言。准确熟练的口语表达能力与和谐、自然的肢体语言有机结合才是成功演讲的必备条件。

"冰冻三尺,非一日之寒。"想要成就一次精彩的演讲,一方面要注重平日的锻炼和学习,另一方面也要掌握一定的技巧,这也不是一蹴而就的,需要长期的努力磨炼。同时,一定要多读书,多积累自己的知识、开阔自己的眼光。

练一练

请以"希望"为话题准备一次演讲。

_____

_____

_____

_____

附:演讲比赛评分表

序号	姓名	演讲内容/40 分	演讲技巧/30 分	形象风度/20 分	演讲时间/10 分	总分
1						
2						
3						
4						
5						

写作训练

演讲稿

什么是演讲稿

演讲稿也叫演讲词,它是在较为隆重的仪式上和某些公众场合发表的讲话文稿。演讲稿是进行演讲的依据,是对演讲内容和形式的规范和提示。演讲稿是人们在工作和社会生活中经常使用的一种文体。

演讲稿写作的结构

一、开场白

演讲的开头即开场白,是演讲者在演讲一开始所说的一段话。演讲开头是演讲者向听众传播的第一个信息,是演讲者给听众留下的第一印象,是演讲者与听众之间沟通的第一座桥梁。开场白可有以下几种方式。

1. 开门见山,直截了当

例文:朋友们,听到这个题目,在座的许多同志也许会联想到爱情。是的,爱情是神圣的,也是美好的。可是,我今天所要讲的,却是一种更高意义上的具有更强生命力的爱。这,就是战士的爱!

——节选自杨耀《战士的爱》

评析:演讲者开宗明义,用简洁凝练、充满激情的语言,不拐弯抹角,不过多渲染铺垫,直截了当地将听众的思绪集结到演讲的中心议题上,激起听众对演讲内容的兴趣。

2. 诙谐幽默,妙趣横生

例文:女士们、先生们,今天,我们为我们的好朋友、美国女作家安娜·路易斯·斯特朗女士庆祝"40 公岁"诞辰(参加宴会的祝寿者为"40 公岁"感到纳闷不解)。在中国,"公"字是紧跟它的量词的两倍。40 公斤等于 80 斤,40 公里等于 80 里,40 公岁等于 80 岁。

——节选自周恩来为斯特朗 80 寿辰设宴庆祝开场白

评析:周总理轻松巧妙、诙谐幽默的语言,寓庄于谐,庄谐相宜,情绪感染力很强,引导现场气氛进入喜庆愉悦。

3. 生动故事,引人入胜

例文:这是一个真实的故事。2006 年 11 月的一个拂晓,市郊发生了一起特大交通事故,一辆客车从数十米高的悬崖上跌下。初步勘验,全车二十余人无一幸免。突然,从尸体堆里传出一个婴儿孱弱的哭声。扒开尸体,原来是一个不满周岁的婴儿正伏在一位已经死去的年轻妇女怀里啼哭。这位妇女后被证实是婴儿的母亲,她的双手呈拱拢状紧紧将婴儿护在怀里。为抱出孩子,民警和医护人员费了好大的劲才将她已经僵硬的手臂掰开。车祸发生时,绝大多数人都在沉睡。也许是谁的呼号惊醒了这位年轻的母亲,在客车下坠的瞬间,母亲的本能使她改变了自己的求生本能,她没有双手抱头,而是用两条柔弱的胳膊和温厚的胸脯为婴儿构筑了一个安全的"生命巢"……

——节选自《母爱,世间至纯无私的爱》

评析:这个故事惨烈惊险,扣人心弦,与主题紧密相连,很快吊起了听众的胃口,使听众产生了急于听下去的强烈欲望。

4.巧设悬念,石破天惊

例文:各位领导、同志们:我是四川省都江堰市向峨乡党委书记罗鸿亮。5月12日下午,我正在莲花湖畔的莲月村主持一个村道建设工作会。突然,地动山摇,莲花湖像开水一样翻滚。有人大声喊:"地震了!"我和大家赶紧跑出会议室,爬上湖边的岩石,朝乡政府方向望去,那边已是满天黄烟,什么都看不清。不好,得马上回去!我和同事们急忙往乡政府跑,一路上,周围的房屋几乎都垮了,水泥路面到处坍塌开裂。乡政府和周边的情况比我想象得更严重:成片的房屋只剩下几栋孤零零地立在废墟中,整个街道变成了一片砖瓦堆!

——节选自罗鸿亮《震不垮的战斗堡垒》

评析:演讲开头即设悬念,讲述这场灾难来势之猛、破坏力之大、场景之惨,使听众产生焦虑、紧张、揪心、震惊的情感体验,绷紧了情感之弦。渴望了解地震灾区情况,急于知道危难时刻党组织的战斗堡垒作用和党员的先锋模范作用是怎样发挥的。

二、主体

主体是演讲词的主干、重点。演讲稿在开头后要迅速转入主体,这是演讲的正文和核心部分,也是演讲稿的高潮所在,能否写好,直接关系到演讲的质量、效果。

注意点:(1)确定结构形式:演讲稿的形式比较活泼,但结构形式不管怎么样变化,都要求内容突出、问题说透、推理严密、层次清晰、情理交融。

(2)认真组织好材料:演讲稿的理论依据和事实论据的组织安排要适当。首先必须保证例证的真实性和典型性。

(3)构筑演讲高潮:一个成功的演讲,不可能没有高潮。演讲者要厘清自己的思想观点,并尽可能与听众的思想感情产生共鸣,从而构筑高潮。

三、主题

1.明确主题

题目就是你要向听众宣讲的观点。

例文:就某种意义而言,今天我们是为了要求兑现诺言而汇集到我们国家的首都来的。我们共和国的缔造者草拟宪法和独立宣言的气壮山河的词句时,曾向每一个美国人许下了诺言,他们承诺给予所有的人以生存、自由和追求幸福的不可剥夺的权利。

就有色公民而论，美国显然没有实践她的诺言。美国没有履行这项神圣的义务，只是给黑人开了一张空头支票，支票上盖着"资金不足"的戳子后便退了回来。但是我们不相信正义的银行已经破产，我们不相信，在这个国家巨大的机会之库里已没有足够的储备。因此今天我们要求将支票兑现——这张支票将给予我们宝贵的自由和正义的保障。

————节选自马丁·路德·金的《我有一个梦想》

评析：演说开始的几个自然段就是他为这个题目所做的主题解说。

2. 准备演说内容

具体事实总比笼统的说教有说服力。

例文：当我们行动时，我们必须保证向前进。我们不能倒退。现在有人问热心民权运动的人，"你们什么时候才能满足？"

只要黑人仍然遭受警察难以形容的野蛮迫害，我们就绝不会满足。

只要我们在外奔波而疲乏的身躯不能在公路旁的汽车旅馆和城里的旅馆找到住宿之所，我们就绝不会满足。

只要黑人的基本活动范围只是从少数民族聚居的小贫民区转移到大贫民区，我们就绝不会满足。

只要密西西比仍然有一个黑人不能参加选举，只要纽约有一个黑人认为他投票无济于事，我们就绝不会满足。

不！我们现在并不满足，我们将来也不满足，除非正义和公正犹如江海之波涛，汹涌澎湃，滚滚而来。

——节选自马丁·路德·金《我有一个梦想》

评析：马丁·路德·金选取事实材料论证了什么是让黑人满意的人权。

四、结束语

演讲的结尾就是用极其精练的语言，总结收拢全篇的主要内容，概括和强化主题思想，扼要地总结演讲内容，起到提醒、强调的作用，给听众留下完整的总体印象，使整个演讲结构严谨，首尾呼应，通篇浑然一体。

例文1：临了，我要告诉诸君一声：因为罗马帝国，我不得不刺杀我的好友恺撒，刺死恺撒的便是我，便是这把短剑。假使他日我的行动和恺撒一般，请诸君就用这把短剑来刺我吧！要是大家的行为，也有和恺撒一样的，那么这把短剑，终是不肯饶过你的。请诸君认清这把短剑，请诸君认清卖国贼，认清爱国的好汉。

——节选自莎士比亚《恺撒大帝》

评析：莎士比亚的名著《恺撒大帝》里的片段，这段是伯鲁特斯对市民演讲时关于他刺死好友恺撒全是为国为民这一内容的结尾，演讲用了总结全篇的方法。伯鲁特斯的结尾不过短短十几句话，却完全包括了他整个演讲的意思，而且表现出他的热情。

例文 2：听听我这个没当成的女者的心声吧：我相信,女性是伟大的! 我也相信,男性是伟大的! 我更希望我们都相信,伟大的男性和伟大的女性加起来才是伟大的人民! 他们的自信、自尊、自爱焕发出来的巨大搏力才是伟大的文明!

——节选自《世界也有我们的一半》

评析：这个结尾恳切、热情,概括并点化了主旨,给听众留下了清晰、完整而又深刻的印象。

练一练

根据以下论题任选一项写一篇演讲稿。

(1) 对一个社会现象的看法；

(2) 对一个作家、作品、艺术家或艺术作品的意见；

(3) 对国内外某一形势的评价；

(4) 中专生的生理和心理健康。

走近名人

历史名人总结

活动目的

(1) 通过本活动,使学生学习到更多历史人物的事迹、精神、成就以及贡献;

(2) 通过小组合作的方式分别对部分名人做进一步的了解,感悟名人身上的优良品质,并通过一定的形式展示出本小组的发现和收获,培养学生搜集、整理、加工信息的能力;

(3) 培养学生的合作精神和实践能力。

活动准备

一、任务准备

(1) 学生依据自己对名人的了解及喜欢程度自由组合成小组,推选出小组长,并明确小组中各人员的分工。

(2) 以小组为单位制作调查问卷,采访同学、老师、家人。根据自己关注的名人列好问题提纲。

二、任务搜集

(1) 每位同学通过多种途径搜集名人的资料。

(2) 将所搜集到的各种资料,进一步分类整理。

三、任务制作

(1) 制作 PPT,内容包括调查记录及感悟。

(2) 将采访过程制成视频。

(3) 各小组交流确定汇报展示的方式(讲故事、演话剧、说感受等)。

活动过程

一、激发兴趣,明确任务

以"名人知多少"知识问答形式,激发学生的学习兴趣。

二、小组展示调查成果

(1) 每个小组分别选派一名代表上台展示本组的调查报告。

(2) 随机抽出 6 位同学做裁判,评出最佳调查报告。

三、视频展示:"我眼中的名人"

（1）抽签决定上台展示的小组顺序。

（2）各个小组选一名同学担任评委。

（3）教师点评，并评出表现最好的小组。

附:

_____综合实践活动课评价表

组名_____　　指导老师_____

组长_____　　组　　员_____

评价内容	A	B	C	D
1. 主题突出、明确				
2. 内容合理、完整				
3. 小组成员参与率				
4. PPT 制作(图片、文字)				
5. 材料的组织、处理				
6. 小组的团队合作精神				
7. 活动预期目标的达成率				
8. 表达能力(语言、表情)				
9. 体态仪表				
10. 应变能力				
总分				

注:A:90~100;B:80~89;C:70~79;D:<69。

经典，蕴藏生命的璀璨

　　"碧山学士焚银鱼，白马却走深岩居；古人已用三冬足，年少今开万卷余。晴云满户团倾盖，秋水浮阶溜决渠；富贵必从勤苦得，男儿须读五车书。"杜甫感叹人生富贵并非偶然，男儿立志有所成就，须得学富五车，读破万卷书。

　　世纪老人冰心曾说过"读书好，好读书，读好书"。读书要善于选择经典，否则一生也读不完。读书不仅是认得那跃动于白纸的黑字，更应感受化腐朽为神奇的沉吟，聆听悸动心魄的灵魂剖白。

　　在书的世界里，你可以肆意遨游。读三毛洒脱、豁达的人生，阅朱自清感受的深沉父爱，悟鲁迅铮铮的铁骨……看孔子独立江边，慨叹"逝者如斯"；望岳飞骑马驰骋，呐喊"壮志饥餐胡虏肉，笑谈渴饮匈奴血"……品《简·爱》，认识女性的自尊；学《鲁宾逊漂流记》，做生活的强者……

　　《雷雨》剧中两个家庭八个人物在短短一天之内经历了"剪不断，理还乱"的情感纠纷，然而悲剧早已潜伏在过去的恩恩怨怨中，只是到最后才终于爆发，化作一场倾盆雷雨，淋湿了每个人的灵魂。鲁迅先生在《药》中用曲笔的方式描写了一个卖力工作为生病的儿子买来人血馒头的迷信父亲"华老栓"和为革命牺牲的前行者"夏瑜"，在封建和进步之间，在麻木的人性面前，他着急地呐喊。人生因为追求而美丽，莫泊桑《项链》中的玛蒂尔德却沉迷在日益膨胀的物欲追求中无法自拔，因人生的偶然过失受到了惩罚，为了赔付项链只能过着困苦难挨、心力交瘁的生活。《林黛玉进贾府》节选自《红楼梦》第三回，让我们随着林黛玉的脚步，借助林黛玉的眼睛观察贾府，虽然文章所刻画的处所多、场面多、人物多，却并不感到眼花缭乱，应接不暇。

　　孔子曰"学而不思则罔，思而不学则殆"，做一个真正善于读书的人，就得"博学之，审问之，慎思之，明辨之"。要学会在思考中阅读，学会选择经典阅读。"纸上得来终觉浅，绝知此事要躬行"，只有学以致用，才能将学到的知识变为自己的真知和能力。

三十七 雷雨(节选)①

曹 禺

课文导读

《雷雨》是个话剧剧本,是曹禺先生的成名之作,也是一部划时代的优秀作品,本剧表现了特定年代下的人物的种种复杂纠葛的情感和经历。

本剧通过周鲁两家八个人物的历史与现实纠葛,反映了从光绪二十年(1894年)到1920年以后约达30年的复杂社会生活和冲突。他在剧中写了尖锐的思想冲突和阶级压迫与斗争,但主要描写了新旧交替时期三个不同阶层、不同性格的女性,以不同的方式对命运所做的抗争和她们走向毁灭的悲剧结局。

剧中每一个人物的形象都具有典型意义,台词富于激情,浅白流畅而耐人寻味,时空高度集中、矛盾冲突尖锐激烈,显示了作者高超的构思技巧和对人性的透彻理解。

午饭后,天气很阴沉,更郁热,潮湿的空气,低压着在屋内的人,使人成为烦躁的了——

〔周朴园点着一枝吕宋烟②,看见桌上的雨衣。〕

周朴园 (向鲁妈)这是太太找出来的雨衣吗?

鲁侍萍 (看着他)大概是的。

周朴园 (拿起看看)不对,不对,这都是新的。我要我的旧雨衣,你回头跟太太说。

鲁侍萍 嗯。

周朴园 (看她不走)你不知道这间房子底下人不准随便进来么?

鲁侍萍 (看着他)不知道,老爷。

周朴园 你是新来的下人?

鲁侍萍 不是的,我找我的女儿来的。

周朴园 你的女儿?

---

① 选自《曹禺选集》,人民文学出版社,2004 年。曹禺(1910—1996),原名万家宝,原籍湖北潜江,生于天津,中国现代剧作家。四幕话剧《雷雨》写于1933 年,本课为《雷雨》第二幕的节选。

② 〔吕宋烟〕雪茄烟,因菲律宾吕宋岛所产的质量好而闻名。

鲁侍萍	四凤是我的女儿。
周朴园	那你走错屋子了。
鲁侍萍	哦。——老爷没有事了？
周朴园	（指窗）窗户谁叫打开的？
鲁侍萍	哦。（很自然地走到窗户，关上窗户，慢慢地走向中门）
周朴园	（看她关好窗门，忽然觉得她很奇怪）你站一站，（鲁妈停）你——你贵姓？
鲁侍萍	我姓鲁。
周朴园	姓鲁。你的口音不像北方人。
鲁侍萍	对了，我不是，我是江苏的。
周朴园	你好像有点无锡口音。
鲁侍萍	我自小就在无锡长大的。
周朴园	（沉思）无锡？嗯，无锡（忽而）你在无锡是什么时候？
鲁侍萍	光绪二十年，离现在有三十多年了。
周朴园	哦，三十年前你在无锡？
鲁侍萍	是的，三十多年前呢，那时候我记得我们还没有用洋火呢。
周朴园	（沉思）三十多年前，是的，很远啦，我想想，我大概是二十多岁的时候。那时候我还在无锡呢。
鲁侍萍	老爷是那个地方的人？
周朴园	嗯，（沉吟）无锡是个好地方。
鲁侍萍	哦，好地方。
周朴园	你三十年前在无锡么？
鲁侍萍	是，老爷。
周朴园	三十年前，在无锡有一件很出名的事情——
鲁侍萍	哦。
周朴园	你知道么？
鲁侍萍	也许记得，不知道老爷说的是哪一件？
周朴园	哦，很远的，提起来大家都忘了。
鲁侍萍	说不定，也许记得的。
周朴园	我问过许多那个时候到过无锡的人，我想打听打听。可是那个时候在无锡的人，到现在不是老了就是死了，活着的多半是不知道的，或者忘了。
鲁侍萍	如若老爷想打听的话，无论什么事，无锡那边我还有认识的人，虽然许久不通音信，托他们打听点事情总还可以的。
周朴园	我派人到无锡打听过。——不过也许凑巧你会知道。三十年前在无锡有一家姓梅的。

鲁侍萍　姓梅的？

周朴园　梅家的一个年轻小姐，很贤惠，也很规矩，有一天夜里，忽然地投水死了，后来，后来，——你知道么？

鲁侍萍　不敢说。

周朴园　哦。

鲁侍萍　我倒认识一个年轻的姑娘姓梅的。

周朴园　哦？你说说看。

鲁侍萍　可是她不是小姐，她也不贤惠，并且听说是不大规矩的。

周朴园　也许，也许你弄错了，不过你不妨说说看。

鲁侍萍　这个梅姑娘倒是有一天晚上跳的河，可是不是一个，她手里抱着一个刚生下三天的男孩。听人说她生前是不规矩的。

周朴园　(苦痛)哦！

鲁侍萍　这是个下等人，不很守本分的。听说她跟那时周公馆的少爷有点不清白，生了两个儿子。生了第二个，才过三天，忽然周少爷不要她了，大孩子就放在周公馆，刚生的孩子抱在怀里，在年三十夜里投河死的。

周朴园　(汗涔涔①地)哦。

鲁侍萍　她不是小姐，她是无锡周公馆梅妈的女儿，她叫侍萍。

周朴园　(抬起头来)你姓什么？

鲁侍萍　我姓鲁，老爷。

周朴园　(喘出一口气，沉思地)侍萍，侍萍，对了。这个女孩子的尸首，说是有一个穷人见着埋了。你可以打听得她的坟在哪儿么？

鲁侍萍　老爷问这些闲事干什么？

周朴园　这个人跟我们有点亲戚。

鲁侍萍　亲戚？

周朴园　嗯，——我们想把她的坟墓修一修。

鲁侍萍　哦——那用不着了。

周朴园　怎么？

鲁侍萍　这个人现在还活着。

周朴园　(惊愕)什么？

鲁侍萍　她没有死。

周朴园　她还在？不会吧？我看见她河边上的衣服，里面有她的绝命书。

鲁侍萍　不过她被一个慈善的人救活了。

周朴园　哦，救活啦？

---

①　[汗涔涔(cén)]形容汗水不断地流下。

鲁侍萍　以后无锡的人是没见着她,以为她那夜晚死了。

周朴园　那么,她呢?

鲁侍萍　一个人在外乡活着。

周朴园　那个小孩呢?

鲁侍萍　也活着。

周朴园　(忽然立起)你是谁?

鲁侍萍　我是这儿四凤的妈,老爷。

周朴园　哦。

鲁侍萍　她现在老了,嫁给一个下等人,又生了个女孩,境况很不好。

周朴园　你知道她现在在哪儿?

鲁侍萍　我前几天还见着她!

周朴园　什么?她就在这儿?此地?

鲁侍萍　嗯,就在此地。

周朴园　哦!

鲁侍萍　老爷,你想见一见她么?

周朴园　不,不,谢谢你。

鲁侍萍　她的命很苦。离开了周家,周家少爷就娶了一位有钱有门第的小姐。她一个单身人,无亲无故,带着一个孩子在外乡什么事都做,讨饭,缝衣服,当老妈,在学校里伺候人。

周朴园　她为什么不再找到周家?

鲁侍萍　大概她是不愿意吧?为着她自己的孩子她嫁过两次。

周朴园　嗯?以后她又嫁过两次?

鲁侍萍　嗯,都是很下等的人。她遇人都很不如意,老爷想帮一帮她么?

周朴园　好,你先下去。让我想一想。

鲁侍萍　老爷,没有事了?(望着朴园,眼泪要涌出)老爷,您那雨衣,我怎么说?

周朴园　你去告诉四凤,叫她把我樟木箱子里那件旧雨衣拿出来,顺便把那箱子里的几件旧衬衣也拣出来。

鲁侍萍　旧衬衣?

周朴园　你告诉她在我那顶老的箱子里,纺绸的衬衣,没有领子的。

鲁侍萍　老爷那种纺绸衬衣不是一共有五件?您要哪一件?

周朴园　要哪一件?

鲁侍萍　不是有一件,在右袖襟上有个烧破的窟窿,后来用丝线绣成一朵梅花补上的?还有一件,——

周朴园　(惊愕)梅花?

鲁侍萍　还有一件绸衬衣,左袖襟也绣着一朵梅花,旁边还绣着一个萍字。还

中职语文与应用(卫生类)

有一件，——

鲁侍萍　　（徐徐立起）哦，你，你，你是——

周朴园　　我是从前伺候过老爷的下人。

鲁侍萍　　哦，侍萍！（低声）怎么，是你？

周朴园　　你自然想不到，侍萍的相貌有一天也会老得连你都不认识了。

鲁侍萍　　你——侍萍？（不觉地望望柜上的相片，又望鲁妈）

周朴园　　朴园，你找侍萍么？侍萍在这儿。

鲁侍萍　　（忽然严厉地）你来干什么？

周朴园　　不是我要来的。

鲁侍萍　　谁指使你来的？

周朴园　　（悲愤）命！不公平的命指使我来的。

鲁侍萍　　（冷冷地）三十年的工夫你还是找到这儿来了。

周朴园　　（愤怒）我没有找你，我没有找你，我以为你早死了。我今天没想到到这儿来，这是天要我在这儿又碰见你。

鲁侍萍　　你可以冷静点。现在你我都是有子女的人，如果你觉得心里有委屈，这么大年纪，我们先可以不必哭哭啼啼的。

周朴园　　哭？哼，我的眼泪早哭干了，我没有委屈，我有的是恨，是悔，是三十年一天一天我自己受的苦。你大概已经忘了你做的事了！三十年前，过年三十的晚上我生下你的第二个儿子才三天，你为了要赶紧娶那位有钱有门第的小姐，你们逼着我冒着大雪出去，要我离开你们周家的门。

鲁侍萍　　从前的恩怨，过了几十年，又何必再提呢？

周朴园　　那是因为周大少爷一帆风顺，现在也是社会上的好人物。可是自从我被你们家赶出来以后，我没有死成，我把我的母亲可给气死了，我亲生的两个孩子你们家里逼着我留在你们家里。

鲁侍萍　　你的第二个孩子你不是已经抱走了么？

周朴园　　那是你们老太太看着孩子快死了，才叫我抱走的。（自语）哦，天哪，我觉得我像在做梦。

鲁侍萍　　我看过去的事不必再提起来吧。

周朴园　　我要提，我要提，我闷了三十年了！你结了婚，就搬了家，我以为这一辈子也见不着你了；谁知道我自己的孩子偏偏命定要跑到周家来，又做我从前在你们家做过的事。

鲁侍萍　　怪不得四凤这样像你。

周朴园　　我伺候你，我的孩子再伺候你生的少爷们。这是我的报应，我的报应。

鲁侍萍　　你静一静。把脑子放清醒点。你不要以为我的心是死了，你以为一个人做了一件于心不忍的事就会忘了么？你看这些家具都是你从前顶喜欢的东西，多少年我总是留着，为着纪念你。

鲁侍萍　（低头）哦。

周朴园　你的生日——四月十八——每年我总记得。一切都照着你是正式嫁过周家的人看，甚至于你因为生萍儿，受了病，总要关窗户，这些习惯我都保留着，为的是不忘你，弥补我的罪过。

鲁侍萍　（叹一口气）现在我们都是上了年纪的人，这些傻话请你不必说了。

周朴园　那更好了。那么我们可以明明白白地谈一谈。

鲁侍萍　不过我觉得没有什么可谈的。

周朴园　话很多。我看你的性情好像没有大改，——鲁贵像是个很不老实的人。

鲁侍萍　你不明白。他永远不会知道的。

周朴园　那双方面都好。再有，我要问你的，你自己带走的儿子在哪儿？

鲁侍萍　他在你的矿上做工。

周朴园　我问，他现在在哪儿？

鲁侍萍　就在门房等着见你呢。

周朴园　什么？鲁大海？他！我的儿子？

鲁侍萍　他的脚趾头因为你的不小心，现在还是少一个的。

周朴园　（冷笑）这么说，我自己的骨肉在矿上鼓励罢工，反对我！

鲁侍萍　他跟你现在完完全全是两样的人。

周朴园　（沉静）他还是我的儿子。

鲁侍萍　你不要以为他还会认你做父亲。

周朴园　（忽然）好！痛痛快快的！你现在要多少钱吧？

鲁侍萍　什么？

周朴园　留着你养老。

鲁侍萍　（苦笑）哼，你还以为我是故意来敲诈你，才来的么？

周朴园　也好，我们暂且不提这一层。那么，我先说我的意思。你听着，鲁贵我现在要辞退的，四凤也要回家。不过——

鲁侍萍　你不要怕，你以为我会用这种关系来敲诈你么？你放心，我不会的。大后天我就会带四凤回到我原来的地方。这是一场梦，这地方我绝对不会再住下去。

周朴园　好得很，那么一切路费、用费，都归我担负。

鲁侍萍　什么？

周朴园　这于我的心也安一点。

鲁侍萍　你？（笑）三十年我一个人都过了，现在我反而要你的钱？

周朴园　好，好，好，那么你现在要什么？

鲁侍萍　（停一停）我，我要点东西。

周朴园　什么？说吧？

鲁侍萍　（泪满眼）我——我只要见见我的萍儿。

周朴园　你想见他？

鲁侍萍　嗯，他在哪儿？

周朴园　他现在在楼上陪着他的母亲看病。我叫他，他就可以下来见你。不过是——

鲁侍萍　不过是什么？

周朴园　他很大了。

鲁侍萍　（追忆）他大概是二十八了吧？我记得他比大海只大一岁。

周朴园　并且他以为他母亲早就死了的。

鲁侍萍　哦，你以为我会哭哭啼啼地叫他认母亲么？我不会那么傻的。我难道不知道这样的母亲只给自己的儿子丢人么？我明白他的地位，他的教育，不容他承认这样的母亲。这些年我也学乖了，我只想看看他，他究竟是我生的孩子。你不要怕，我就是告诉他，白白地增加他的烦恼，他自己也不愿意认我的。

周朴园　那么，我们就这样解决了。我叫他下来，你看一看他，以后鲁家的人永远不许再到周家来。

鲁侍萍　好，希望这一生不至于再见你。

周朴园　（由衣内取出皮夹的支票签好）很好，这是一张五千块钱的支票，你可以先拿去用。算是弥补我一点罪过。

鲁侍萍　（接过支票）谢谢你。（慢慢撕碎支票）

周朴园　侍萍。

鲁侍萍　我这些年的苦不是你那钱就算得清的。

周朴园　可是你——

［外面争吵声。鲁大海的声音："放开我，我要进去。"三四个男仆声："不成，不成，老爷睡觉呢。"门外有男仆等与大海的挣扎声。］

周朴园　（走至中门）来人！（仆人由中门进）谁在吵？

仆　人　就是那个工人鲁大海！他不讲理，非见老爷不可。

周朴园　哦。（沉吟）那你叫他进来吧。等一等，叫人到楼上请大少爷下楼，我有话问他。

仆　人　是，老爷。

［仆人由中门下。］

周朴园　（向鲁妈）侍萍，你不要太固执。这一点钱你不收下，将来你会后悔的。

［鲁侍萍望着他，一句话也不说。］

［仆人领着大海进，大海站在左边，三四仆人立一旁。］

鲁大海　（见鲁妈）妈，您还在这儿？

周朴园　（打量鲁大海）你叫什么名字？

鲁大海　（大笑）董事长，您不要同我摆架子，您难道不知道我是谁么？

周朴园　你？我只知道你是罢工闹得最凶的工人代表。

鲁大海　对了，一点儿也不错，所以才来拜望拜望您。

周朴园　你有什么事吧？

鲁大海　董事长当然知道我是为什么来的。

周朴园　（摇头）我不知道。

鲁大海　我们老远从矿上来，今天我又在您府上大门房里从早上六点钟一直
　　　　等到现在，我就是要问问董事长，对于我们工人的条件，究竟是允许
　　　　不允许？

周朴园　哦，那么——那么，那三个代表呢？

鲁大海　我跟你说吧，他们现在正在联络旁的工会呢。

周朴园　哦，——他们没告诉你旁的事情么？

鲁大海　告诉不告诉于你没有关系。——我问你，你的意思，忽而软，忽而硬，
　　　　究竟是怎么回子？

［周萍由饭厅上，见有人，即想退回。］

周朴园　（看萍）不要走，萍儿！（视鲁妈，鲁妈知萍为其子，眼泪汪汪地望
　　　　着他）

周　萍　是，爸爸。

周朴园　（指身侧）萍儿，你站在这儿。（向大海）你这么只凭意气是不能交涉
　　　　事情的。

鲁大海　哼，你们的手段，我都明白。你们这样拖延时候不过是想去花钱收买
　　　　少数不要脸的败类，暂时把我们骗在这儿。

周朴园　你的见地①也不是没有道理。

鲁大海　可是你完全错了。我们这次罢工是有团结的，有组织的。我们代表
　　　　这次来并不是来求你们。你听清楚，不求你们。你们允许就允许；不
　　　　允许，我们一直罢工到底，我们知道你们不到两个月整个地就要关
　　　　门的。

周朴园　你以为你们那些代表们，那些领袖们都可靠吗？

鲁大海　至少比你们只认识洋钱的结合要可靠得多。

周朴园　那么我给你一件东西看。

———————————

① ［见地］见解。

　　　　　中职语文与应用（卫生类）

[朴园在桌上找电报,仆人递给他;此时周冲①偷偷由左书房进,在旁谛听。]

周朴园　（给大海电报）这是昨天从矿上来的电报。

鲁大海　（拿过去看）什么？ 他们又上工了。（放下电报）不会,不会。

周朴园　矿上的工人已经在昨天早上复工,你当代表的反而不知道么?

鲁大海　（惊,怒）怎么矿上警察开枪打死三十个工人就白打了么?（又看电报,忽然笑起来）哼,这是假的。你们自己假作的电报来离间我们的。（笑）哼,你们这种卑鄙无赖的行为!

周　萍　（忍不住）你是谁? 敢在这儿胡说?

周朴园　萍儿! 没有你的话。（低声向大海）你就这样相信你那同来的代表么?

鲁大海　你不用多说,我明白你这些话的用意。

周朴园　好,那我把那复工的合同给你瞧瞧。

鲁大海　（笑）你不要骗小孩子,复工的合同没有我们代表的签字是不生效力的。

周朴园　哦,（向仆）合同!（仆由桌上拿合同递他）你看,这是他们三个人签字的合同。

鲁大海　（看合同）什么?（慢慢地,低声）他们三个人签了字。他们怎么会不告诉我就签了字呢? 他们就这样把我不理啦?

周朴园　对了,傻小子,没有经验只会胡喊是不成的。

鲁大海　那三个代表呢?

周朴园　昨天晚车就回去了。

鲁大海　（如梦初醒）他们三个就骗了我了,这三个没有骨头的东西,他们就把矿上的工人们卖了。哼,你们这些不要脸的董事长,你们的钱这次又灵了。

周　萍　（怒）你混账!

周朴园　不许多说话。（回头向大海）鲁大海,你现在没有资格跟我说话——矿上已经把你开除了。

鲁大海　开除了?!

周　冲　爸爸,这是不公平的。

周朴园　（向冲）你少多嘴,出去!

[周冲由中门气下。]

鲁大海　哦,好,好,（切齿）你的手段我早就领教过,只要你能弄钱,你什么都做得出来。你叫警察杀了矿上许多工人,你还——

周朴园　你胡说!

---

①　[周冲]周朴园和繁漪的儿子,是一个受五四新思潮影响,充满天真幻想的年轻人。

鲁侍萍　（至大海前）别说了,走吧。

鲁大海　哼,你的来历我都知道,你从前在哈尔滨包修江桥,故意在叫江堤
　　　　出险——

周朴园　（低声）下去!

[仆人等拉他,说"走! 走!"]

鲁大海　（对仆人）你们这些混账东西,放开我。我要说,你故意淹死了二千
　　　　二百个小工,每一个小工的性命你扣三百块钱! 姓周的,你发的是绝
　　　　子绝孙的昧心财! 你现在还——

周　萍　（忍不住气,走到大海面前,重重地打他两个嘴巴）你这种混账东西!

[大海立刻要还手,倒是被周宅的仆人们拉住。]

周　萍　打他。

鲁大海　（向萍高声）你,你!

[鲁大海正要骂,仆人一起打大海。大海头流血。鲁妈哭喊着护大海。]

周朴园　（厉声）不要打人!

[仆人们停止打大海,仍拉着大海的手。]

鲁大海　放开我,你们这一群强盗!

周　萍　（向仆人）把他拉下去。

鲁侍萍　（大哭起来）哦,这真是一群强盗! （走至萍前,抽咽）你是萍,——
　　　　凭,——凭什么打我的儿子?

周　萍　你是谁?

鲁侍萍　我是你的——你打的这个人的妈。

鲁大海　妈,别理这东西,您小心吃了他们的亏。

鲁侍萍　（呆呆地看着萍的脸,忽而又大哭起来）大海,走吧,我们走吧。（抱
　　　　着大海受伤的头哭）

[大海为仆人们拥下,鲁侍萍随下。]

思考与练习

一、给下列加点的字注音。

1. 汗涔涔　　　2. 伺候　　　3. 虐待　　　4. 弥补

5. 谛听　　　6. 沉吟　　　7. 惊愕　　　8. 雪茄

二、分组活动:分角色朗读。(提示:用心体会课文的每句台词所表达的思想感情,要进入角色,读出人物感情)

_____

_____

三、试说出下列破折号的作用。

1. 周朴园:你——你贵姓?

_____

_____

2. 周朴园:我看你的性情好像没有大改,——鲁贵像是个很不老实的人。

_____

_____

3. 鲁侍萍:(泪满眼)我——我只要见见我的萍儿。

_____

_____

4. 周朴园:你现在没有资格跟我说话——矿上已经把你开除了。

_____

_____

四、戏剧人物的语言往往有潜台词。揣摩下列语句,回答括号中的问题,体会人物语言内涵的丰富性。

1. 鲁侍萍:可是她不是小姐,她也不贤惠,并且听说是不大规矩的。

(课文中鲁侍萍几次说到这样意思的话,表现了她怎样的心情?)

_____

_____

2. 周朴园:(忽然)好!痛痛快快的!你现在要多少钱吧!

鲁侍萍:什么?

(鲁侍萍的反问,表现了她怎样的情感?)

_____

_____

3. 周朴园:什么?鲁大海?他!我的儿子?

(可以说成"鲁大海原来是我的儿子",但表达的感情却不同。试分析这四个短句表达的情感。)

_____

_____

4. 鲁侍萍：(起来) 这真是一群强盗！(走至周萍面前,抽咽) 你是萍,——凭,——凭什么打我的儿子?

(第二句话巧妙在哪里? 表现了侍萍怎样复杂的感情?)

_____

_____

_____

五、"周朴园是否真爱侍萍"是有争议的话题。下面有关该话题的辩论,请针对正方说法,以反方身份写一段话加以反驳。

正方：一般人认为周朴园冷酷、自私、虚伪,我方认为,就感情方面讲,他年轻时与侍萍相爱,是冲破封建礼教束缚的伟大爱情。他本是一个善良热情、追求个性解放的阔少爷,但环境逐渐改变了他,只能忍痛割爱。这点可从他一直保留旧家具、旧衬衣、旧照片、旧习惯等方面看出来,三十年来,他一直活在痛苦中,因为他内心深处一直还爱着侍萍。

反方：_____

_____

_____

_____

_____

_____

_____

三十八　药①

鲁迅

课文导读

　　这是鲁迅先生的短篇小说,本文蕴含着味之不尽的艺术魅力,寄寓着深微幽远的思想内涵,给人常读常新之感,表现了极其深刻的思想艺术力量。

　　作品通过对茶馆主人华老栓夫妇为儿子小栓买人血馒头治病的故事,颂扬了革命者夏瑜英勇不屈的革命精神。揭露了当时群众的愚昧、不觉悟、对革命不理解的思想本质,同时也揭示了封建等级制度的罪恶和影响。

一

　　秋天的后半夜,月亮下去了,太阳还没有出,只剩下一片乌蓝的天;除了夜游的东西,什么都睡着。华老栓忽然坐起身,擦着火柴,点上遍身油腻的灯盏,茶馆的两间屋子里,便弥满了青白的光。

　　"小栓的爹,你就去么?"是一个老女人的声音。里边的小屋子里,也发出一阵咳嗽。

　　"唔。"老栓一面听,一面应,一面扣上衣服;伸手过去说,"你给我罢"。

　　华大妈在枕头底下掏了半天,掏出一包洋钱②,交给老栓,老栓接了,抖抖的装入衣袋,又在外面按了两下;便点上灯笼,吹熄灯盏,走向里屋子去了。那屋子里面,正在悉悉窣窣③的响,接着便是一通咳嗽。老栓候他平静下去,才低低的叫道,"小栓……你不要起来。……店么? 你娘会安排的。"

　　老栓听得儿子不再说话,料他安心睡了;便出了门,走到街上。街上黑沉沉的一无所有,只有一条灰白的路,看得分明。灯光照着他的两脚,一前一后的走。有时也遇到几只狗,可是一只也没有叫。天气比屋子里冷多了;老栓倒觉爽快,仿佛一旦变了少年,得了神通,有给人生命的本领似的,跨步格外高远。而且路也愈走愈分明,天也愈走愈亮了。

　　老栓正在专心走路,忽然吃了一惊,远远里看见一条丁字街,明明白白横着。他便退了几步,寻到一家关着门的铺子,蹩进檐下,靠门立住了。好一会,身上觉得

---

　　① 本篇最初发表于 1919 年 5 月《新青年》第六卷第五号,选自小说集《呐喊》。鲁迅(1881—1936),浙江绍兴人,原名周樟寿,字豫才,后改名为周树人,以笔名鲁迅闻名于世。

　　② [洋钱]指银圆。银圆最初是从外国流入我国的,所以俗称洋钱;我国自清代后期开始自铸银圆,但民间仍沿用这个旧称。

　　③ [窸窸(xī)窣窣(sū)]象声词,形容摩擦等轻微细小的声音。

有些发冷。

"哼,老头子。"

"倒高兴……。"

老栓又吃一惊,睁眼看时,几个人从他面前过去了。一个还回头看他,样子不甚分明,但很像久饿的人见了食物一般,眼里闪出一种攫取①的光。老栓看看灯笼,已经熄了。按一按衣袋,硬硬的还在。仰起头两面一望,只见许多古怪的人,三三两两,鬼似的在那里徘徊;定睛再看,却也看不出什么别的奇怪。

没有多久,又见几个兵,在那边走动;衣服前后的一个大白圆圈,远地里也看得清楚,走过面前的,并且看出号衣②上暗红色的镶边。——一阵脚步声响,一眨眼,已经拥过了一大簇人。那三三两两的人,也忽然合作一堆,潮一般向前赶;将到丁字街口,便突然立住,簇成一个半圆。

老栓也向那边看,却只见一堆人的后背;颈项都伸得很长,仿佛许多鸭,被无形的手捏住了的,向上提着。静了一会,似乎有点声音,便又动摇起来,轰的一声,都向后退;一直散到老栓立着的地方,几乎将他挤倒了。

"喂! 一手交钱,一手交货!"一个浑身黑色的人,站在老栓面前,眼光正像两把刀,刺得老栓缩小了一半。那人一只大手,向他摊着;一只手却撮着一个鲜红的馒头③,那红的还是一点一点的往下滴。

老栓慌忙摸出洋钱,抖抖的想交给他,却又不敢去接他的东西。那人便焦急起来,嚷道,"怕什么? 怎的不拿!"老栓还踌躇④着;黑的人便抢过灯笼,一把扯下纸罩,裹了馒头,塞与老栓;一手抓过洋钱,捏一捏,转身去了。嘴里哼着说,"这老东西……。"

"这给谁治病的呀?"老栓也似乎听得有人问他,但他并不答应;他的精神,现在只在一个包上,仿佛抱着一个十世单传的婴儿,别的事情,都已置之度外了。他现在要将这包里的新的生命,移植到他家里,收获许多幸福。太阳也出来了;在他面前,显出一条大道,直到他家中,后面也照见丁字街头破匾上"古□亭口"这四个黯淡的金字。

二

老栓走到家,店面早经收拾干净,一排一排的茶桌,滑溜溜的发光。但是没有客人;只有小栓坐在里排的桌前吃饭,大粒的汗,从额上滚下,夹袄也帖住了脊心,两块肩胛骨⑤高高凸出,印成一个阳文的"八"字。老栓见这样子,不免皱一皱展开

---

① [攫(jué)取]抓取、拿取或掠取。

② [号衣]指清朝士兵的军衣,前后胸部都缀有一块圆形白布,上有"兵"或"勇"字样。

③ [鲜红的馒头]即蘸有人血的馒头。旧时迷信,以为人血可以医治肺痨,刽子手便借此骗取钱财。

④ [踌躇(chóu chú)]犹豫不决。

⑤ [肩胛(jiǎ)骨]人体胸背部最上部外侧的骨头,左右各一,略呈三角形。

中职语文与应用(卫生类)

的眉心。他的女人，从灶下急急走出，睁着眼睛，嘴唇有些发抖。

"得了么？"

"得了。"

两个人一齐走进灶下，商量了一会；华大妈便出去了，不多时，拿着一片老荷叶回来，摊在桌上。老栓也打开灯笼罩，用荷叶重新包了那红的馒头。小栓也吃完饭，他的母亲慌忙说：

"小栓——你坐着，不要到这里来。"

一面整顿了灶火，老栓便把一个碧绿的包，一个红红白白的破灯笼，一同塞在灶里；一阵红黑的火焰过去时，店屋里散满了一种奇怪的香味。

"好香！你们吃什么点心呀？"这是驼背五少爷到了。这人每天总在茶馆里过日，来得最早，去得最迟，此时恰恰蹩到临街的壁角的桌边，便坐下问话，然而没有人答应他。"炒米粥么？"仍然没有人应。老栓匆匆走出，给他泡上茶。

"小栓进来罢！"华大妈叫小栓进了里面的屋子，中间放好一条凳，小栓坐了。他的母亲端过一碟乌黑的圆东西，轻轻说：

"吃下去罢，——病便好了。"

小栓撮起这黑东西，看了一会，似乎拿着自己的性命一般，心里说不出的奇怪。十分小心的拗①了，焦皮里面窜出一道白气，白气散了，是两半个白面的馒头。——不多工夫，已经全在肚里了，却全忘了什么味；面前只剩下一张空盘。他的旁边，一面立着他的父亲，一面立着他的母亲，两人的眼光，都仿佛要在他身上注进什么又要取出什么似的；便禁不住心跳起来，按着胸膛，又是一阵咳嗽。

"睡一会罢，——便好了。"

小栓依他母亲的话，咳着睡了。华大妈候他喘气平静，才轻轻的给他盖上了满幅补丁的夹被。

三

店里坐着许多人，老栓也忙了，提着大铜壶，一趟一趟的给客人冲茶；两个眼眶，都围着一圈黑线。

"老栓，你有些不舒服么？——你生病么？"一个花白胡子的人说。

"没有。"

"没有？——我想笑嘻嘻的，原也不像……"花白胡子便取消了自己的话。

"老栓只是忙。要是他的儿子……"驼背五少爷话还未完，突然闯进了一个满脸横肉的人，披一件玄色布衫，散着纽扣，用很宽的玄色腰带，胡乱捆在腰间。刚进门，便对老栓嚷道：

"吃了么？好了么？老栓，就是运气了你！你运气，要不是我信息灵……"

---

① ［拗(niù)开］把东西用两手掰开。

老栓一手提了茶壶，一手恭恭敬敬的垂着;笑嘻嘻的听。满座的人，也都恭恭敬敬的听。华大妈也黑着眼眶，笑嘻嘻的送出茶碗茶叶来，加上一个橄榄，老栓便去冲了水。

　　"这是包好! 这是与众不同的。你想，趁热的拿来，趁热的吃下。"横肉的人只是嚷。

　　"真的呢，要没有康大叔照顾，怎么会这样……"华大妈也很感激的谢他。

　　"包好，包好! 这样的趁热吃下。这样的人血馒头，什么痨病都包好!"

　　华大妈听到"痨病"这两个字，变了一点脸色，似乎有些不高兴;但又立刻堆上笑，搭讪着走开了。这康大叔却没有觉察，仍然提高了喉咙只是嚷，嚷得里面睡着的小栓也合伙咳嗽起来。

　　"原来你家小栓碰到了这样的好运气了。这病自然一定全好;怪不得老栓整天的笑着呢。"花白胡子一面说，一面走到康大叔面前，低声下气的问道，"康大叔——听说今天结果的一个犯人，便是夏家的孩子，那是谁的孩子? 究竟是什么事?"

　　"谁的? 不就是夏四奶奶的儿子么? 那个小家伙!"康大叔见众人都耸起耳朵听他，便格外高兴，横肉块块饱绽，越发大声说，"这小东西不要命，不要就是了。我可是这一回一点没有得到好处;连剥下来的衣服，都给管牢的红眼睛阿义拿去了。——第一要算我们栓叔运气;第二是夏三爷赏了二十五两雪白的银子，独自落腰包，一文不花。"

　　小栓慢慢的从小屋子里走出，两手按了胸口，不住的咳嗽;走到灶下，盛出一碗冷饭，泡上热水，坐下便吃。华大妈跟着他走，轻轻的问道，"小栓，你好些么? ——你仍旧只是肚饿? ……"

　　"包好，包好!"康大叔瞥了小栓一眼，仍然回过脸，对众人说，"夏三爷真是乖角儿，要是他不先告官，连他满门抄斩。现在怎样? 银子! ——这小东西也真不成东西! 关在牢里，还要劝牢头造反。"

　　"阿呀，那还了得。"坐在后排的一个二十多岁的人，很现出气愤模样。

　　"你要晓得红眼睛阿义是去盘盘底细的，他却和他攀谈了。他说:这大清的天下是我们大家的。你想:这是人话么? 红眼睛原知道他家里只有一个老娘，可是没有料到他竟会这么穷，榨不出一点油水，已经气破肚皮了。他还要老虎头上搔痒，便给他两个嘴巴!"

　　"义哥是一手好拳棒，这两下，一定够他受用了。"壁角的驼背忽然高兴起来。

　　"他这贱骨头打不怕，还要说可怜可怜哩。"

　　花白胡子的人说，"打了这种东西，有什么可怜呢?"

　　康大叔显出看他不上的样子，冷笑着说，"你没有听清我的话;看他神气，是说阿义可怜哩!"

　　听着的人的眼光，忽然有些板滞;话也停顿了。小栓已经吃完饭，吃得满头流汗,头上都冒出蒸气来。

"阿义可怜——疯话,简直是发了疯了。"花白胡子恍然大悟①似的说。

"发了疯了。"二十多岁的人也恍然大悟的说。

店里的坐客,便又现出活气,谈笑起来。小栓也趁着热闹,拼命咳嗽;康大叔走上前,拍他肩膀说:

"包好!小栓——你不要这么咳。包好!"

"疯了!"驼背五少爷点着头说。

四

西关外靠着城根的地面,本是一块官地;中间歪歪斜斜一条细路,是贪走便道的人,用鞋底造成的,但却成了自然的界限。路的左边,都埋着死刑和瘐毙的人,右边是穷人的丛冢②。两面都已埋到层层叠叠,宛然③阔人家里祝寿时的馒头。

这一年的清明,分外寒冷;杨柳才吐出半粒米大的新芽。天明未久,华大妈已在右边的一坐新坟前面,排出四碟菜,一碗饭,哭了一场。化过纸,呆呆的坐在地上;仿佛等候什么似的,但自己也说不出等候什么。微风起来,吹动他短发,确乎比去年白得多了。

小路上又来了一个女人,也是半白头发,褴褛的衣裙;提一个破旧的朱漆圆篮,外挂一串纸锭④,三步一歇的走。忽然见华大妈坐在地上看她,便有些踌躇,惨白的脸上,现出些羞愧的颜色;但终于硬着头皮,走到左边的一坐坟前,放下了篮子。

那坟与小栓的坟,一字儿排着,中间只隔一条小路。华大妈看他排好四碟菜,一碗饭,立着哭了一通,化过纸⑤锭;心里暗暗地想,"这坟里的也是儿子了。"那老女人徘徊观望了一回,忽然手脚有些发抖,跄跄踉踉退下几步,瞪着眼只是发怔。

华大妈见这样子,生怕他伤心到快要发狂了;便忍不住立起身,跨过小路,低声对他说,"你这位老奶奶不要伤心了,——我们还是回去罢。"

那人点一点头,眼睛仍然向上瞪着;也低声吃吃的说道,"你看,——看这是什么呢?"

华大妈跟了他指头看去,眼光便到了前面的坟,这坟上草根还没有全合,露出一块一块的黄土,煞是难看。再往上仔细看时,却不觉也吃一惊;——分明有一圈红白的花,围着那尖圆的坟顶。

他们的眼睛都已老花多年了,但望这红白的花,却还能明白看见。花也不很

---

① [恍(huǎng)然大悟]形容一下子明白过来。恍然,猛然清醒的样子。悟,理解、明白。

② [丛冢(zhǒng)]乱葬在一片地方的许多坟墓。

③ [宛(wǎn)然]仿佛,很像。

④ [纸锭(dìng)]用纸或锡箔折成的元宝,纸钱的一种。

⑤ [化过纸]纸指纸钱,一种迷信用品,旧俗认为把它火化后可供死者在"阴间"使用。下文说的纸锭,是用纸或锡箔折成的元宝。

多,圆圆的排成一个圈,不很精神,倒也整齐。华大妈忙看他儿子和别人的坟,却只有不怕冷的几点青白小花,零星开着;便觉得心里忽然感到一种不足和空虚,不愿意根究。那老女人又走近几步,细看了一遍,自言自语的说,"这没有根,不像自己开的。——这地方有谁来呢?孩子不会来玩;——亲戚本家早不来了。——这是怎么一回事呢?"他想了又想,忽又流下泪来,大声说道:

"瑜儿,他们都冤枉了你,你还是忘不了,伤心不过,今天特意显点灵,要我知道么?"他四面一看,只见一只乌鸦,站在一株没有叶的树上,便接着说,"我知道了。——瑜儿,可怜他们坑了你,他们将来总有报应,天都知道;你闭了眼睛就是了。——你如果真在这里,听到我的话,——便教这乌鸦飞上你的坟顶,给我看罢。"

微风早经停息了;枯草支支直立,有如铜丝。一丝发抖的声音,在空气中愈颤愈细,细到没有,周围便都是死一般静。两人站在枯草丛里,仰面看那乌鸦;那乌鸦也在笔直的树枝间,缩着头,铁铸一般站着。

许多的工夫过去了;上坟的人渐渐增多,几个老的小的,在土坟间出没。

华大妈不知怎的,似乎卸下了一挑重担,便想到要走;一面劝着说,"我们还是回去罢。"

那老女人叹一口气,无精打采的收起饭菜;又迟疑了一刻,终于慢慢地走了。嘴里自言自语的说,"这是怎么一回事呢?……"

他们走不上二三十步远,忽听得背后"哑——"一声大叫;两个人都悚然①的回过头,只见那乌鸦张开两翅,一挫身,直向着远处的天空,箭也似的飞去了。

思考与练习

一、给下列加点的字注音。

1. 拗开　　　　2. 丛冢　　　　3. 肩胛骨　　　　4. 搔痒

5. 搭讪　　　　6. 踌躇　　　　7. 踉跄　　　　8. 悚然

二、阅读文章,回答下面问题。

1.《药》的标题深含的意义。

_____

_____

2. "华""夏"姓名的意图考究。

_____

_____

---

① ［悚(sǒng)然］形容害怕的样子。

3. 本文的主人公是谁？

_____

_____

4. 在你看来,《药》究竟是华家的悲剧还是夏家的悲剧？

_____

_____

5. 结尾应不应该出现花环？

_____

_____

三十九　项　链^①

[法]莫泊桑

课文导读

　　小说以精巧的艺术构思、引人入胜的故事情节、出色的心理描写,塑造出文学史上不多见的、富有个性魅力的女性形象——玛蒂尔德。

　　女主人公是一个小公务员的妻子。一次,他们接到了部长举办的晚会的邀请。玛蒂尔德由于虚荣心作祟,向一个贵妇人借了一条钻石项链。后来这条项链不慎在舞会上丢失,玛蒂尔德为了赔给朋友一模一样的项链,落入高利贷的陷阱,就此开始了艰辛的生活,葬送了十年的青春。最后,当她还清欠款,偶遇那位贵妇人时,妇人却告诉她那条项链其实是假的。

　　文中玛蒂尔德为还债而过的穷人生活,与她原来的生活和梦想的生活都形成了强烈的反差,这其中传递出对她爱慕虚荣的隐约讽刺,同时也反映出她诚实勇敢的可贵品质。

　　时至今日,人们对作品主人公的评价和主题思想的理解,仍然众说纷纭,莫衷一是。

　　她也是一个美丽动人的姑娘,好像由于命运的差错,生在一个小职员的家里。她没有陪嫁的资产,也没有什么法子让一个有钱的体面人认识她,了解她,爱她,娶她;最后只得跟教育部的一个小书记^②结了婚。

　　她不能够讲究打扮,只好穿着朴素,但是她觉得很不幸,好像这降低了她的身份似的。因为在妇女,美丽、风韵、娇媚,就是她们的出身;天生的聪明,优美的资质,温柔的性情,就是她们唯一的资格。

　　她觉得她生来就是为着过高雅和奢华的生活,因此她不断地感到痛苦。住宅的寒伧^③,墙壁的暗淡,家具的破旧,衣料的粗陋,都使她苦恼。这些东西,在别的跟她一样地位的妇人,也许不会挂在心上,然而她却因此痛苦,因此伤心。她看着那个替她做琐碎家事的勃雷大涅省^④的小女仆,心里就引起悲哀的感慨和狂乱的梦想。她梦想那些优雅的厅堂,那里装饰着东方的帷幕,点着高脚的青铜灯,还有两个穿短裤的仆人,躺在宽大的椅子里,被暖炉的热气烘得打盹儿。她梦想那些宽

---

　　① 《项链》发表于1844年,原题《首饰》。《项链》这个译名是由英译本转译过来的。莫泊桑(1850—1893),法国作家。莫泊桑的文学成就以短篇小说最为突出,有世界短篇小说巨匠的美称。

　　② [书记]旧时在机关里做抄写工作的职员。

　　③ [寒伧(chen)]同"寒碜",丢脸,不体面。

　　④ [勃雷大涅省]法国西部靠海的一个省区。雇佣这个地方的人,工资比较低。

敞的客厅,那里张挂着古式的壁衣①,陈设着精巧的木器,珍奇的古玩。她梦想那些华美的香气扑鼻的小客室,在那里,下午五点钟的时候,她跟最亲密的男朋友闲谈,或者跟那些一般女人所最仰慕最乐于结识的男子闲谈。

每当她在铺着一块三天没洗的桌布的圆桌边坐下来吃晚饭的时候,对面,她的丈夫揭开汤锅的盖子,带着惊喜的声音说:"啊! 好香的肉汤! 再没有比这更好的了! ……"这时候,她就梦想到那些精美的晚餐,亮晶晶的银器;梦想到那些挂在墙上的壁衣,上面绣着古装人物,仙境般的园林,奇异的禽鸟;梦想到盛在名贵的碟盘里的佳肴;梦想到一边吃着粉红色的鲈鱼②或者松鸡③翅膀,一边带着迷人的微笑听客人密谈。

她没有漂亮的服装,没有珠宝,什么也没有。然而她偏偏只爱这些,她觉得自己生在世上就是为了这些。她一向就向往着得人欢心,被人羡慕,具有诱惑力而被人追求。

她有一个有钱的女朋友④,教会女校里的同学,可是她再不想去看她了,因为看望回来就会感到十分痛苦。由于伤心、悔恨、失望、痛苦,她常常整日地哭好几天。

然而,有一天傍晚,她的丈夫得意扬扬地回家来,手里拿着一个大信封。

"看呀,"他说,"这里有点东西给你。"

她高高兴兴地拆开信封,抽出一张请柬,上面印着这些字:

"教育部部长乔治·郎伯诺及夫人,恭请路瓦栽先生与夫人于一月十八日(星期一)光临教育部礼堂,参加夜会。"

她不像丈夫预料的那样高兴,她懊恼地将请柬丢在桌上,咕哝着:

"你叫我拿着这东西怎么办呢?"

"但是,亲爱的,我原以为你一定会喜欢。你从来不出门,这是一个机会,一个好机会! 我费了多大力气才弄到手。大家都希望得到,可是很难得到,一向很少发给职员。你在那儿可以看见所有的官员。"

她用恼怒地眼睛瞧着他,不耐烦地大声说:

"你打算让我穿什么去呢?"

他没有料到这个,结结巴巴地说:

"你上戏园子穿的那件衣裳,我觉得就很好,依我……"他住了口,惊惶失措,因为看见妻子哭起来了,两颗大大的泪珠慢慢地顺着眼角流到嘴角来了。他吃吃地说:

---

① [壁衣]装饰墙壁的织物。
② [鲈鱼]一种嘴大鳞细的鱼,肉味鲜美。
③ [松鸡]一种山鸡,脚上长满羽毛,背部有白、黄、褐、黑等杂色的斑纹,生长在寒冷地带的森林中,肉味鲜美。
④ [一个有钱的女朋友]指下文中的佛莱思节夫人。

"你怎么了？你怎么了？"

她费了很大的力，才抑制住悲痛，擦干那湿润的两腮，用平静的声音回答：

"没有什么。只是，没有件像样的衣服，我不能参加这个晚会。你的同事，谁的妻子打扮得比我好，就把这请柬送给谁去吧。"

他难受了，接着说：

"好吧，玛蒂尔德。做一身合适的衣服，你在别的场合也能穿，很朴素的，得多少钱呢？"

她想了几秒钟，合计出一个数目，考虑到这个数目可以提出来，不会招致这个俭省的书记立刻的拒绝和惊骇的叫声。

末了，她迟疑地答道：

"准数呢，我不知道，不过我想，有四百法郎就可以办到。"

他的脸色有点发白了。他恰好存着这么一笔款子，预备买一杆猎枪，好在夏季的星期天，跟几个朋友到南代尔平原去打云雀。

然而他说：

"好吧，玛蒂尔德①。我给你四百法郎。不过你得把这件长衣裙做得好看些。"

夜会的日子近了，但是路瓦栽夫人显得郁闷，不安，忧愁。她的衣服却做好了。她丈夫有一天晚上对她说：

"你怎么了？看看，这三天来你非常奇怪。"

她回答说：

"叫我发愁的是一粒珍珠，一块宝石都没有，没有什么戴的。我处处带着穷酸气，很想不去参加这个晚会。"

他说：

"戴上几朵鲜花吧。在这个季节里，这是很时新的。花十个法郎，就能买两三朵别致的玫瑰。"

她还是不依。

"不成……在阔太太中间露穷酸相，再难堪也没有了。"

她丈夫大声说：

"你多么傻啊！去找你的朋友佛来思节夫人，向她借几样珠宝。你跟她很有交情，这点事满可以办到。"

她发出惊喜的叫声。

"真的！我怎么没有想到这个。"

第二天，她到她的朋友家里，说起自己的烦闷。

佛来思节夫人走近她那个镶着镜子的衣柜，取出一个大匣子，拿过来打开了，

---

① ［玛蒂尔德］路瓦栽夫人的名字。

中职语文与应用（卫生类）

对路瓦栽夫人说：

"挑吧，亲爱的。"

她先看了几副镯子，又看了一挂珍珠项圈，随后又看了一个威尼斯式的镶着珠宝的金十字架，做工非常轻巧。她在镜子前面试着这些首饰，犹豫不决，不知道该拿起哪件，放下哪件。她不断地问着：

"再没有别的了吗？"

"还有呢。你自己找吧，我不知道哪样合你的意。"

忽然她在一个青缎子盒子里发现一挂精美的钻石项链，她高兴地心也跳了起来。她双手拿着那项链发抖。她把项链绕着脖子挂在她那长长的高领上，站在镜前对着自己的影子出神好半天。

随后，她迟疑而焦急地问：

"你能借给我这件吗？我只借这一件。"

"当然可以。"

她跳起来，搂住朋友的脖子，狂热地亲她，接着就带着那件宝物跑了。

夜会的日子到了，路瓦栽夫人得到成功。她比所有的女宾都漂亮，高雅，迷人，她满脸笑容，兴高采烈。所有的男宾都注视她，打听她的姓名，求人给介绍；部里机要处的人员都想跟她跳舞，部长也注意她了。

她狂热地兴奋地跳舞，沉迷在欢乐里，什么都不想了。她陶醉于自己的美貌胜过一切女宾，陶醉于成功的光荣，陶醉在人们对她的赞美和羡妒所形成的幸福的云雾里，陶醉在妇女们所认为最美满、最甜蜜的胜利里。

她是早晨四点钟光景离开的。她丈夫从半夜起就跟着三个男宾在一间冷落的小客室里睡着了。那时候，这三个男宾的妻子也正舞得快活。

她丈夫把那件从家里带来预备给他临走时候加穿的衣服披在了肩膀上。这是件朴素的家常衣服，这件衣服的寒伧味儿跟舞会上的衣服的豪华气派很不相称。她感觉到这一点，为了避免那些穿着珍贵皮衣的女人看见，就想赶快逃走。

路瓦栽把她拉住，说：

"等一等，你到外边要着凉的。我去叫一辆马车来。"

但是她根本不听，匆忙走下台阶。到了街上，一辆车也没有看见，他们到处找，远远地看见车夫就喊。

他们在失望中顺着塞纳河①走去，冷得发抖，终于在河岸上找着一辆破马车。这种车，巴黎只有在夜间才看得见；白天，它们好像自惭形秽②，不出来。

车把他们一直拉到马丁街寓所门口，他们惆怅地进了门。在她，一件大事算是

---

① ［塞纳河］法国西北部的一条河，流经巴黎，把巴黎分为河南、河北两部分。

② ［自惭形秽（huì）］因为自己不如别人而感到惭愧。形秽，形态丑陋，引申为缺点。

完了。她丈夫呢,就想着十点钟得到部里去。

她脱下披在肩膀上的衣服,站在镜子前边,为的是趁着这荣耀的打扮还在身上,再端详一下自己。但是,她猛然喊了一声。脖子上的钻石项链没有了。

她丈夫已经脱了一半衣服,就问:"什么事情?"

她吓昏了,转身向着他说:

"我……我……我丢了佛来思节夫人的项链了。"

他惊慌失措地直起身子,说:

"什么! ……怎么了! ……哪儿会有这样的事情!"

他们在长衣裙褶里,大衣褶里寻找,在所有口袋里寻找,竟没有找到。

他问:"你确实相信离开舞会的时候它还在吗?"

"是的,在教育部走廊上我还摸过它呢。"

"但是,如果是在街上丢的,我们总听得见声响。一定是丢在车里了。"

"是的,很可能。你记的车的号码吗?"

"不记得,你呢,你没注意吗?"

"没有。"

他们惊惶地面面相觑。末后,路瓦栽重新穿好衣服。

"我去,"他说,"把我们走过的路再走一遍,看看会不会找着。"

他出去了。她穿着那件参加舞会的衣服,连上床睡觉的力气也没有,只是倒在一把椅子里发呆,一点精神也提不起来,什么也不想。

七点钟光景,丈夫回来了。什么也没找着。

后来,他到警察厅去,到各报馆去,悬赏招寻,也到所有车行里去找。总之,凡有一线希望的地方,他都去过了。

她面对着这不幸的灾祸,整天等候着,整天在惊恐的状态里。

晚上,路瓦栽带着瘦削苍白的脸回来了,一无所得。

"应该给你的朋友写信,"他说,"说你把项链的搭构①弄坏了,正在修理。这样,我们才有周转的时间。"

她照他说的写了封信。

过了一个多星期,他们所有的希望都断绝了。

路瓦栽,好像老了五年,他决然说:

"应该想办法赔偿这件首饰了。"

第二天,他们拿了盛项链的盒子,照着盒子上的招牌字号找到那家珠宝店。老板查看了许多账簿,说:

"太太,这挂项链不是我们卖出去的;我只卖出这个盒子。"

---

① [搭钩]这里指项链两头连接的钩子。

于是他们就从这家珠宝店到那家珠宝店，凭着记忆去找一挂同样的项链。两个人都愁苦不堪，差点就病倒了。

在皇宫街一家铺子里，他们看见一挂钻石项链，正跟他们找的那一挂一样，标价四万法郎。老板让了价，只要三万六千。

他们恳求老板，三天之内不要卖出去。他们又订了约，如果原来那一挂在二月底以前找着，那么老板就可以拿三万四千收回这一挂。

路瓦栽现有父亲遗留给他一万八千法郎。其余的，他得去借。

他开始借钱了。向这个借一千法郎，向那个借五百法郎，从这儿借五个路易，从那儿借三个路易。他签了好些债券，订了好些使他破产的契约。他跟许多放高利贷的人和各种不同国籍的放债人打交道。他顾不得后半世的生活了，冒险到处签着名，却不知道能不能保持信用。未来的苦恼，将要压在身上的残酷的贫困，肉体的苦楚，精神的折磨，在这一切威胁之下，他把三万六千法郎放在商店的柜台上，取来那挂新的项链。

路瓦栽夫人送还项链的时候，佛来思节夫人带着一种不满意的神情对她说：

"你应该早一点还我，也许我早就要用它了。"

佛来思节夫人没有打开盒子。她的朋友正担心她打开盒子。如果她发觉是件替代品，她会怎样想呢？会怎样说呢？她不会把自己的朋友当成一个贼吗？

路瓦栽夫人懂得穷人的艰难生活了。她一下子显出了英雄气概，毅然决然打定了主意。她要偿还这笔可怕的债务。她便设法偿还。她辞退了女仆，迁移了住所，租赁了一个小阁楼住下。

她懂得家里的一切粗笨活儿和厨房里的讨厌的杂事了。她刷洗杯盘碗碟，在那油腻的盆沿上和锅底上磨粗了她那粉嫩的手指。她用肥皂洗衣服，洗抹布，晾在绳子上。每天早晨，她把垃圾从楼上提到街上，再把水从楼下提到楼上，走上一层楼，就站住喘气。她穿得像一个穷苦的女人，胳膊上挎着篮子，到水果店里，杂货店里，肉铺里，争价钱，受嘲骂，一个铜子一个铜子地节省她那艰难的钱。

月月都得还一批旧债，借一些新债，这样来延缓清偿的时日。

她丈夫一到晚上就给一个商人誊写账目，常常到了深夜还在抄写五个铜子一页的书稿。

这样的生活继续了十年。

第十年年底，债都还清了，连那高额的利息和利上加利滚成的数目都还清了。

路瓦栽夫人现在显得老了。她成了一个穷苦人家的粗壮耐劳的妇女了。她胡乱地绾起头发，歪斜地系着裙子，露出一双通红的手，高声大气地说着话，用大桶的水刷洗地板。但是有时候，她丈夫办公去了，她一个人坐在窗前，就会想起当年那个舞会来，那个晚上，她多么美丽，多么使人倾倒啊。

要是那时候没有丢掉那挂项链，她现在是怎样的一种境况呢？谁知道呢？谁知道呢？人生是多么奇怪，多么变幻无常啊，极细小的一件事就可以败坏你，也可以成全你！

有一个星期天，她到极乐公园去走走，舒散一星期的疲劳。这时候，她忽然看见一个妇人领着一个孩子在散步。原来是佛来思节夫人，她依旧年轻，依旧美丽动人。

路瓦栽夫人无限感慨。她要上前去跟佛来思节夫人说话吗？当然，一定得去。而且现在她把债都还清，她完全可以告诉她了。为什么不呢？

她走上前去。

"你好，珍妮。①"

那一个竟一点也不认识她了。一个平民妇人这样亲昵地叫她，她非常惊讶。她磕磕巴巴地说：

"可是……太太……我不知道……你一定是认错了。"

"没有错。我是玛蒂尔德·路瓦栽。"

她的朋友叫了一声：

"啊！……我可怜的玛蒂尔德，你怎么变成这样了！……"

"是的，多年不见面啦，这些年来我忍受着许多苦楚……而且都是因为你！……"

"因为我？……这是怎么讲的？"

"你一定记得你借给我的那挂项链吧，我戴了去参加教育部晚会的那挂。"

"记得。怎么样呢？"

"怎么样？我把它丢了。"

"哪儿的话！你已经还给我了。"

"我还给你的是另一挂，跟你那挂完全相同。你瞧，我们花了十年工夫，才付清它的代价。你知道，对于我们这样什么也没有的人，这可不是容易的啊！……不过事情到底了结了，我倒很高兴了。"

佛来思节夫人停下脚步，说：

"你是说你买了一挂钻石项链赔给我吗？"

"对呀。你当时没有看出来？简直是一模一样啊。"

于是她带着天真的得意的神情笑了。

佛来思节夫人感动极了，抓住她的双手，说：

"唉！我可怜的玛蒂尔德！可是我那一挂是假的，至多值五百法郎！……"

---

① ［珍妮］佛来思节夫人的名字。

思考与练习

一、给下列加点的字注音。

1. 寒伧　　2. 租赁　　3. 誊写　　4. 面面相觑　　5. 请柬

6. 赔偿　　7. 梦寐　　8. 契约　　9. 自惭形秽　　10. 衣褶

二、本文成功使用了心理描写来塑造人物形象。请分析下面几段心理描写分别表现了玛蒂尔德什么样的思想性格。

1. 她没有漂亮服装，没有珠宝，什么也没有。然而她偏偏只爱这些，她觉得自己生在世上就是为了这些。她一向就向往着得人欢心，被人艳羡，具有诱惑力而被人追求。

_____

_____

_____

2. 路瓦栽夫人懂得穷人的艰难生活了。她一下子显出了英雄气概，毅然决然打定了主意。她要偿还这笔可怕的债务。

_____

_____

_____

3. 但是有时候，她丈夫办公去了，她一个人坐在窗前，就回想起当年那个舞会来，那个晚上，她多么美丽，多么使人倾倒啊！要是那时候没有丢掉那挂项链，她现在是怎样一个境况呢？谁知道呢？谁知道呢？人生是多么奇怪，多么变幻无常啊，极细小的一件事可以败坏你，也可以成全你！

_____

_____

_____

_____

三、如果小说用下列四种构思中的一种作为结尾好不好？为什么？

1. 玛蒂尔德得知佛来思节夫人当年借给她的项链是假的，顿时惊呆了，两眼一黑，晕倒在地。

2. 玛蒂尔德得知那项链是假的之后，便向佛来思节夫人要真项链，并大吵一场。但终因手头无凭据而打输了官司，一气之下，含愤而死。

3. 佛来思节夫人为玛蒂尔德十年来的艰辛遭遇而感动，爽快地归还了真项链。不料玛蒂尔德在归家途中，遭到歹徒抢劫，又空欢喜了一场。

4. 佛来思节夫人把真项链归还给了玛蒂尔德，玛蒂尔德有了钱之后，重又染上爱慕虚荣、追求享受的恶习，过上了花天酒地的生活。

_____

_____

_____

_____

_____

_____

四十 林黛玉进贾府①

曹雪芹

课文导读

《林黛玉进贾府》节选自中国古代世情小说《红楼梦》第三回,是全书序幕的一部分。

本文通过林黛玉的耳闻目睹和内心感受,对贾府做了第一次直接描写,介绍了贾府一批重要人物,初步勾画了贾府的轮廓,拉开了《红楼梦》故事发展的帷幕。

林黛玉进府的行踪是这一回中介绍贾府人物、描写贾府环境的线索。

且说黛玉自那日弃舟登岸时,便有荣国府打发了轿子并拉行李的车辆久候了。这林黛玉常听得母亲说过,他外祖母家与别家不同。他近日所见的这几个三等仆妇,吃穿用度,已是不凡了,何况今至其家。因此步步留心,时时在意,不肯轻易多说一句话,多行一步路,唯恐被人耻笑了他去。

自上了轿,进入城中,从纱窗向外瞧了一瞧,其街市之繁华,人烟之阜盛,自与别处不同。又行了半日,忽见街北蹲着两个大石狮子,三间兽头大门,门前列坐着十来个华冠丽服之人。正门却不开,只有东西两角门有人出入。正门之上有一匾,匾上大书"敕造②宁国府"五个大字。黛玉想道:这必是外祖之长房了。想着,又往西行,不多远,照样也是三间大门,方是荣国府了。却不进正门,只进了西边角门。那轿夫抬进去,走了一射之地③,将转弯时,便歇下退出去了。后面的婆子们已都下了轿,赶上前来。另换了三四个衣帽周全十七八岁的小厮上来,复抬起轿子。众婆子步下围随至一垂花门前落下。众小厮退出,众婆子上来打起轿帘,扶黛玉下轿。林黛玉扶着婆子的手,进了垂花门④,两边是抄手游廊⑤,当中是穿堂⑥,当地放着一个紫檀架子大理石的大插屏⑦。转过插屏,小小的三间厅,厅后就是后面的正

---

① 选自《红楼梦》第三回,人民文学出版社,2005 年。曹雪芹(约 1715—1764),名霑,字梦阮,号雪芹。《红楼梦》全书共一百二十回,前八十回为曹雪芹著,后四十回一般认为是高鹗补续。课文题目为编者所加。

② [敕造]奉皇帝之命建造。敕,本来是通用于长官对下属、长辈对晚辈的用语,南北朝以后作为皇帝发布诏令的专称。

③ [一射之地]就是一箭之地,大约 150 步。

④ [垂花门]旧式住宅在二门的上头修建像房屋顶样的盖,四角有下垂的短柱,柱端雕花彩绘,这种门叫垂花门。

⑤ [抄手游廊]院门内两侧环抱的走廊。

⑥ [穿堂]宅院中,坐落在前后两个院落之间可以穿行的厅堂。

⑦ [大插屏]放在穿堂中的大屏风,除作装饰外,还可以遮蔽视线,以免进入穿堂就直见正房。

房大院。正面五间上房，皆雕梁画栋，两边穿山游廊①厢房，挂着各色鹦鹉、画眉等鸟雀。台矶之上，坐着几个穿红着绿的丫头，一见他们来了，便忙都笑迎上来，说："刚才老太太还念呢，可巧就来了。"于是三四人争着打起帘笼，一面听得人回话："林姑娘到了。"

黛玉方进入房时，只见两个人搀着一位鬓发如银的老母迎上来，黛玉便知是他外祖母。方欲拜见时，早被他外祖母一把搂入怀中，心肝儿肉叫着大哭起来。当下地下侍立之人，无不掩面涕泣，黛玉也哭个不住。一时众人慢慢解劝住了，黛玉方拜见了外祖母。——此即冷子兴所云之史氏太君，贾赦贾政之母也。当下贾母一一指与黛玉："这是你大舅母；这是你二舅母；这是你先珠大哥的媳妇珠大嫂子②。"黛玉一一拜见过。贾母又说："请姑娘们来。今日远客才来，可以不必上学去了。"众人答应了一声，便去了两个。

不一时，只见三个奶嬷嬷并五六个丫鬟，簇拥着三个姊妹来了。第一个肌肤微丰，合中身材，腮凝新荔，鼻腻鹅脂，温柔沉默，观之可亲。第二个削肩细腰，长挑身材，鸭蛋脸面，俊眼修眉，顾盼神飞，文彩精华，见之忘俗。第三个身量未足，形容③尚小。其钗环裙袄，三人皆是一样的妆饰。黛玉忙起身迎上来见礼，互相厮认过，大家归了坐。丫鬟们斟上茶来。不过说些黛玉之母如何得病，如何请医服药，如何送死发丧。不免贾母又伤感起来，因说："我这些儿女，所疼者独有你母，今日一旦先舍我而去，连面也不能一见，今见了你，我怎不伤心！"说着，搂了黛玉在怀，又呜咽起来。众人忙都宽慰解释，方略略止住。

众人见黛玉年貌虽小，其举止言谈不俗，身体面庞虽怯弱不胜，却有一段自然的风流④态度⑤，便知他有不足之症⑥。因问："常服何药，如何不急为疗治？"黛玉道："我自来是如此，从会吃饮食时便吃药，到今日未断，请了多少名医修方配药，皆不见效。那一年我三岁时，听得说来了一个癞头和尚，说要化我去出家，我父母固是不从。他又说：'既舍不得他，但只怕他的病一生也不能好的了。若要好时，除非从此以后总不许见哭声；除了父母之外，凡有外姓亲友之人，一概不见，方可平安了此一世。'疯疯癫癫，说了这些不经之谈⑦，也没人理他。如今还是吃人参养荣丸。"贾母道："正好，我这里正配丸药呢。叫他们多配一料就是了。"

一语未了，只听后院中有人笑声，说："我来迟了，不曾迎接远客！"黛玉纳罕

---

① ［穿山游廊］从山墙开门接起的游廊。山，指房子两侧的墙，形状如山，俗称山墙。

② ［先珠大哥的媳妇珠大嫂子］指贾政已去世的儿子贾珠之妻李纨。

③ ［形容］形体容貌。

④ ［风流］风韵。

⑤ ［态度］言行举止所表现的神态。

⑥ ［不足之症］中医指由身体虚弱引起的病症，如脾胃虚弱，叫中气不足；气血虚弱，叫正气不足。

⑦ ［不经之谈］荒诞的、没有根据的话。

道:"这些人个个皆敛声屏气,恭肃严整如此,这来者系谁,这样放诞①无礼?"心下想时,只见一群媳妇丫鬟围拥着一个人从后房门进来。这个人打扮与众姑娘不同,彩绣辉煌,恍若神妃仙子:头上戴着金丝八宝攒珠髻②,绾着朝阳五凤挂珠钗③;项上带着赤金盘螭璎珞圈④;裙边系着豆绿宫绦,双衡比目玫瑰佩⑤;身上穿着缕金百蝶穿花大红洋缎窄裉袄⑥,外罩五彩刻丝石青银鼠褂⑦;下着翡翠撒花洋绉裙⑧。一双丹凤三角眼⑨,两弯柳叶吊梢眉⑩,身量苗条,体格风骚⑪,粉面含春威不露,丹唇未启笑先闻。黛玉连忙起身接见。贾母笑道:"你不认得他,他是我们这里有名的一个泼皮破落户儿⑫,南省俗谓作'辣子',你只叫他'凤辣子'就是了。"

黛玉正不知以何称呼,只见众姊妹都忙告诉他道:"这是琏嫂子。"黛玉虽不识,也曾听见母亲说过,大舅贾赦之子贾琏,娶的就是二舅母王氏之内侄女,自幼假充男儿教养的,学名王熙凤。黛玉忙陪笑见礼,以"嫂"呼之。

这熙凤携着黛玉的手,上下细细打谅⑬了一回,仍送至贾母身边坐下,因笑道:"天下真有这样标致的人物,我今儿才算见了!况且这通身的气派,竟不像老祖宗的外孙女儿,竟是个嫡亲的孙女,怨不得老祖宗天天口头心头一时不忘。只可怜我这妹妹这样命苦,怎么姑妈偏就去世了!"说着,便用帕拭泪。贾母笑道:"我才好了,你倒来招我。你妹妹远路才来,身子又弱,也才劝住了,快再休提前话。"这熙凤听了,忙转悲为喜道:"正是呢!我一见了妹妹,一心都在他身上了,又是喜欢,又是伤心,竟忘记了老祖宗。该打,该打!"又忙携黛玉之手,问:"妹妹几岁了?可也上过学?现吃什么药?在这里不要想家,想要什么吃的、什么玩的,只管告诉我;丫头老婆们不好了,也只管告诉我。"一面又问婆子们:"林姑娘的行李东西可搬进来了?带了几个人来?你们赶早打扫两间下房,让他们去歇歇。"

说话时,已摆了茶果上来。熙凤亲为捧茶捧果。又见二舅母问他:"月钱⑭放

① [放诞]行为放纵,不守规矩。

② [金丝八宝攒珠髻(jì)]用金丝穿绕珍珠和镶嵌八宝制成的珠花的发髻。

③ [朝阳五凤挂珠钗]一种长钗,钗上分出五股,每股一只凤凰,口衔一串珍珠。

④ [赤金盘螭(chī)璎珞圈]螭,古代传说中无角的龙。璎珞,连缀起来的珠玉。圈,项圈。

⑤ [双衡比目玫瑰佩]比目玫瑰佩,用玫瑰色的玉片雕琢成的双鱼形的玉佩。衡,佩玉上部的小横杠,用以系饰物。

⑥ [缕金百蝶穿花大红洋缎窄裉(kèn)袄]指在大红洋缎的衣面上用金线绣成百蝶穿花图案的紧身袄。

⑦ [五彩刻丝石青银鼠褂(guà)]石青色的衣面上有五彩刻丝,衣里是银鼠皮的褂子。刻丝,在丝织品上用丝平织成的图案,与凸出的绣花不同。

⑧ [翡翠撒花洋绉裙]翡翠,翠绿色。撒花,在绸缎上用散碎小花点组成的花样或图案。

⑨ [丹凤三角眼]俗称丹凤眼,眼角向上微翘。

⑩ [柳叶吊梢眉]形容眉梢斜飞入鬓的样子。

⑪ [风骚]这里指姿容俏丽。

⑫ [泼皮破落户儿]原指没有正当生活来源的无赖,这里形容凤姐的泼辣,是戏谑的称呼。

⑬ [打谅]同"打量"。

⑭ [月钱]旧时富户大家每月按等级发给家中人等的零用钱。

第十单元　经典,蕴藏生命的璀璨

过了不曾？"熙凤道："月钱已放完了。才刚带着人到后楼上找缎子，找了这半日，也并没有见昨日太太说的那样的，想是太太记错了？"王夫人道："有没有，什么要紧。"因又说道："该随手拿出两个来给你这妹妹去裁衣裳的，等晚上想着叫人再去拿罢，可别忘了。"熙凤道："这倒是我先料着了，知道妹妹不过这两日到的，我已预备下了，等太太回去过了目好送来。"王夫人一笑，点头不语。

当下茶果已撤，贾母命两个老婆婆带了黛玉去见两个母舅。时贾赦之妻邢氏忙亦起身，笑回道："我带了外甥女过去，倒也便宜①。"贾母笑道："正是呢，你也去罢，不必过来了。"邢夫人答头了一声"是"字，遂带了黛玉与王夫人作辞，大家送至穿堂前。

出了垂花门，早有众小厮们拉过一辆翠幄青绸车②，邢夫人携了黛玉，坐在上面，众婆子们放下车帘，方命小厮们抬起，拉至宽处，方驾上驯骡，亦出了西角门，往东过荣府正门，便入一黑油大门中，至仪门③前方下来。众小厮退出，方打起车帘，邢夫人搀着黛玉的手，进入院中。黛玉度其房屋院宇，必是荣府中花园隔断过来的。进入三层仪门，果见正房厢庑④游廊，悉皆小巧别致，不似方才那边轩峻壮丽；且院中随处之树木山石皆好。一时进入正室，早有许多盛妆丽服之姬妾丫鬟迎着，邢夫人让黛玉坐了，一面命人到外面书房去请贾赦。一时人来回话说："老爷说了：'连日身上不好，见了姑娘彼此倒伤心，暂且不忍相见。劝姑娘不要伤心想家，跟着老太太和舅母，即同家里一样。姊妹们虽拙，大家一处伴着，亦可以解些烦闷。或有委屈之处，只管说得，不要外道才是。'"黛玉忙站起来，一一听了。再坐一刻，便告辞。

邢夫人苦留吃过晚饭去，黛玉笑回道："舅母爱惜赐饭，原不应辞，只是还要过去拜见二舅舅，恐领了赐去不恭，异日再领，未为不可。望舅母容谅。"邢夫人听说，笑道："这倒是了。"遂令两三个嬷嬷用方才的车好生送了姑娘过去。于是黛玉告辞。邢夫人送至仪门前，又嘱咐了众人几句，眼看着车去了方回来。

一时黛玉进了荣府，下了车。众嬷嬷引着，便往东转弯，穿过一个东西穿堂，向南大厅之后，仪门内大院落，上面五间大正房，两边厢房鹿顶耳房钻山⑤，四通八达，轩昂壮丽，比贾母处不同。黛玉便知这方是正经正内室，一条大甬路，直接出大门的。进入堂屋中，抬头迎面先看见一个赤金九龙青地大匾，匾上写着斗大的三个大字，是"荣禧堂"，后有一行小字："某年月日，书赐荣国公贾源"，又有"万几宸翰

---

① ［便(biàn)宜］这里是方便的意思。
② ［翠幄(wò)青绸车］用粗厚的绿色绸类作车帐，用青色绸作车帘的车桥。
③ ［仪门］旧时官衙、府第的大门之内的门。
④ ［庑(wǔ)］正房对面和两侧的小屋子。
⑤ ［两边厢房鹿顶耳房钻山］两边的厢房用钻山的方式与鹿顶的耳房相连接。鹿顶，单独用时指平屋顶。耳房，连接正房两侧的小房子。钻山，指山墙上开门或者开洞，与相邻的房子或者游廊相接。

之宝"①。大紫檀雕螭案上,设着三尺来高青绿古铜鼎,悬着待漏随朝墨龙大画②,一边是金蜼彝③,一边是玻璃盉④。地下两溜十六张楠木交椅,又有一副对联,乃乌木联牌,镶着錾银⑤的字迹,道是:

座上珠玑昭日月,堂前黼黻焕烟霞⑥。

下面一行小字,道是:"同乡世教弟勋袭东安郡王穆莳拜手书。"

原来王夫人时常居坐宴息,亦不在这正室,只在这正室东边的三间耳房内。于是老嬷嬷引黛玉进东房门来。临窗大炕上铺着猩红洋罽⑦,正面设着大红金钱蟒靠背,石青金钱蟒引枕⑧,秋香色⑨金钱蟒大条褥。两边设一对梅花式洋漆小几。左边几上文王鼎匙箸香盒;右边几上汝窑美人觚⑩——觚内插着时鲜花卉,并茗碗痰盒等物。地下面西一溜四张椅上,都搭着银红撒花椅搭⑪,底下四副脚踏。椅之两边,也有一对高几,几上茗碗瓶花俱备。其余陈设,自不必细说。

老嬷嬷们让黛玉炕上坐,炕沿上却有两个锦褥对设,黛玉度其位次,便不上炕,只向东边椅子上坐了。本房内的丫鬟忙捧上茶来。黛玉一面吃茶,一面打谅这些丫鬟们,妆饰衣裙,举止行动,果亦与别家不同。茶未吃了,只见一个穿红绫袄青缎掐牙⑫背心的丫鬟走来笑说道:"太太说,请林姑娘到那边坐罢。"老嬷嬷听了,于是又引黛玉出来,到了东廊三间小正房内。

正房炕上横设一张炕桌,桌上磊着⑬书籍茶具,靠东壁面西设着半旧的青缎背引枕。王夫人却坐在西边下首,亦是半旧的青缎靠背坐褥。见黛玉来了,便往东让。黛玉心中料定这是贾政之位。因见挨炕一溜三张椅子上,也搭着半旧的弹墨

---

① [万几宸(chén)翰之宝]这是皇帝印章上的文字。万几,同"万机",就是万事,形容皇帝政务繁多、日理万机的意思。宸翰,皇帝的笔迹。宸,北宸,即北极星,代指皇帝。翰,墨迹,书法。宝,皇帝的印玺。

② [待漏随朝墨龙大画]百官清晨入朝,等待朝拜天子,谓之"待漏"。漏,古代计时器。随朝,按照大臣的班列朝见皇帝。墨龙大画,巨龙在云雾海潮中隐现的大幅墨画。旧时以龙象征皇帝。

③ [金蜼(wěi)彝]一种有蜼形图案的青铜祭器,为贵重的陈设品。蜼,一种长尾猿。彝,古代青铜器中礼器的通称。

④ [盉(hǎi)]盛酒器。

⑤ [錾(zàn)银]一种银雕工艺。錾,雕刻。

⑥ [座上珠玑昭日月,堂前黼黻(fǔ fú)焕烟霞]形容座中人和堂上客的衣饰华贵,佩戴的珠玉如日月般光彩照人,衣服的图饰如烟霞般绚丽夺目。珠玑,珍珠。黼黻,为古代礼服上所绣的花纹。黼,半黑半折的斧形图案。黻,半黑半青的斧形图案。

⑦ [罽(jì)]毛织的毯子。

⑧ [引枕]一种圆墩形的倚枕。

⑨ [秋香色]淡黄绿色。

⑩ [汝窑美人觚(gū)]宋代汝州(今河南临汝)窑烧制的一种仿古瓷器。觚,古代一种盛酒的器具。

⑪ [椅搭]搭在椅上的一种长方形的绣花绸缎饰物。

⑫ [掐牙]锦缎双叠成细条,嵌在衣服或者背心的夹边上,仅露少许,作为装饰。

⑬ [磊着]层叠地放着。

椅袱①，黛玉便向椅上坐了。王夫人再四携他上炕，他方挨王夫人坐了。王夫人因说："你舅舅今日斋戒去了，再见罢。只是有一句话嘱咐你：你三个姊妹倒都极好，以后一处念书认字学针线，或是偶一顽笑，都有尽让的。但我不放心的最是一件：我有一个孽根祸胎，是家里的'混世魔王'，今日因庙里还愿去了，尚未回来，晚间你看见便知了。你只以后不要睬他，你这些姊妹都不敢沾惹他的。"

黛玉亦常听得母亲说过，二舅母生的有个表兄，乃衔玉而诞，顽劣异常，极恶读书，最喜在内帏②厮混；外祖母又极溺爱，无人敢管。今见王夫人如此说，便知说的是这表兄了。因陪笑道："舅母说的，可是衔玉所生的这位哥哥？在家时亦曾听见母亲常说，这位哥哥比我大一岁，小名就唤宝玉，虽极憨顽，说在姊妹情中极好的。况我来了，自然只和姊妹同处，兄弟们自是别院另室的，岂得去沾惹之理？"王夫人笑道："你不知道原故：他与别人不同，自幼因老太太疼爱，原系同姊妹们一处娇养惯了的。若姊妹们有日不理他，他倒还安静些，纵然他没趣，不过出了二门，背地里拿着他两个小幺③儿出气，咕唧一会子就完了。若这一日姊妹们和他多说一句话，他心里一乐，便生出多少事来。所以嘱咐你别睬他。他嘴里一时甜言蜜语，一时有天无日，一时又疯疯傻傻，只休信他。"

黛玉一一的都答应着。只见一个丫鬟来回："老太太那里传晚饭了。"王夫人忙携黛玉从后房门由后廊往西。出了角门，是一条南北宽夹道。南边是倒座④三间小小的抱厦厅⑤，北边立着一个粉油大影壁，后有一半大门，小小一所房室。王夫人笑指向黛玉道："这是你凤姐姐的屋子，回来你好往这里找他来，少什么东西，你只管和他说就是了。"这院门上也有四五个才总角⑥的小厮，都垂手侍立。王夫人遂携黛玉穿过一个东西穿堂，便是贾母的后院了。

于是，进入后房门，已有多人在此伺候，见王夫人来了，方安设桌椅。贾珠之妻李氏捧饭，熙凤安箸，王夫人进羹。贾母正面榻上独坐，两边四张空椅，熙凤忙拉了黛玉在左边第一张椅上坐了，黛玉十分推让。贾母笑道："你舅母你嫂子们不在这里吃饭。你是客，原应如此坐的。"黛玉方告了座，坐了。贾母命王夫人坐了。迎春姊妹三个告了座方上来。迎春便坐右手第一，探春左第二，惜春右第二。旁边丫鬟执着拂尘⑦、漱盂、巾帕。李、凤二人立于案旁布让⑧。外间伺候之媳妇丫鬟虽多，却连一声咳嗽不闻。

---

① [弹墨椅袱]弹墨，以纸剪镂空图案覆于织品上，用墨色或者其他颜色弹或喷成各种图案花样。椅袱，用棉、缎之类做成的椅套。

② [内帏]内室，女子的居处。帏，幕帐。

③ [小幺(yāo)儿]身边使唤的小仆人。幺，幼小。

④ [倒座]与正房相对的坐南朝北的房子。

⑤ [抱厦厅]回绕堂屋后面的侧室。

⑥ [总角]把头发扎成髻。

⑦ [拂尘]一种拂拭尘土或者驱赶蝇蚊的用具，形如马尾，后有持柄，俗称"蝇甩子"。

⑧ [布让]宴席间向客人敬菜，劝餐。

寂然饭毕,各有丫鬟用小茶盘捧上茶来。当日林如海教女以惜福养身,云饭后务待饭粒咽尽,过一时再吃茶,方不伤脾胃。今黛玉见了这里许多事情不合家中之式,不得不随的,少不得一一改过来,因而接了茶。早见人又捧过漱盂来,黛玉也照样漱了口。盥手毕,又捧上茶来,这方是吃的茶。贾母便说:"你们去罢,让我们自在说话儿。"王夫人听了,忙起身,又说了两句闲话,方引凤、李二人去了。贾母因问黛玉念何书。黛玉道:"只刚念了《四书》。"黛玉又问姊妹们读何书。贾母道:"读的是什么书,不过是认得两个字,不是睁眼的瞎子罢了!"

一语未了,只听外面一阵脚步响,丫鬟进来笑道:"宝玉来了!"黛玉心中正疑惑着:"这个宝玉,不知是怎生个惫懒①人物,懵懂顽童?"——倒不见那蠢物也罢了。心中想着,忽见丫鬟话未报完,已进来了一位年轻的公子:

头上戴着束发嵌宝紫金冠②,齐眉勒着二龙抢珠金抹额③;穿一件二色金百蝶穿花大红箭袖④,束着五彩丝攒花结长穗宫绦,外罩石青起花八团倭缎排穗褂⑤;登着青缎粉底小朝靴⑥。面若中秋之月,色如春晓之花,鬓若刀裁,眉如墨画,面如桃瓣,目若秋波。虽怒时而若笑,即瞋视而有情。项上金螭璎珞,又有一根五色丝绦,系着一块美玉。

黛玉一见,便吃一大惊,心下想道:"好生奇怪,倒像在那里见过一般,何等眼熟到如此!"只见这宝玉向贾母请了安⑦,贾母便命:"去见你娘来。"宝玉即转身去了。一时回来,再看,已换了冠带:头上周围一转的短发,都结成小辫,红丝结束,共攒至顶中胎发,总编一根大辫,黑亮如漆,从顶至梢,一串四颗大珠,用金八宝坠角⑧;身上穿着银红撒花半旧大袄,仍旧带着项圈、宝玉、寄名锁⑨、护身符⑩等物;下面半露松花撒花绫裤腿,锦边弹墨袜,厚底大红鞋。越显得面如敷粉,唇若施脂;转盼多情,语言常笑。天然一段风骚,全在眉梢;平生万种情思,悉堆眼角。看其外貌最是极好,却难知其底细。后人有《西江月》二词,批宝玉极恰,其词曰:

---

① [惫(bèi)懒]诞皮赖脸的意思。

② [嵌宝紫金冠]把头发束扎在顶部的一种鬓冠,上面插戴各种饰物或者镶嵌珠玉。

③ [二龙抢珠金抹额]装饰着二龙抢珠图案的金抹额。抹额,围扎在额前,用以压发、束额的饰带。

④ [二色金百蝶穿花大红箭袖]用两色金线绣成的百蝶穿花图案的大红窄袖衣服。箭袖,原为便于射箭穿的窄袖衣服,这里指男子穿的一种服饰。

⑤ [石青起花八团倭缎排穗褂]团,圆形团花。倭缎,又称东洋缎。排穗,排级在衣服下面边缘的彩穗。

⑥ [青缎粉底小朝靴]指黑色缎面,白色厚底,半高筒的靴子。青缎,黑色的缎子。朝靴,古代百官穿的"乌皮履"。

⑦ [请了安]请安,即问安。

⑧ [坠角]置于朝珠房帐等下端起下垂作用的小饰品,这里指辫子梢部所坠的饰物。

⑨ [寄名锁]旧时怕幼儿夭亡,给寺院或者道观一定金钱,让幼儿当"寄名"弟子,并在幼儿的项下系一小金锁,叫"寄名锁"。

⑩ [护身符]从道观领来一种符篆。迷信的人认为把它戴在身上,可以避祸免灾。

无故寻愁觅恨,有时似傻如狂。纵然生得好皮囊①,腹内原来草莽。潦倒不通世务,愚顽怕读文章。行为偏僻②性乖张③,那管世人诽谤!

富贵不知乐业,贫穷难耐凄凉。可怜辜负好韶光④,于国于家无望。天下无能第一,古今不肖无双。寄言纨袴与膏粱:莫效此儿形状⑤!

贾母因笑道:"外客未见,就脱了衣裳,还不去见你妹妹!"宝玉早已看见多了一个姊妹,便料定是林姑妈之女,忙来作揖。厮见毕归坐,细看形容,与众各别:

两弯似蹙非蹙罥烟眉,一双似喜非喜含情目。态生两靥之愁,娇袭一身之病⑥。泪光点点,娇喘微微。闲静时如姣花照水,行动处似弱柳扶风。心较比干多一窍,病如西子胜三分。

宝玉看罢,因笑道:"这个妹妹我曾见过的。"贾母笑道:"可又是胡说,你又何曾见过他?"宝玉笑道:"虽然未曾见过他,然我看着面善,心里就算是旧相识,今日只作远别重逢,亦未为不可。"贾母笑道:"更好,更好,若如此,更相和睦了。"宝玉便走近黛玉身边坐下,又细细打量一番,因问:"妹妹可曾读书?"黛玉道:"不曾读,只上了一年学,些须⑦认得几个字。"宝玉又道:"妹妹尊名是哪两个字?"黛玉便说了名。宝玉又问表字。黛玉道:"无字。"宝玉笑道:"我送妹妹一妙字,莫若'颦颦'二字极妙。"探春便问何出。宝玉道:"《古今人物通考》⑧上说:'西方有石名黛,可代画眉之墨。'况这林妹妹眉尖若蹙,用取这两个字,岂不两妙!"探春笑道:"只恐又是你的杜撰。"宝玉笑道:"除《四书》外,杜撰的太多,偏只我是杜撰不成?"又问黛玉:"可也有玉没有?"众人不解其语,黛玉便忖度着因他有玉,故问我有也无,因答道:"我没有那个。想来那玉是一件罕物,岂能人人有的。"

宝玉听了,登时发作起痴狂病来,摘下那玉,就狠命摔去,骂道:"什么罕物,连人之高低不择,还说'通灵'不'通灵'呢!我也不要这劳什子了!"吓的众人一拥争去拾玉。贾母急的搂了宝玉道:"孽障! 你生气,要打骂人容易,何苦摔那命根子!"宝玉满面泪痕泣道:"家里姐姐妹妹都没有,单我有,我说没趣;如今来了这么一个神仙似的妹妹也没有,可知这不是个好东西。"贾母忙哄他道:"你这妹妹原有

---

① [皮囊]皮口袋,指人的躯壳。佛教认为人的灵魂永世不灭,人的肉体只是为灵魂提供暂时住所,犹如皮口袋。

② [偏僻]偏激,不端正。

③ [乖张]偏执,不驯顺,与众不同。

④ [可怜辜负好韶(sháo)光]可惜白白浪费了大好时光。可怜,这里是可惜的意思。辜负,本意是违背,对不起,这里有浪费的意思。

⑤ [寄言纨袴与膏粱:莫效此儿形状]赠言公子哥儿一句话:别学这孩子的坏样子。寄言,赠言。膏粱,肥肉精米,这里借指富贵子弟。

⑥ [态生两靥(yè)之愁,娇袭一身之病]意思是妩媚的风韵生于含愁的面容,病弱娇美胜过西施。态,情态,风韵。靥,面颊上的酒窝。袭,承继,由……而来。

⑦ [些须]稍许,稍微。

⑧ [《古今人物通考》]从下文来看,可能是宝玉的杜撰。

这个来的,因你姑妈去世时,舍不得你妹妹,无法处,遂将他的玉带了去了:一则全殉葬之礼,尽你妹妹之孝心;二则你姑妈之灵,亦可权作见了女儿之意。因此他只说没有这个,不便自己夸张之意。你如今怎比得他?还不好生慎重带上,仔细你娘知道了。"说着,便向丫鬟手中接来,亲与他带上。宝玉听如此说,想一想大有情理,也就不生别论了。

当下,奶娘来请问黛玉之房舍。贾母说:"今将宝玉挪出来,同我在套间①暖阁儿②里,把你林姑娘暂安置碧纱橱③里。等过了残冬,春天再与他们收拾房屋,另作一番安置罢。"宝玉道:"好祖宗,我就在碧纱厨外的床上很妥当,何必又出来闹的老祖宗不得安静。"贾母想了一想说:"也罢了。"每人一个奶娘并一个丫头照管,余者在外间上夜听唤。一面早有熙凤命人送了一顶藕合色花帐,并几件锦被缎褥之类。

黛玉只带了两个人来:一个是自幼奶娘王嬷嬷,一个是十岁的小丫头,亦是自幼随身的,名唤作雪雁。贾母见雪雁甚小,一团孩气,王嬷嬷又极老,料黛玉皆不遂心省力的,便将自己身边的一个二等丫头,名唤鹦哥者与了黛玉。外亦如迎春等例,每人除自幼乳母外,另有四个教引嬷嬷④,除贴身掌管钗钏盥沐两个丫鬟外,另有五六个洒扫房屋来往使役的小丫鬟。当下,王嬷嬷与鹦哥陪侍黛玉在碧纱橱内。宝玉之乳母李嬷嬷,并大丫鬟名唤袭人者,陪侍在外面大床上。

思考与练习

一、给下列加点的字注音。

1. 阜盛　　2. 敕造　　3. 两靥　　4. 忖度　　5. 钗钏

6. 纳罕　　7. 盥沐　　8. 憨顽　　9. 嬷嬷　　10. 惫懒

二、王熙凤的出场和林黛玉的出场有什么不同?为什么?

_____

_____

---

① [套间]与正房相连的两侧房间。

② [暖阁儿]在套间内再隔成小的房间,内设炕褥,两边安有隔扇,上有一横眉,形成床帐的样子,称暖阁。

③ [碧纱橱]也成隔扇门,格门,用以隔断房间,中间两扇可以开关。格心多灯笼框样式,灯笼心上常糊以纸,纸上画花或题字;宫殿或富贵人家常在格心处糊的轻纱多为绿、蓝冷色调,所以叫"碧纱橱"。"碧纱橱里",是指以碧纱橱隔开的里间。

④ [教引嬷嬷(mó mo)]清代皇子一出生,就有保姆,乳母各八人;断乳后,增"谙达"(满语,伙伴,朋友的意思,这里指陪伴并有教导责任的人),"凡饮食,言语,行步,礼节皆教之"(见《清稗类钞》)。贵族家庭的"教引嬷嬷",职务与皇宫的"谙达"相似。

三、以下外貌描写各写的是谁？分别表现了每个人怎样的特点？

1. 面若中秋之月，色如春晓之花，鬓若刀裁，眉如墨画，面如桃瓣，目若秋波。虽怒时而若笑，即瞋视而有情。

_____

_____

_____

2. 一双丹凤三角眼，两弯柳叶吊梢眉，身量苗条，体格风骚，粉面含春威不露，丹唇未启笑先闻。

_____

_____

_____

3. 泪光点点，娇喘微微。闲静时如姣花照水，行动处似弱柳扶风。心较比干多一窍，病如西子胜三分。

_____

_____

_____

四、解释下列加点的词语在文中的意思。

1. 行为偏僻性乖张。

_____

2. 我带了外甥女过去，倒也便宜。

_____

3. 却有一段自然的风流态度。

4. 身量苗条,体格风骚。

口语交际

复 述

案例导入

案例：王熙凤出门正好想起了一件事，正好看见丫头小红，于是就派小红去给平儿捎个话。小红办完事以后，来回二奶奶，这段话是这么说的：

小红：平姐姐说，奶奶刚出来，她就把银子称给张财家的拿去了。平姐姐让我回奶奶汪儿进来讨事项，平姐姐就照奶奶的意思打发他去了。

王熙凤：她怎么说的？

小红：平姐姐说我们奶奶问这里的奶奶好，原是我们二爷没在家，虽然迟了两日，请奶奶放心。等吴奶奶好些了，我们奶奶还会和吴奶奶来瞧奶奶呢！吴奶奶前儿打发人来说，舅奶奶捎信来了，问奶奶好。还要问这里的奶奶寻两丸延年神验万全丹，若有了只管送在我们奶奶这里，明儿有人去就顺路给那位舅奶奶带了去！

李纨：这丫头，好麻利的一张嘴啊！什么爷爷奶奶的，我可听不懂。

王熙凤：怨不得你不懂，这是四五门子的话呢！好孩子，难为你说的齐全，不像他们一说话扭扭捏捏的，蚊子似的。

导入：红楼梦中，丫头小红因为说话利索、周全，而被二奶奶王熙凤看中，收在她房里做事，攀上了高枝。在该视频中，小红给二奶奶"回的话"就是今天要讲的口语表达的一种形式——复述。

有效地复述

一、什么是复述

复述，就是在理解、吸收的基础上，把读过、听过的语言材料加以讲述或转述。复述是语文教学中必须重点训练的基本功。在语文学习中，进行复述课文的训练，不仅能加深学生对课文内容的理解，帮助记忆，而且能发展逻辑思维，提高口头表达能力。

二、复述方法

1. 理清复述顺序

内容：《武松打虎》的过程。

方法：理清文章的脉络，实际上也就确定了复述的顺序。在这部分材料中，大虫进攻的动作是：一掀、一吼、一剪；而武松则是由守为攻：闪、按、劈、跳、揪、乱踢、抡起拳头打。抓住老虎进攻的动作和武松打虎的动作进行复述。这样脉络清晰，有条不紊。

2. 抓住关键词语复述

内容：《孟母三迁》——孟母为孩子有一个良好的学习环境而三次搬家的故事。

方法：学会抓住关键词语进行复述的方法。学生一边读文章一边找出：孟母三迁的原因和每一个环境对孟子的影响。学生找出关键词语，并且梳理三迁的过程："居住墓地、祭拜、集市、做买卖、学宫、礼仪"。通过阅读、找关键词语来帮助理解，最后指导学生通过抓住文中的关键词语将事情的经过复述清楚。

3. 抓住重点语句、借助图表复述

内容：《变色龙》——文中描写军官奥楚蔑洛夫随着狗主人的不同，而对狗的态度有不同的变化。

方法：要求学生复述这部分内容，让学生学会借助图表及关键词语进行复述的方法。教学时让学生一边读文章一边找出奥楚蔑洛夫随着狗主人的不同，而对狗的态度的不同变化的过程：

第一次变化：不知狗主人是谁

这条狗得打死才成。不许拖延！这多半是条疯狗。

第二次变化：将军家的

难道它够得到你的手指头？它身子矮小，可是你，要知道，长得这么高大！

第三次变化：这条狗不是将军家的

鬼才知道是什么东西！毛色不好，模样也不中看，……完全是下贱胚子。

第四次变化：将军家的

也许是名贵的狗。

第五次变化：我们那儿从来也没有过这样的狗

那就是野狗。……弄死它算了。

第六次变化：将军哥哥的狗

这条小狗怪不错的……挺伶俐。

整理成表格：

狗主人？	变色龙语言的变化	变色龙态度的变化
不知狗主人是谁	这条狗得打死才成，不许拖延！	严厉
将军家的	难道它够得到你的手指头？	吓得出汗
狗不是将军家的	完全是下贱胚子。	摆出来教训人的姿态
将军家的	也许是名贵的狗。	吓得发抖
没有过这样的狗	弄死它算了。	非得把狗弄死
将军哥哥的狗	这条小狗怪不错的……	动情的笑容

表格的运用将奥楚蔑洛夫复杂的心理变化,活灵活现地展现了出来。

练一练

1. 阅读这三则绕口令,进行复述。

（1）三山撑四水,四水绕三山,三山四水春常在,四水三山四时春。

（2）小艾和小戴,一起去买菜。小艾把一斤菜给小戴,小戴有比小艾多一倍的菜;小戴把一斤菜给小艾,小艾、小戴就有一般多的菜。

（3）哥哥弟弟坡前坐,坡上卧着一只鹅,坡下流着一条河,哥哥说:宽宽的河,弟弟说:白白的鹅。鹅要过河,河要渡鹅。不知是鹅过河,还是河渡鹅。

2. 阅读材料,根据要求进行复述。

在不曲解和加工这个口头通知的情况下,请想一想,需要运用哪种方法复述?应该如何组织语言?

口头通知:后天晚上5:30在东方大酒店举行慰问家属的联欢活动,请各位员工带好自己的家属准时到酒店,请每个部门准备一个文艺节目。

3. 阅读材料并复述。

阅读材料:公输盘为楚国造云梯这类攻城的器械,造成后,将要用它来攻打宋国。墨子先生听到这个消息后,从鲁国出发,行走了十天十夜,才到达郢都,见到了公输盘。

公输盘说:"先生有什么见教呢?"

墨子先生说:"北方有一个欺侮我的人,我希望借助您的力量去杀了他。"

公输盘很不高兴。

墨子先生说:"请让我奉送(给您)千金(作为杀人的报酬)。"

公输盘说:"我坚守道义绝不杀人。"

墨子先生起身,拜了两拜,说:"请允许我解说这件事。我在北方听说你在制造云梯,将要用它来攻打宋国。宋国有什么罪呢? 楚国在土地方面有富余却在人口方面不够。牺牲不足的人口而争夺多余的土地,不能说是明智的。宋国没有罪却攻打它,不能说是仁义的。知道这道理而不对楚王进行劝阻,不能说是忠君的。劝阻却没有成功,不能称作尽心。你坚守道义不杀少数人,却要发动战争,不能说是明白事理。"

公输盘被说服了。

墨子先生说:"既然这样,为什么不停止计划呢?"

公输盘说:"不行,我已经向楚王说了这件事了。"

墨子先生说:"为什么不向楚王引见我呢?"

公输盘说:"好吧。"

墨子先生拜见了楚王,说:"现在这里有一个人,舍弃他自己装饰华美的车,邻居有破车,却想要去偷;舍弃自己华美的衣服,邻居有件粗布衣服,却想要去偷;舍弃自己的好饭好菜，邻居只有粗劣饭食，却想要去偷。这是怎么样的一个人呢？"

楚王回答说："这个人一定是患有偷盗的毛病了。"

墨子先生说："楚国的土地，方圆大小足有五千里；宋国的土地，方圆大小不过五百里，这好像装饰华美的车子同破车相比。楚国有云梦泽，里面有成群的犀牛麋鹿，长江、汉水里的鱼、鳖、鼋、鳄鱼多得天下无比；宋国却像人们所说的一样，是一个连野鸡、兔子、小鱼都没有的地方，这好像美食佳肴同糠糟相比。楚国有巨松、梓、黄楩木、楠、樟等名贵木材；宋国是一个连多余的木材都没有的国家，这就像华丽的衣服与粗布短衣相比。我认为大王派官吏进攻宋国，是和这个患偷窃病的人的行为是一样的。"

楚王说："好啊！虽然这样，公输盘给我造了云梯，一定要攻取宋国。"

于是楚王召见公输盘，墨子先生解下衣带，用衣带当作城墙，用木片当作守城器械。公输盘多次用了攻城的巧妙战术，墨子先生多次抵御他。公输盘的攻城方法用尽了，墨子先生的抵御器械还绰绰有余。

公输盘屈服，却说："我知道用来抵御你的方法，可我不说。"

墨子先生说："我知道你要用来抵御我的方法，我也不说。"

楚王问其中的缘故。

墨子先生说："公输先生的意思，不过是要杀掉我。杀了我，宋国没有人能守城，就可以攻取了。可是我的学生禽滑厘等三百多人，已经拿着我的守城器械，在宋国城上等待楚国入侵了。即使杀了我，也不能杀尽（宋国的抵御者）啊。"

楚王说："好，我不攻打宋国了。"

复述：_____

_____

_____

_____

_____

_____

_____

_____

_____

_____

第十单元　经典，蕴藏生命的璀璨

写作训练

课本剧的编写

课本剧

课本剧就是把课文中的叙事性文章改编为戏剧形式,达到以戏剧语言来表达文章主题的目的。课本剧也是戏剧的一种形式,编写课本剧必须突出剧本的特点。应努力做到正确理解原作,使改编后的文学形式能更充分、准确地表达原作的主题和主要内容。

课本剧的创作方法

一、读中学法

原文:杜甫《石壕吏》(片断)

暮投石壕村,有吏夜捉人。老头逾墙走,老妇出门看。

改编:石壕吏(独幕剧)(片断)

[幕启:由远而近传来阵阵狗叫声、嘈杂的人声、杂乱的脚步声](注释:舞台说明,又叫舞台提示,是剧本里的一些说明性文字)

[画外音:这个故事发生在唐朝安史之乱时期]

[两公差急急上场]

公差甲:前方战事吃紧,奉命来到石壕村抓人。(注释:对话是剧中人物所说的话)

公差乙:不分男女老少,能抓到交差就行。

公差甲:这里有户人家。

公差乙:我们快去抓人。

公差甲、公差乙(敲门):开门,开门,快开门!

老妇:(焦急地):哎呀,不好啦,老头子快跑吧! 公差又来抓丁了。

老翁:唉,天都这么黑了,往哪儿跑哟!

老妇:快! 快! 从后院翻墙跑吧。媳妇,你可千万别出来呀!(老翁急忙退下,公差敲门,叫门声更急)

提示:剧本中通常用"幕"和"场"来表示段落和情节。"幕"指情节发展的一个大段落。"一幕"可分为几场,"一场"指一幕中发生空间变换或时间隔开的情节。剧本一般要求篇幅不能太长,人物不能太多,场景也不能过多地转换。

二、故事新编法

剧本:武松打虎后传

时间:21世纪某年某月某日

地点:某二星级酒店

人物:武松、店小二

武松已经筋疲力尽(因为昨晚打了一宿麻将),突然,他眼前一亮——前方有家酒店!于是,他忍着瞌睡飞奔而去。

店小二(见武松跑过来,顿时眼放绿光,小声自语):看我怎么宰他!

武松(跨进了酒店,坐下):这里可有什么好吃好喝的?

店小二(热情地奉茶而上):好吃好喝的东西可多了!客官,请先用茶!

武松:请问怎么收费呀?

店小二:不贵,不贵!座位费加茶水费一共是500元,这是最低消费!

武松(惊讶得张大了嘴):这还不贵呀?还是什么最低消费!

店小二(满脸堆笑):这哪儿算贵呀?您也不看看这都什么时代了!要不我做主,给您打个99.9折,只收499.5元,您看如何?

武松(不耐烦):算了算了,还不如不打折呢!你要是找我些硬币,我还懒得收!价格表给我看看。

店小二(递过价格表):您慢慢儿点。

武松(看价格表,微笑):这些东西还算实惠!给我来5斤牛肉、6瓶雪碧、7瓶可乐,再加8瓶浏阳河!

店小二(欣喜若狂):好嘞!我这就给您送来!对了,我们这儿免费提供烤红薯肉。客官,您要不要来一份?

武松(不耐烦):废话!免费的谁还不要?赶紧来一份!

店小二(心中暗喜):您请稍候!

[店小二很快就把菜都端了上来,不到二十分钟,武松就吃得干干净净,连盘子上的一滴油、一颗葱末都没放过。]

武松(打饱嗝):小二,埋单!

店小二(一路小跑过来):客官,您总共消费了13579.1元。1毛钱就不收了!

武松(嘴巴张得比老虎还大,眼睛瞪得像老牛,重重地拍了下餐桌):你有没有搞错?我才吃了这么点儿!把账单拿来让我看看!

店小二(战战兢兢):客官,请稍候!

武松(夺过店小二的账单):座位费加茶水费500元,5斤牛肉500元,6瓶雪碧240元,7瓶可乐280元,8瓶浏阳河4560元……小二,这一共明明才6080元呀!

店小二(淡淡一笑):可是还有一份红薯皮啊,得再加7499.1元!

武松(怒气冲天):不是说红薯免费吗?

店小二(淡淡一笑):客官,请您将价格表上的字儿看清楚些,明明是"免费提供烤红薯肉一份",并没有包括这具有防癌作用的特种红薯皮!

武松:好一个"具有防癌作用的特种红薯皮"!简直是讹诈!不过,本大爷没那么多钱让你坑!

店小二(狗仗人势地大声吼道):什么?没钱?没钱你来这二星级酒店吃喝什么?我早就看出来了,你就是当年大名鼎鼎的打虎英雄武松。你能没钱?没钱也行,那你就上山给我打只老虎,让我也威风威风!

武松(先是哭笑不得,然后义愤填膺):当初那虎作恶多端,危害百姓,所以我才去打虎。如今咱人与自然都和谐相处了,再打虎可就是犯法了!你这不是存心习难人吗?你分明就是信口雌黄,暗设圈套,背弃诚信,敲诈勒索,肆意坑害消费者!我可要上官府那告你们!

[七天之后,该酒店因违反诚信经营的法规而被查封,酒店老板和店小二也因涉嫌欺诈被送上了法庭。]

提示:剧本中的矛盾冲突大体分为发生、发展、高潮和结尾四部分。演出时从矛盾发生起就应吸引观众,矛盾冲突发展到最激烈的时候称为高潮。

练一练

1. 扩写下面的幽默小故事,改编为一个独幕剧。

骑自行车

爸爸妈妈给小强买了一辆自行车,得意地看着儿子骑车绕房子转,小强当然也很高兴。

绕第一圈时,小强喊:"妈妈,瞧,我不用手也能骑。"

绕第二圈时,小强又喊:"爸爸,瞧,我不用脚。"

绕第三圈时,小强低着头从房后走出来,向爸妈报告:"看,我的牙齿没啦。"

2. 同学分组自行选择书本中课文的一个场景进行课本剧的改编。

走进实践活动

多姿舞台
课本剧表演

活动目的

（1）通过各种形式的网络活动指导学生了解课本剧的改编、表演及评点；

（2）提高学生的语言表达能力和文学欣赏水平；

（3）培养学生的合作精神和实践能力。

活动准备

一、任务准备

学生自由组合成六个小组，每小组根据主题，选择一篇课文进行改编。

二、任务搜集

（1）检查学生编写的课本剧。

（2）每个学生选择一个角色，将自己角色的语言、动作、神情了解透彻。

三、任务制作

（1）根据故事情节，安排好各种人物的对白、出场顺序及剧本内容，每组选一位导演组织排练。

（2）根据情节需要，可设置背景音乐，做简单的道具和简单的装扮。

活动过程

一、汇报演出

（1）抽签决定上台展示的小组顺序。

（2）每个小组选派一名同学担任评委。

二、分组表演

（1）先由编导简要介绍表演篇目、演员阵容、服饰道具，再进行表演。

（2）每个小组表演时，其他小组成员都要观看，同时做好记录。表演结束后，每个小组首先自评，然后小组之间互评。

（3）教师点评，并评出最佳剧组、最佳主角、最佳配角、最佳导演、编剧等，激发学生表演课本剧的积极性。

附:评分细则

课本剧表演评分细则

节目: 　　　　　　　　　　组别:

表演人员: 　　　　　　　　　　　　　　　　单位:分

评分项目	要　　求	分值	得分
剧本创作	改编自课本,主题鲜明,故事情节完整	20	
语言	普通话标准,语言流畅、清晰,语调符合人物性格	20	
表演	人物塑造个性鲜明,能表现人物性格	20	
情感	感情基调与故事内容相符,感情流露自然得体,有感染力,观众反映好	20	
服装道具	符合剧情需要	10	
时间安排	在规定时间内,不超时	10	
合　　计		100	

自由，谱写旋律的曼妙

当你看着飞鸟从湛蓝的天空飞过的时候，是否羡慕过它的自由翱翔？"闲立春塘烟淡淡，静眠寒苇雨飕飕。渔翁归后汀沙晚，飞下滩头更自由。"站在烟波迷蒙的池塘边，唐朝时的郑谷看着鹭鸶在无人往来的滩头上自由自在地飞上又飞下，心中无限向往。

我们多么幸运，能呼吸自由的空气，自由是春天里嗅出"随风潜入夜，润物细无声"的气息，是去山顶感受"会当凌绝顶，一览众山小"的豪情，是到西子湖畔欣赏"乱花渐欲迷人眼，浅草才能没马蹄"的美景，是享受"稻花香里说丰年"的喜悦……

"生命诚可贵，爱情价更高，若为自由故，两者皆可抛。"古往今来，有多少人为了那扣人心弦的自由去挣扎、去追求。自由是一种蕴藏在生命大海之中的巨大能量，为人生激荡起波涛汹涌；自由是一个孕育了宽广天空的梦想，为生命谱写出风云变幻；自由也是一份掩藏在我们心底的责任，为生活寻找到方向与梦想。

海子，这个用心灵歌唱着的诗人，他在自我的世界里，背靠大海，走向广阔的天地。在他的诗歌世界里，他是"国王"，可以自由地洒播善和美，用生命来等待"面朝大海，春暖花开"的美丽生活。"生命是一袭华美的袍，爬满了蚤子。"即使是处于痛苦与破坏中，无论是否有"天才梦"，张爱玲的生命景观也是华美的，正因如此她才获得了真正的心灵自由。庄子，"逍遥游"的使者，他物我两忘，鼓盆而歌，绝对自由地遨游于永恒的精神世界中。在外界环境无比恶劣的时候，王小波笔下《一只特立独行的猪》用自己的方式证明，追求自由的精神永远不会泯灭。

我们的青春更渴望心灵的释放，自由如同供我们呼吸的氧气，与生命如影相随，弹奏着那一曲"高山流水"的旋律。"山高任鸟飞，海阔凭鱼跃"，让我们用五彩的画笔，在青春蔚蓝的纪念册上，解脱名利的牵绊，勾勒出自由的弧线。

四十一　面朝大海,春暖花开①

海　子

课文导读

　　诗歌用隽永、清新的语言,唱出诗人渴望倾听远离尘嚣的美丽回音的心声。在诗歌完成两个月后,作者海子卧轨自杀。这一事件,使得这首诗实际的内涵与表面的轻松欢快之间产生了某种分离。

　　海子是个用心灵歌唱着的诗人,他的一生都在企图摆脱尘世的羁绊与牵累,在本诗中我们也能读出诗人向往自由幸福的一种隐含的忧伤。

从明天起,做一个幸福的人
喂马、劈柴,周游世界
从明天起,关心粮食和蔬菜
我有一所房子,面朝大海,春暖花开

从明天起,和每一个亲人通信
告诉他们我的幸福
那幸福的闪电告诉我的
我将告诉每一个人

给每一条河每一座山取一个温暖的名字
陌生人,我也为你祝福
愿你有一个灿烂的前程
愿你有情人终成眷属
愿你在尘世获得幸福
我只愿面朝大海,春暖花开

---

　　① 选自《海子诗全编》,上海三联书店,1997 年。海子(1964—1989),原名查海生,安徽怀宁县人,当代诗人。

思考与练习

一、这幅生活图景里有一些清晰的意象,通过分析意象回答下列问题。

1. 找一找本诗中所含的意象。

_____

_____

2. 这些意象代表的内涵分别是什么?

_____

_____

3. 设想下诗人的理想生活是怎样的?

_____

_____

二、背诵全诗。

四十二　天才梦[①]

张爱玲

课文导读

这是 19 岁的张爱玲在征文比赛中创作的一篇散文。此文看上去平淡无奇,似乎只是记录一个人成长的点滴,实则处处围绕作者的天才梦而写。

作者平凡的语言中夹杂着几分睿智的深思、深邃的见解,将生活描绘得真实生动,人物刻画得栩栩如生。

我是一个古怪的女孩,从小被目为天才,除了发展我的天才外别无生存的目标。然而,当童年的狂想逐渐褪色的时候,我发现我除了天才的梦之外一无所有——所有的只是天才的乖僻缺点。世人原谅瓦格涅[②]的疏狂,可是他们不会原谅我。

加上一点美国式的宣传,也许我会被誉为神童。我三岁时能背诵唐诗。我还记得摇摇摆摆地立在一个满清遗老的藤椅前朗吟"商女不知亡国恨,隔江犹唱后庭花",眼看着他的泪珠滚下来。七岁时我写了第一部小说,一个家庭悲剧。遇到笔画复杂的字,我常跑去问厨子怎样写。第二部小说是关于一个失恋自杀的女郎。我母亲批评说:如果她要自杀,她决不会从上海乘火车到西湖去自溺。可是我因为西湖诗意的背景。终于固执地保存了这一点。

我仅有的课外读物是《西游记》与少量的童话,但我的思想并不为它们所束缚。八岁那年,我尝试过一篇类似乌托邦[③]的小说,题名《快乐村》。快乐村人是一个好战的高原民族,因克服苗人有功,蒙中国皇帝特许,免征赋税,并予自治权。所以快乐村是一个与外界隔绝的大家庭,自耕自织,保存着部落时代的活泼文化。

我特地将半打练习簿缝在一起,预期一本洋洋大作,然而不久我就对这伟大的题材失去了兴趣。现在我仍旧保存着我所绘的插画多帧,介绍这种理想社会的服务,建筑,室内装修,包括图书馆,"演武厅",巧克力店,屋顶花园。公共餐室是荷花池里的一座凉亭。我不记得那里有没有电影院与社会主义——虽然缺少这两样文明产物,他们似乎也过得很好。

九岁时,我踌躇着不知道应当选择音乐或美术作我终生的事业。看了一张描

---

① 选自《张爱玲典藏全集》第 4 卷,哈尔滨出版社,2003 年。张爱玲,中国现代作家,本名张瑛,是 20 世纪中国最优秀的女性作家之一。

② [瓦格涅]即瓦格纳,19 世纪德国著名音乐家,代表作有歌剧《尼伯龙根指环》等。

③ [乌托邦]原为 15 世纪英国作家托马斯·莫尔的名著。"乌托邦"一词后被用来代表不切实际的理想社会。

写穷困的画家的影片后,我哭了一场,决定做一个钢琴家,在富丽堂皇的音乐厅里演奏。

对于色彩,音符,字眼,我极为敏感。当我弹奏钢琴时,我想象那八个音符有不同的个性,穿戴了鲜艳的衣帽携手舞蹈。我学写文章,爱用色彩浓厚,音韵铿锵的字眼,如"珠灰","黄昏","婉妙","splendour"(辉煌,壮丽),"melancholy"(忧郁),因此常犯了堆砌的毛病。直到现在,我仍然爱看《聊斋志异》与俗气的巴黎时装报告,便是为了这种有吸引力的字眼。

在学校里我得到自由发展。我的自信心日益坚强,直到我十六岁时,我母亲从法国回来,将她暌隔多年的女儿研究了一下。

"我懊悔从前小心看护你的伤寒症,"她告诉我,"我宁愿看你死,不愿看你活着使你自己处处受痛苦。"

我发现我不会削苹果,经过艰苦的努力我才学会补袜子。我怕上理发店,怕见客,怕给裁缝试衣裳。许多人尝试过教我织绒线,可是没有一个成功。在一间房里住了两年,问我电铃在哪儿我还茫然。我天天乘黄包车上医院去打针,接连三个月,仍然不认识那条路。总而言之,在现实的社会里,我等于一个废物。

我母亲给我两年的时间学习适应环境。她教我煮饭;用肥皂粉洗衣;练习行路的姿势;看人的眼色;点灯后记得拉上窗帘;照镜子研究面部神态;如果没有幽默天才,千万别说笑话。

在待人接物的常识方面,我显露惊人的愚笨。我的两年计划是一个失败的试验。除了使我的思想失去均衡外,我母亲的沉痛警告没有给我任何的影响。

生活的艺术,有一部分我不是不能领略。我懂得怎么看《七月巧云》,听苏格兰兵吹 bagpipe(风笛),享受微风中的藤椅,吃盐水花生,欣赏雨夜的霓虹灯,从双层公共汽车上伸出手摘树巅的绿叶。在没有人与人交接的场合,我充满了生命的欢悦。可是我一天不能克服这种咬啮性的小烦恼,生命是一袭华美的袍,爬满了蚤子。

思考与练习

一、结尾"生命是一袭华美的袍,爬满了蚤子"的修辞手法是什么,理解其中含义。

_____

_____

_____

_____

二、天才就意味着精神和心灵的痛苦;天才就意味着享受事业成功的快乐。以上两者,你更认同哪一种说法?

_____

_____

_____

_____

三、你感觉张爱玲的自我描述真实客观吗?请你也试着写一篇自传和自述看看。

_____

_____

_____

_____

四十三　逍遥游①（节选）

庄　子

课文导读

　　《逍遥游》是《庄子》的首篇。逍遥游意即"独与天地精神往来，而不傲倪于物，不谴是非，以与世俗处"。

　　全文汪洋恣肆，气势磅礴，集中表现了庄子哲学思想的精髓，即虚无主义与绝对自由。

　　北冥②有鱼，其名为鲲③。鲲之大，不知其几千里也；化而为鸟，其名为鹏④。鹏之背，不知其几千里也；怒⑤而飞，其翼若垂⑥天之云。是鸟也，海运⑦则将徙⑧于南冥。南冥者，天池⑨也。

　　齐谐⑩者，志⑪怪者也。谐之言曰："鹏之徙于南冥也，水击⑫三千里，抟⑬扶摇⑭而上者九万里，去⑮以六月息⑯者也。"野马⑰也，尘埃⑱也，生物⑲之以息⑳相吹也。天之苍苍，其正色邪？其远而无所至极㉑邪？其视下也，亦若是则已矣。

---

　　①　选自《庄子》，中华书局，2010 年。"逍遥"，意思是优游自得的样子；"逍遥游"是没有任何束缚地、自由自在地活动。庄子，名周（约前 369—前 286），战国中期宋国蒙（今河南商丘东北）人，是道家学派的主要代表人物。

　　②　[冥]亦作溟，海之意。"北冥"，就是北方的大海。下文"南冥"仿此。传说北海无边无际，水深而黑。

　　③　[鲲(kūn)]上古传说中的大鱼。

　　④　[鹏]本为古"凤"字，这里用表大鸟之名。

　　⑤　[怒]奋起，这里指鼓起翅膀。

　　⑥　[垂]边远，这个意义后代写作"陲"。一说遮，遮天。

　　⑦　[海运]海水运动，这里指汹涌的海涛；一说指鹏鸟在海面飞行。

　　⑧　[徙]迁移。

　　⑨　[天池]天然的大池。

　　⑩　[齐谐]书名；一说人名。

　　⑪　[志]记载。

　　⑫　[击]拍打，这里指鹏鸟奋飞而起双翼拍打水面。

　　⑬　[抟(tuán)]环绕而上；一说"抟"当作"搏"(bó)，拍击的意思。

　　⑭　[扶摇]又名叫飙，由地面急剧盘旋而上的暴风。

　　⑮　[去]离，这里指离开北海。

　　⑯　[息]停歇。

　　⑰　[野马]春天林泽中的雾气。雾气浮动状如奔马，故名"野马"。

　　⑱　[尘埃]扬在空中的土叫"尘"，细碎的尘粒叫"埃"。

　　⑲　[生物]概指各种有生命的东西。

　　⑳　[息]这里指有生命的东西呼吸所产生的气息。

　　㉑　[极]尽。

且夫水之积也不厚,则其负大舟也无力。覆①杯水于坳堂②之上,则芥③为之舟;置杯焉则胶,水浅而舟大也。风之积也不厚,则其负大翼也无力,故九万里,则风斯④在下矣,而后乃今⑤培⑥风;背负青天,而莫⑦之夭阏⑧者,而后乃今将图南。

思考与练习

一、给下列加点的字注音。

1. 北冥　　　　2. 鲲鹏　　　　3. 抟扶摇　　　　4. 夭阏

二、翻译下列句子。

1. 北冥有鱼

_____

_____

2. 抟扶摇而上者九万里

_____

_____

3. 野马也,尘埃也,生物之以息相吹也

_____

_____

4. 覆杯水于坳堂之上

_____

_____

5. 背负青天,而莫之夭阏者

_____

_____

_____

①　[覆]倾倒。
②　[坳(ào)堂]指厅堂地面上的坑凹处。坳,坑凹处。
③　[芥]小草。
④　[斯]则,就。
⑤　[而后乃今]意思是这之后方才;以下同此解。
⑥　[培]通作"凭",凭借。
⑦　[莫]这里作没有什么力量讲。
⑧　[夭阏(è)]又写作"夭遏",意思是遏阻、阻拦。

三、指出下列句子的句式特点。

1. 南冥者,天池也

_____

_____

2. 齐谐者,志怪者也

_____

_____

3. 去以六月息者也

_____

_____

4. 野马也,尘埃也,生物之以息相吹也

_____

_____

5. 覆杯水于坳堂之上

_____

6. 而莫之夭阏者

_____

_____

四、文学常识填空。

《庄子》是_____中期思想家庄周和他的门人及后学所著,现存_____篇,包括内篇_____篇、外篇_____篇、杂篇_____篇,其中内篇为庄子所著。在政治上,庄子主张_____,反对一切社会制度,摈弃一切文化知识。

四十四　一只特立独行的猪①

王小波

课文导读

这是王小波杂文的代表作。文章借猪写人，通过描写一头特立独行的猪的故事，分析"对生活做种种设置"的谬误，探讨如何生活、如何做人的道理。

虽然作者叙述的语境是"文革"期间，但他"无视对生活的设置"，做真正自由和灵魂独立的人。

本文的写作风格是幽默而严肃、活泼而平实、犀利深刻而具温情善意。

插队的时候，我喂过猪，也放过牛。假如没有人来管，这两种动物也完全知道该怎样生活。它们会自由自在地闲逛，饥则食渴则饮，春天来临时还要谈谈爱情。这样一来，它们的生活层次很低，完全乏善可陈②。人来了以后，给它们的生活做出了安排：每一头牛和每一口猪的生活都有了主题。就它们中的大多数而言，这种生活主题是很悲惨的：前者的主题是干活，后者的主题是长肉。我不认为这有什么可抱怨的，因为我当时的生活也不见得丰富了多少，除了八个样板戏，也没有什么消遣。有极少数的猪和牛，它们的生活另有安排，以猪为例，种猪和母猪除了吃，还有别的事可干。就我所见，它们对这些安排也不大喜欢。种猪的任务是交配，换言之，我们的政策准许它当个花花公子。但是疲惫的种猪往往摆出一种肉猪（肉猪是阉过的）才有的正人君子架势，死活不肯跳到母猪背上去。母猪的任务是生崽儿，但有些母猪却要把猪崽儿吃掉。总的来说，人的安排使猪痛苦不堪。但它们还是接受了：猪总是猪啊。

对生活做种种设置是人特有的品性。不光是设置动物，也设置自己。我们知道，在古希腊有个斯巴达，那里的生活被设置得了无生趣，其目的就是要使男人成为亡命战士，使女人成为生育机器，前者像些斗鸡，后者像些母猪。这两类动物是很特别的，但我以为，它们肯定不喜欢自己的生活。但不喜欢又能怎么样？人也好，动物也罢，都很难改变自己的命运。

以下谈到的一只猪有些与众不同。我喂猪时，它已经有四五岁了，从名分上说，它是肉猪，但长得又黑又瘦，两眼炯炯③有光。这家伙像山羊一样敏捷，一米高的猪栏一跳就过；它还能跳上猪圈的房顶，这一点又像是猫——所以它总是到处游

---

① 选自《沉默的大多数》，中国青年出版社，1997年。特立独行，形容人的志行高洁，不同流俗。特，独特；立，立身。王小波（1952—1997），当代著名学者、作家。

② ［乏善可陈］没有什么好称道的。陈，述说。

③ ［炯炯（jiǒng）］形容明亮（多用于目光）。

逛,根本就不在圈里呆着。所有喂过猪的知青都把它当宠儿来对待,它也是我的宠儿——因为它只对知青好,容许他们走到三米之内,要是别的人,它早就跑了。它是公的,原本该劁①掉。不过你去试试看,哪怕你把劁猪刀藏在身后,它也能嗅出来,朝你瞪大眼睛,噢噢地吼起来。我总是用细米糠②熬的粥喂它,等它吃够了以后,才把糠兑到野草里喂别的猪。其他猪看了嫉妒,一起嚷起来。这时候整个猪场一片鬼哭狼嚎③,但我和它都不在乎。吃饱了以后,它就跳上房顶去晒太阳;或者模仿各种声音。它会学汽车响、拖拉机响,学得都很像;有时整天不见踪影,我估计它到附近的村寨里找母猪去了。我们这里也有母猪,都关在圈里,被过度的生育搞得走了形,又脏又臭,它对它们不感兴趣;村寨里的母猪好看一些。它有很多精彩的事迹,但我喂猪的时间短,知道得有限,索性就不写了。总而言之,所有喂过猪的知青都喜欢它,喜欢它特立独行的派头儿,还说它活得潇洒。但老乡们就不这么浪漫,他们说,这猪不正经。领导则痛恨它,这一点以后还要谈到。我对它则不止是喜欢——我尊敬它,常常不顾自己虚长十几岁这一现实,把它叫作"猪兄"。如前所述,这位猪兄会模仿各种声音。我想它也学过人说话,但没有学会——假如学会了,我们就可以做倾心之谈。但这不能怪它。人和猪的音色差得太远了。

后来,猪兄学了汽笛叫,这个本领给它招来了麻烦。我们那里有座糖厂,中午要鸣一次汽笛,让工人换班。我们队下地干活时,听见这次汽笛响就收工回来。我的猪兄每天上午十点钟总要跳到房上学汽笛,地里的人听见它叫就回来——这可比糖厂鸣笛早了一个半小时。坦白地说,这不能全怪猪兄,它毕竟不是锅炉,叫起来和汽笛还有些区别,但老乡们却硬说听不出来。领导因此开了一个会,把它定成了破坏春耕的坏分子,要对它采取专政手段——会议的精神我已经知道了,但我不为它担忧——因为假如专政是指绳索和杀猪刀的话,那是一点门都没有的。以前的领导也不是没试过,一百人也逮不住它。狗也没用:猪兄跑起来像颗鱼雷,能把狗撞出一丈开外。谁知这回是动了真格的,指导员带了二十几个人,手拿五四式手枪;副指导员带了十几人,手持看青的火枪,分两路在猪场外的空地上兜捕它。这就使我陷入了内心的矛盾:按我和它的交情,我该舞起两把杀猪刀冲出去,和它并肩战斗,但我又觉得这样做太过惊世骇俗④——它毕竟是只猪啊;还有一个理由,我不敢对抗领导,我怀疑这才是问题之所在。总之,我在一边看着。猪兄的镇定使我佩服之极:它很冷静地躲在手枪和火枪的连线之内,任凭人喊狗咬,不离那条线。这样,拿手枪的人开火就会把拿火枪的打死,反之亦然;两头同时开火,两头都会被打死。至于它,因为目标小,多半没事。就这样连兜了几个圈子,它找到了

---

① [劁(qiāo)]骟,割去牲畜的生殖器。
② [糠(kāng)]稻、麦、谷子等作物籽实所脱落的壳或皮。
③ [鬼哭狼嚎]形容大声哭叫,声音凄厉。
④ [惊世骇俗]使一般人感到惊骇。世、俗,指一般人。

一个空子,一头撞出去了;跑得潇洒之极。以后我在甘蔗地里还见过它一次,它长出了獠牙①,还认识我,但已不容我走近了。这种冷淡使我痛心,但我也赞成它对心怀叵测②的人保持距离。

我已经四十岁了,除了这只猪,还没见过谁敢于如此无视对生活的设置。相反,我倒见过很多想要设置别人生活的人,还有对被设置的生活安之若素的人。因为这个缘故,我一直怀念这只特立独行的猪。

思考与练习

一、文章对于这只猪的结局的设置,你认为合理吗?

_____

_____

二、根据本文所写,你认为是实有其猪还是作者杜撰? 这影响你对文章观点的认同吗?

_____

_____

三、自己安排或设置自己的生活,有什么问题呢? 别人想要设置我们的生活,能够一概无视吗?

_____

_____

四、作者在第二段结尾认为,人"很难改变自己的命运"其言外之意是什么?

_____

_____

_____

---

① [獠(liáo)牙]露在嘴外的长牙。
② [心怀叵测]指存心险恶,不可推测。心怀,居心,存心。叵,不可。

口语交际

介绍工艺流程

案例导入

苏绣的制作过程主要有选稿、上绷架、配线、绣制、装裱等五道工序。下面我们以绣花猫为例来介绍一下苏绣的制作过程和方法。

1. 选稿：绣稿的来源大体有两种：一种是专为刺绣创作出适合刺绣的画稿；另一种是选自名家的作品包括国画、油画、照片等，也是刺绣的蓝本。选稿时应注意的问题和步骤：① 上稿：上稿前，先要审查拟用的画稿，根据画稿的内容和题材考虑绣种、针法，用哪一种质地的底料。② 勾稿：从设计完成的绣稿上，复制出一张黑白单线的轮廓稿。如果是油画、水彩画或是摄影稿，还需勾出光线明暗层次。这张勾稿是钉在底料上勾绷用的，底稿是将图案通过专业打印机喷绘打印到丝绸布上。

2. 上绷架：将底料安放到绷架上的过程，先将两块绷布（白棉布）分别与底料两头缝接起来，形成一块整料。再把绷布嵌入两根绷轴的嵌槽中，用嵌条嵌紧，转动绷轴，将底料绷在两轴之间。再用绷栓两头分别插入绷轴两端的长方形孔内，用绷钉插入绷栓的小孔内，以固定位置。然后在绣地两边用棉线来回交叉缝制，接着用绷线穿过缝线的交叉点中，缠到绷栓上，再依次逐条拉紧，使绷面平服。将勾稿用细针钉在底料反面，透明的底料从正面呈现出稿样，再用铅笔或毛笔在底料上将线稿勾画下来，如底料透明度差，可放在装有灯光的玻璃台上勾稿。勾稿上的线条为刺绣者下针的依据。日用品一般是批量生产的，可先用针在勾稿上戳出排列均匀的小孔，再将勾稿覆盖在绣底上，用油墨帚轻揩，这样油墨通过小孔将图稿印到绣底上。

3. 配线：按照绣稿的色彩挑选所需的色线。绣稿上有多少色就要配多少色线，为了达到镶色和顺，一种色彩往往要选若干个色级，如一朵红色牡丹花，从深到浅要配十多个色级的线，才能表现出理想的效果。乱针绣一般采用油画或摄影稿，配线时，除物象本身色线外，还有环境反映色，色彩更为丰富，配线尤为复杂。

4. 刺绣：根据绣稿要求与绣者再制作过程中的创作意图，选用合适的针法与粗细不一、色彩不同的色线。一般在绣线前还要将花线劈成一绒或几丝。线劈好后穿针引线，开始刺绣，刺绣时，一手在绷上，一手在绷底，下手将针自下而上地刺出绣面，再将针从上刺下。这样此起彼落，循环往复，直到将绣品的纹样在形、色、质方面都取得完美艺术效果为止。当底料上的纹样全部绣完,并达到预期的效果时,将绣件从绷架上取下来,称落绷。日用品绣成后只需拆掉绷线,拔下绷钉,退出绷栓,从嵌槽中抽出绷布,将底料与绷布的缝线拆掉,取下绣品。欣赏品按单面绣或双面绣要求托裱,在托裱过程中落绷。

5. 装裱:刺绣欣赏品都需要装裱。通过装裱使绣面平整,服帖,有利于刺绣品的欣赏。

……

——根据视频《苏绣制作的工艺流程》整理文字

导入:苏绣是汉族优秀的民族传统工艺之一,至今已有2 000余年的历史,刺绣与养蚕、缫丝分不开,所以刺绣又称丝绣。本案例以花猫绣为例,详细地介绍了苏绣——这种我国古老的民族工艺的制作过程。

介绍工艺流程的要点

一、什么是工艺流程

工艺流程指工业品生产中,从原料到制成成品之间各项工序安排的程序,也称"加工流程"或"生产流程",简称"流程"。

二、介绍工艺流程的具体方法

1. 制作前的准备工作

(1)制作所需要的原材料和工具。如制作苏绣所需要的材料包括底稿、棉部、绣花线、绑线、连绑线、胶皮线;工具包括绷框、站架、手扶板、剪刀、绣针、羊毛针、绣花针、卷尺。在进行装裱这一工序时也是先介绍了装裱所有的材料和工具等。

(2)这些原材料和工具的选择标准及购买途径等。

2. 介绍具体的操作流程

(1)大体的制作概述,如制作苏绣时的选稿、上绷架、配线、绣制、装裱等五道工序。

(2)各道工序的具体操作方法,如制作苏绣时选稿、上棚架、配线、绣制顺序和方法等每一步程序的具体做法和先后顺序。

(3)具体各道工序的操作要求和注意事项。视频中,作者是这样介绍绣猫眼睛的:先要用八种颜色的绣花线,运用套针针法来绣眼球,还要把绣花线分成二分之一、四分之一,以致十二分之一、四十八分之一的细线来绣;然后用四分之一的丝线、滚针法、滚两圈来绣猫眼圈。这样绣出的猫眼睛才能层次分明、栩栩如生。

三、介绍工艺流程应注意的几个问题

1. 介绍内容要求介绍各道工序

介绍时应全面、客观、准确,突出重点、详略得当。苏绣的制作过程如果详细划分的话,有几十道工序,而作者只选了其中的五大工序进行介绍,而把其他小的程

序放在各道大程序的流程之中了。

2. 难易相当、删减有度

介绍内容不要面面俱到，而应根据听众的接受能力选择。例如在苏绣的刺绣中有几十种针法，但作者只介绍了比较简单的几种，如平针和乱针、套针和滚针。因为这几种针法是针对初学者的。而切针、锁针、打籽针、盘金针、鸡毛针、刻鳞针、扎针等比较复杂的针法已经超出初学者的能力范围了，所以并未提及。

3. 介绍顺序合理

工艺流程的介绍一定要选择合理的介绍顺序，按照具体实物的制作过程来讲，也就是通常所说的按程序顺序。如果所介绍事物的流程比较复杂，仅靠一种顺序难以表达清楚，可综合采用几种介绍顺序。无论采取何种顺序，都要求做到条理清晰，层次分明。

4. 语言

以口头语言表达为主，要求通俗易懂，避免使用专业术语。

苏绣中有许多专业术语：上手（刺绣时一手在棚上，称为上手）、下手（刺绣时一手在棚下，称为下手）、水路（刺绣如果遇到花瓣重叠、叶片交互、枝茎分岭时，在其显出的地方留一线的距离，露出绣地，以便分明界画，这一线空白的绣地，在刺绣术语中称作留"水路"）等，案例中作者介绍时，多用短句和日常生活词汇，给我们娓娓道来。

练一练

1. 根据以下描写，说一说"茄鲞"的制作过程。

凤姐儿笑道："这也不难。你把才下来的茄子把蓟了，只要净肉，切成碎丁子，用鸡油炸了，再用鸡脯子肉并香菌、新笋、蘑菇、五香腐干、各色干果子，俱切成丁子，用鸡汤煨干，将香油一收，外加糟油一拌，盛在瓷罐子里封严，要吃时拿出来，用炒的鸡瓜一拌就是。"刘姥姥听了，摇头吐舌说道："我的佛祖！倒得十来只鸡来配他，怪道这个味儿！"

2. 介绍你所喜欢的一种工艺品的制作过程，或者生活中你所熟悉的一种物品的制作过程。

写作训练

求职信

求职信的要点

求职信是求职者向用人单位自荐谋求职业,以求录用的一种应用文体。

一、求职信的特点

1. 实事求是,重点突出

求职信应扬长避短,介绍本人各方面的特点和优势;必须实事求是地阐述,不夸大,不缩小,既要全面详尽,又要重点突出。

2. 不卑不亢,语言得体

书面求职的语言表述有讲究,既要体现出求职者自信自强的生活态度,又要体现出求职者谦虚诚恳的做人风格,要有理有据,有节有情。

二、求职信格式

1. 标题

标题是求职信的眉目,居中写明"求职信"。

2. 称谓

写给用人单位的人事部门或直接写给单位负责人的,注意称呼称谓要礼貌、得体。对用人单位或负责人明确的可直接写明单位名称,如"尊敬的××医院护理部""尊敬的××院长"。在用人单位不确定的情况下,称谓可写如"尊敬的医院人事部领导""尊敬的××先生"等。

3. 开头语

开头语部分先写问候语"您好",表示礼貌、尊敬;再写求职人的自我简介或用人信息的获得渠道,如"我叫×××,是××护士学校××专业的应届毕业生。"开头语表述应简洁明确、干脆利落,不宜过多过长。

4. 正文

这是求职信的核心部分。首先,详细介绍自己的专业优势,即学习的主要专业课程,参加的专业实践活动及在学校各类专业竞赛中的获奖情况等,要充分展示自己在专业方面的突出成绩。

其次,介绍自己的工作能力及爱好特长,包括自己在学校期间担任学生会、班级的主要干部职务等情况,着重表现自己在各类活动中的组织能力、人际交往能力、口才表达能力等等。个人的兴趣、爱好及特长也是竞争的优势。

再次,如果用人单位明确,可以谈谈对用人单位的认识、了解,表达迫切要求工作的愿望及录用后的打算。如"贵院是闻名遐迩的××医院,医院领导知人善用,重视人才,我非常愿意并渴望到贵医院工作,并愿为贵院的发展贡献自己的知识与才华"。撰写这部分时,力求简明,注意扬长避短,突出自己的优势与长处。

5. 结尾

结尾部分要再次表达求职的愿望,希望获得机遇,起到吸引和打动对方的作用。如"希望给予面试的机会""热切地盼望着贵公司给予答复"等;也可以礼貌用语"此致""敬礼"结尾。

6. 署名、日期

署上求职者的姓名、日期。

7. 附件

这也是求职信的重要组成部分,包含求职信以外的其他材料,如学历证书、成绩单、获奖证书、技能证书、论文等复印件。如材料多,应依次标上序号。这些材料是个人专业优势和能力特长的验证,对用人单位来说是反映个人才能、知识的重要证据。

格式范例:

求职信

标题:求职信(居中)

称谓:尊敬的××(顶格)

开头:您好!(空2格)

正文:正文(空2格)

结尾:此致(空2格)敬礼(顶格)

署名:×××××

日期:20××年×月×日

例文鉴赏

求职信

尊敬的医院领导:

您好!

首先,感谢您在百忙之中看我的求职信。我是××学校××届应届毕业生。

我校自建校以来,一直保持着治学严谨的优良传统。在这样一个求学氛围、创新精神较为浓重的环境中,在老师们严格要求及个人努力下,经过三年学习,我圆满完成了所有课程,如基础护理学、内科护理学、外科护理学、妇产科护理学、儿科护理学、沟通学、营养学、心理学等三十余门课程的学习,并取得了优异的成绩。同时通过近一年的临床实习,使我整体素质有了较大的提高,培养了敏锐的观察力、正确的判断力、独立完成工作的能力及严谨、踏实的工作态度。我乐观、自信,上进心强,能够很好地处理人际关系,有很强的责任心与使命感,并且肯吃苦,愿意以细心、爱心、耐心、责任心对待患者。因此我对自己的未来充满信心。

我热爱护理事业,殷切期盼能够在您的领导下为这一光荣事业添砖加瓦,并在工作中不断学习、进步,为解除患者的痛苦尽自己的一分力量!

　　最后真挚感谢您对我的关注,希望贵单位能给我一个实现梦想、展示才华的机会,祝贵院事业蒸蒸日上,屡创佳绩! 盼望能接到您的答复。

　　此致
敬礼

求职人:××
××年××月××日

练一练

1. 看下文补充内容。

××医院:

　　我叫张红,女,20岁,××护士学校毕业,曾在本市三甲医院实习,工作踏实,曾多次受到科室表扬。我除了护理操作准确,理论知识也非常丰富。我请求到贵医院工作。如蒙录用,我将竭诚为贵医院服务。

2. 为你毕业后的求职写一份求职信,写清楚个人基本情况、专业能力和个人特长等方面内容,做到格式正确,语言得体,并将附件的内容准备得完整、简洁。

走进实践活动

应聘模拟

活动目的

(1) 了解应聘的概念和特征；

(2) 学习应聘的方法和技巧；

(3) 提高会话的能力,为今后就业做好准备。

活动准备

一、任务准备

(1) 应聘前个人资料的准备。

(2) 应聘前心理的准备。

(3) 了解招聘单位。

二、任务搜集

每位同学通过多种途径(网络、采访等)搜集招聘面试常用题。

三、任务制作

(1) 制作简历。

(2) 以小组为单位,进行模拟应聘。

活动过程

一、教师讲解

教师讲解面试技巧、注意事项、评分规则。

二、模拟面试

(1) 准备:桌子和椅子、学生个人简历、个人着装、面试提问等。

主席台:六名主考官(学生自愿报名)。

观众席:模拟面试学生。

(2) 面试者按学号顺序依次进行面试,下一个面试者提前在指定位置等候。

① 面试者上台问候,递上自己简历,自我介绍1分钟。

② 考官提问,面试者回答,观众席学生观察面试者的仪表和语言表达方式。

③ 学生点评。

④ 教师点评,指出面试学生表现出的优缺点,提出改进建议。

附表：

表一　招聘面试常见题

一、家庭背景

1. 你家庭有哪些有助于你成长的因素？

2. 你父母从事什么工作？对你有何期望？

3. 你儿时的理想是什么？

4. 家庭经历对你有何影响？

5. 你是否崇拜过他人？

二、上学阶段

1. 你在读书期间感兴趣和不感兴趣的课程是什么？

2. 当初你怎么会选择你就读的学校的？

3. 在校时学习成绩如何？你如何看待成绩的好坏？

4. 你在学习中如何看待竞争？

5. 你学习的目的是什么？

6. 你是如何度过寒暑假的？

7. 请给我们介绍一下你在学习期间的实际工作经验。

8. 你有何特长？

三、未来目标

1. 你对应聘的职位有何看法？

2. 对你所要应聘的单位印象如何？

3. 你将怎样去适应工作？

4. 你是否有信心做好今后的工作，为什么？

四、自我评价

1. 请你对自己作一个坦率的、真实的评价。什么是你的强项？你认为你给别人的第一印象与真实的你有何差别？

2. 你的朋友是怎样描述你的？

3. 你认为你最擅长什么？

4. 你认为自己处理人际关系的能力如何？

中职语文与应用(卫生类)

表二　应聘人员面试评价表

单位名称：　　　　　填表日期：　　　　年　月　日

应聘人		应聘职位			编码	
评价项目		评分标准				
		优(9~10)	良(7~8)	中(5~6)	差(0~4)	
1. 仪表和仪态(着装、坐姿等)						
2. 自我介绍详略得当						
3. 口头表达能力(沟通能力)						
4. 岗位认知能力						
5. 随机应变能力						
6. 体力、精力情况						
7. 气质、性格类型是否符合职位要求						
8. 专业知识						
9. 专长是否符合职位要求						
10. 综合素质是否符合职位要求						
综合评价等级						
综合评语以及录用建议						

主考人：　　　　　　　　　审核人：

审美，谛听乐章的悠扬

"主人有酒欢今夕，请奏鸣琴广陵客。月照城头乌半飞，霜凄万树风入衣。铜炉华烛烛增辉，初弹渌水后楚妃。一声已动物皆静，四座无言星欲稀。清淮奉使千余里，敢告云山从此始。"在月明星稀的夜晚，饮酒和听琴同样醉人，演奏者高超的琴艺使四座无言。奏琴结束后，诗人李欣竟闻琴怀乡，期望归隐。

美好的事物处处都在，我们要用审美的眼光去寻找它蕴藏的光亮。读好书是享受，听音乐是享受，看优秀的电视节目是享受，哪怕静观一朵娇小的花儿在雨水的滋润下缓缓地绽放的美丽也是享受！

当春风吹拂时，我们驻足西湖欣赏"水光潋滟晴方好，山色空蒙雨亦奇。欲把西湖比西子，淡妆浓抹总相宜"的景色，苏堤翠柳，粼粼微波，美不胜收。在初夏时分，我们怀着美的情怀看"梅子金黄杏子肥，麦花雪白菜花稀。日长篱落无人过，惟有蜻蜓蛱蝶飞"，这是一幅多么美丽的色彩斑斓的田园画。

被贬浔阳的白居易在落魄失意之时偶遇一位知己，他被一位流落此地的琵琶女的精湛技艺所深深折服，共同的境遇让两人产生了"同是天涯沦落人，相逢何必曾相识"的感叹，著名的《琵琶行》由此产生。后唐李煜在归宋后的第三年，在《虞美人》中毫不掩饰自己的故国之思，将一个处于刀俎之上的亡国之君的沉痛而又无可奈何的心境展露无遗。爱情总是美好的，海涅在《乘着歌声的翅膀》中张开想象的翅膀，畅想着大自然的美好，让人飘逸在诗人所创造的绮丽而又淡雅的神奇世界里。蒋勋善于把沉哑暗灭的美唤醒，他在《美的起源》中让我们听到恍如莺啼翠柳的华丽歌声。清冈卓行的随笔《米洛斯的维纳斯》，对一个举世闻名的审美之谜，提出了一种有趣而又富于启发性的解释，维纳斯残缺的双臂并没有一丝减损那永恒的审美魅力。

美是生活中一切快乐的源泉。同样的阴云密布，兵临城下，有的人只看到"黑云压城城欲摧"，而李贺看到的却是"甲光向日金鳞开"。懂得欣赏的人才能发现美，才能找到快乐。懂得审美的人，走入玫瑰丛，映入眼帘的必是那夺目的色彩，嗅到的必是那甜蜜的芬芳。

四十五　琵琶行①（并序）

白居易

课文导读

《琵琶行》作于白居易贬官到江州的第二年，作品借着叙述琵琶女的高超演技和她的凄凉身世，抒发了作者个人政治上受打击、遭贬斥的抑郁悲凄之情。

诗人把弹琵琶的女子视为自己的红尘知己，与她同病相怜，写己写人，哭己哭人。宦海的浮沉、生命的悲哀融为一体，因而使作品具有不同寻常的感染力。

元和十年，予左迁②九江郡司马。明年秋，送客湓浦口③，闻舟中夜弹琵琶者，听其音，铮铮然④有京都声。问其人，本长安倡女⑤，尝学琵琶于穆、曹二善才⑥。年长色衰，委身⑦为贾人⑧妇。遂命酒⑨，使快弹⑩数曲，曲罢悯然⑪，自叙少小时欢乐事，今漂沦⑫憔悴，转徙⑬于江湖间。予出官⑭二年⑮，恬然⑯自安，感斯人⑰言，是夕

---

①　选自《白氏长庆集》，吉林出版集团，2005年。《琵琶行》原作《琵琶引》。"行"，又叫歌行，源于汉魏乐府，本来是古代一种歌曲的形式，后来成为古代诗歌中的一种体裁。白居易（772—846），唐代著名诗人，字乐天，号香山居士，河南新郑人，著有《白氏长庆集》七十一卷。

②　[迁]古代以右为尊，以左为卑，因此将贬官称为左迁。

③　[湓（pén）浦口]湓水（今名龙开河，经九江市入长江）的出口处，又名湓口。

④　[铮铮然]形容声音铿锵清脆。

⑤　[女]歌妓。倡，通"娼"。

⑥　[善才]唐人对琵琶艺人或曲师的尊称。

⑦　[委身]将自身托付给别人，即出嫁。

⑧　[贾（gǔ）人]商人。

⑨　[命酒]吩咐摆酒。

⑩　[快弹]尽情地演奏。

⑪　[悯然]忧郁的样子。

⑫　[漂沦]漂泊沦落。

⑬　[转徙]转换地方，四处流浪。

⑭　[官]由京城改做地方官。

⑮　[二年]白氏于元和十年八月被贬，十月到达江州，此诗作于元和十一年秋，前后跨两个年头。

⑯　[恬然]心境平和的样子。

⑰　[斯人]此人，指倡女。

始觉有迁谪意。因为①长句②,歌③以赠之,凡④六百一十六言⑤,命⑥曰《琵琶行》。

浔阳江⑦头夜送客,枫叶荻花⑧秋瑟瑟⑨。
主人⑩下马客在船,举酒欲饮无管弦⑪。
醉不成欢惨将别,别时茫茫江浸月⑫。
忽闻水上琵琶声,主人忘归客不发。
寻声暗问⑬弹者谁?琵琶声停欲语迟⑭。
移船相近邀相见,添酒回灯⑮重开宴。
千呼万唤始出来,犹抱琵琶半遮面。
转轴拨弦⑯三两声,未成曲调先有情。
弦弦掩抑⑰声声思⑱,似诉平生不得志。
低眉信手⑲续续⑳弹,说尽心中无限事。
轻拢慢捻抹复挑㉑,初为《霓裳》㉒后《六幺》㉓。
大弦嘈嘈㉔如急雨,小弦切切㉕如私语。
嘈嘈切切错杂弹,大珠小珠落玉盘。

① [为]创作。
② [长句]指七言诗,唐人的习惯说法。
③ [歌]作歌。
④ [凡]总共。
⑤ [言]字。
⑥ [命]命名、提名。
⑦ [浔(xún)阳江]流经九江的一段长江。
⑧ [荻(dí)花]芦苇类植物,秋天开草黄色花。
⑨ [瑟瑟]秋风声。
⑩ [主人]作者自称。
⑪ [管弦]管乐器与弦乐器,指奏乐。
⑫ [江浸月]月影映入江中。
⑬ [暗问]低声寻问。
⑭ [迟]迟疑不语。
⑮ [回灯]添油拨芯,使灯光重又发亮。
⑯ [转轴拨弦]指弹奏前调弦试音等准备工作。
⑰ [掩抑]压抑,形容音乐低沉。
⑱ [思(sì)]感情。
⑲ [信手]随手。
⑳ [续续]连续不断。
㉑ [拢、捻(niǎn)、抹、挑]弹奏琵琶的几种指法。
㉒ 《霓裳》]即《霓裳羽衣曲》,传说为开元时西凉节度使杨敬述所献,本名《婆罗门曲》,经玄宗修订后用此名。
㉓ [《六幺》]又名"录要""绿腰",是当时流行的琵琶曲。
㉔ [嘈(cáo)嘈]低音弦声,沉重雄壮。
㉕ [切切]高音弦声,微细急促。

中职语文与应用(卫生类)

间关①莺语花底②滑③，幽咽④泉流冰下难⑤。

冰泉冷涩弦凝绝⑥，凝绝不通声暂歇。

别⑦有幽愁暗恨⑧生，此时无声胜有声。

银瓶乍⑨破水浆迸⑩，铁骑⑪突出刀枪鸣。

曲终收拨⑫当心画⑬，四弦一声如裂帛。

东船西舫⑭悄无言，唯见江心秋月白。

沉吟⑮放拨插弦中，整顿衣裳起敛容⑯。

自言本是京城女，家在虾蟆陵⑰下住。

十三学得琵琶成，名属教坊⑱第一部⑲。

曲罢常教善才服⑳，妆成每被秋娘㉑妒。

五陵年少㉒争缠头㉓，一曲红绡㉔不知数。

钿头㉕云篦㉖击节碎，血色㉗罗裙翻酒污。

今年欢笑复明年，秋月春风㉘等闲度㉙。

---

① ［间关］鸟鸣声。

② ［花底］花下。

③ ［滑］形容鸟声宛转流畅。

④ ［幽咽］流水声轻而不畅。

⑤ ［冰下难］冰下泉水流动，时受梗阻。一作"水下滩"。

⑥ ［凝绝］完全凝结。

⑦ ［别］另。

⑧ ［幽愁暗恨］埋藏在内心的怨恨。

⑨ ［乍］突然。

⑩ ［迸］形容水花四溅。

⑪ ［铁骑(jì)］戴盔甲的骑兵。

⑫ ［拨］状如铲，用以拨弦。

⑬ ［当心画］用拨片在四弦中心用力一划，四弦齐鸣。为琵琶弹奏结束时的动作。

⑭ ［舫(fǎng)］小船。

⑮ ［沉吟］沉思默想。

⑯ ［敛容］庄重而有礼貌的神态。

⑰ ［虾蟆(há má)陵］在长安城东南，曲江附近，是当时有名的游乐地区。

⑱ ［教坊］玄宗时设置左右教坊，用来掌管音乐、杂技，教练歌舞。

⑲ ［部］队。

⑳ ［服］敬佩。

㉑ ［秋娘］泛指当时长安的美女。

㉒ ［五陵年少］泛指当时长安的富家子弟。五陵，长安城北汉代五个皇帝的陵墓，是当时贵族豪门聚居之地。

㉓ ［缠头］赏赠给歌舞伎的丝织品。

㉔ ［红绡(xiāo)］细薄的红色绸缎。

㉕ ［钿(diàn)头］用金玉珠宝镶嵌成花形的首饰。

㉖ ［云篦(bì)］云形花纹的梳发工具。

㉗ ［血色］喻裙色红艳如血。

㉘ ［秋月春风］良辰美景，指美好的青春。

㉙ ［等闲度］随便不经意地度过。

弟走从军阿姨①死,暮去朝来颜色故②。
门前冷落鞍马稀,老大嫁作商人妇。
商人重利轻别离,前月浮梁③买茶去。
去来④江口守空船,绕舱明月江水寒。
夜深忽梦少年事,梦啼⑤妆泪红阑干⑥。
我闻琵琶已叹息,又闻此语重唧唧⑦。
同是天涯沦落⑧人,相逢何必曾相识。
我从去年辞帝京,谪居卧病浔阳城。
浔阳地僻无音乐,终岁不闻丝竹⑨声。
住近湓江地低湿,黄芦苦竹绕宅生。
其间旦暮闻何物?杜鹃⑩啼血猿哀鸣。
春江花朝秋月夜,往往取酒还独倾⑪。
岂无山歌与村笛?呕哑⑫嘲哳⑬难为听。
今夜闻君琵琶语,如听仙乐耳暂明。
莫辞更坐弹一曲,为君翻⑭作琵琶行。
感我此言良久⑮立,却坐⑯促弦⑰弦转急。
凄凄不似向前声⑱,满座重闻皆掩泣⑲。
座中泣下谁最多,江州司马青衫⑳湿。

---

① [阿姨]教坊中的女头目。
② [颜色故]容颜衰老。
③ [浮梁]唐县名,是当时茶叶贸易中心,在今江,西景德镇北。
④ [去来]去后。
⑤ [梦啼]梦中悲哭。
⑥ [阑干]泪水纵横的样子。
⑦ [唧唧]叹息声。
⑧ [沦落]沉沦流落。
⑨ [丝竹]泛指乐器。
⑩ [杜鹃]又名子规,传说啼声凄厉,直到吐血而死。古代诗文常用来描写旅客思家的心情。
⑪ [倾]斟酒,饮酒。
⑫ [呕哑(ōu yǎ)]杂乱的乐器声。
⑬ [嘲哳(zhāo zhā)]形容嘈杂细碎难听的声音。
⑭ [翻]按曲调编写歌词。
⑮ [良久]好久。
⑯ [却坐]回头重新坐下。
⑰ [促弦]将弦拧紧。
⑱ [向前声]刚才演奏的曲调。
⑲ [掩泣]掩面而泣。
⑳ [青衫]唐代八、九品官所穿的官服。白居易时任江州司马,是五品官,应着浅红色,说青衫意在表达自己的沦落身份。

思考与练习

一、给下列加点的字注音。

1. 溢浦　　2. 铮铮然　　3. 贾人　　4. 悯然　　5. 恬然

6. 荻花　　7. 钿头　　8. 呕哑　　9. 嘲哳

二、解释下列句中加点的词。

1. 明年秋,送客溢浦口

_____

2. 弦弦掩抑声声思

_____

3. 低眉信手续续弹

_____

4. 秋月春风等闲度

_____

5. 梦啼妆泪红阑干

_____

6. 如听仙乐耳暂明

_____

三、《琵琶行(并序)》诗前的小序主要写了哪些内容? 具有什么作用?

_____

_____

_____

_____

四、背诵全诗。

四十六　诗歌二首

虞美人①

李　煜

课文导读

　　该词传是五代十国时期南唐后主李煜在被毒死前夕所作,堪称绝命词。这首词,围绕一个"愁"字,在时间上与空间上,将故国的衰亡与天地的变化,将人事的无常与天地的运行联系在一起。

　　全诗运用反衬的手法,以宇宙时空的永恒与无情,衬托出家国人生的短暂与可悲。

　　春花秋月何时了②,往事知多少? 小楼昨夜又东风,故国不堪回首月明中。

　　雕栏玉砌③应犹④在,只是朱颜改⑤。问君⑥能⑦有几多愁,恰似一江春水向东流。

思考与练习

　　一、阅读该词,回答问题。

　　1. "往事知多少"中的"往事"具体指什么?

_____

_____

　　2. 在前六句中,哪个字可以作为全词的"诗眼"?

_____

_____

　　3. 请说说"问君能有几多愁? 恰似一江春水向东流"妙在何处?

_____

---

　　① 选自《李煜词集》,上海古籍出版社,2009 年。虞美人,此调原为唐教坊曲,初咏项羽宠姬虞美人死后地下开出的一朵鲜花,因以为名。李煜,五代十国时期南唐时期最后一位君主,史称李后主,著名词人。

　　② [了]了结,完结。

　　③ [砌]台阶。雕栏玉砌,指远在金陵的南唐故宫。

　　④ [应犹]一作"依然"。

　　⑤ [朱颜改]指所怀念的人已衰老。

　　⑥ [君]作者自称。

　　⑦ [能]或作"都""那""还""却"。

二、背诵全词。

乘着歌声的翅膀①

[德]海涅

课文导读

本诗大约写于 1822 年,诗人描绘了一幅充满诗意幻想的浪漫主义色彩的图景,表达了对爱情的美好向往。

全诗的色调透着一股灵气,将莲花、紫罗兰拟人化,体现了浪漫主义诗人经常追求的大自然的灵化。

乘着歌声的翅膀,
心爱的人,我带你飞翔,
向着恒河②的原野,
那里有最美的地方。

一座红花盛开的花园,
笼罩着寂静的月光;
莲花在那儿等待,
它们亲密的姑娘。

紫罗兰轻笑调情,
抬头向星星仰望;
玫瑰花把芬芳的童话
偷偷地在耳边谈讲。

跳过来暗地里倾听
是善良聪颖的羚羊;
在远的地方喧腾③着

---

① 选自《外国名诗选》,冯至译,中国青年出版社,1997 年。海涅(1797—1856),德国诗人。
② [恒河]印度北部著名的长河。
③ [喧腾]喧闹沸腾,形容声音杂乱。

圣洁的河水的波浪。

我们要在那里坐下
在那棕榈树的下边，
吸饮爱情和寂静，
沉入幸福的梦幻。

思考与练习

一、解释下列词语。

1. 喧腾

2. 聪颖

3. 梦幻

4. 棕榈树

二、背诵全诗。

四十七　美的起源①（节选）

[台]蒋勋

课文导读

本文是台湾美学大师蒋勋先生的演讲录集《美，看不见的竞争力》中的一篇。

本文文辞优美，没有讲述晦涩枯燥的美学理论，而是叙述平白晓畅的美好感知，以平凡人对美的平凡感动来唤起我们心中对美的向往。

我跟很多朋友说过，在印尼的巴厘岛，因为天气很炎热，所以生长了很多很美的花。其中有一种是在台湾非常常见的，尤其是在台南，高雄，就是鸡蛋花②。我也常常提醒朋友，在我阅读过的两百八十八年前康熙年间到台湾来的一个叫郁永河的旅行家写的一本日记里，他一到台湾看的就是这种花。他那时当然不知道这花叫什么名字，他是浙江人，来台以后写了一本叫《裨海纪游》的日记，里面他就把这种花称为"番花"。当时大概在台湾就用"番"这个字，所以就称为"番花"。他特别形容这种花是五个花瓣，白色，花蕊的部分有一点点黄色，还有香味。冬天的时候叶子会掉光，秃秃的像手指一样；春夏的时候，就会长出叶子来，像枇杷似的长长尖尖的叶子。

我当初就去为《汉声》杂志做郁永河的调查，走他登陆的地方，走台南。我们去看安平古堡时，发现四周全是这种花，我们现在俗称为"鸡蛋花"，其实是台湾南部原生种最多的花。在巴厘岛上的也是这种花，叫 Japun。我曾经写过一篇散文，提到日普恩，就是讲这种花。这种花掉得一地都是，巴厘岛人就把它捡起来夹在耳朵边，男的女的，满头都是这种花。之所以会有这个行为——注意一下，这是一个行为，人类的行为——当然是因为这朵花对他们来说应该是被珍惜的，所以就把这个花夹在耳朵边。我们不会说拿一块石头夹在耳朵上，他们却会把这朵花捡起来。这里面一定有怜惜，有爱，有体会到的美。然后夹在耳朵上，他们希望留住这种美。注意，人类的行为比语言和文字更直接。它就是一个动作，而这个动作是捡起一个东西来，那你一定是想要保有它。而你把它夹在耳朵这个部位，本身也是很重要的，因为你被这朵花感动了，所以你希望这朵花变成你的一部分，你才会做这件事。所以我觉得到巴厘岛最快乐的一件事，是看满街人头上都是花。那花还在继续掉，一地都是。所以走过去，你都会很小心，很怕践踏③到花，很不忍。

---

① 选自《美，看不见的竞争力》，中信出版社，2011 年。蒋勋（1947—），台湾知名画家、诗人与作家。

② ［鸡蛋花］又叫缅栀子、蛋黄花、印度素馨、大季花，在我国西双版纳以及东南亚一些国家，鸡蛋花被佛教寺院定为"五树六花"之一而被广泛栽植，故又名"庙树"或"塔树"。

③ ［践踏］对人或者事物或者精神方面的贬低、摧毁。

其实这个经验我年轻时候在台湾也有过。那个时候去石头山，竹南的石头山。当时的石头山没有开路，仅仅有很多台阶让人走上去。那时我自己很喜欢住在庙里面，大概寒假暑假都住在那边。一条路，你走过去的时候，你发现全部变成白色，吓了一大跳，像下了雪一样，全是白色的。后来发现这全是上面的一种树掉下来的小花，铺满了山麓。我不知道各位知不知道这种花——油桐。如果四月初的时候，你有空，你不妨经过一下，比如在苗栗附近，开得最盛大。你在高速公路看到整座山全部变白，而这种油桐花也是掉得一地都是。我记得很清楚，当年我们一起去的同学，大家都呆住了，不敢踩过去，因为那花很漂亮。大家就开始用衣服去兜住那个花。你会忽然想到《红楼梦》里面讲的"黛玉葬花"，用衣服去兜花，因为觉得不忍。

我们注意下这个"不忍"。其实很简单：一个东西是美的，是完美的，而你不忍践踏它，不忍它是肮脏的、难看的、衰亡的。我一直觉得这好像很模糊，可事实上，它是生命里最重要的一个部分，如果这个部分没有了，我想生命其他东西也都不必谈了。它其实是一个最本质的东西，比如爱花、惜花的那件事情。所以这个画面我就永远忘不掉。到巴厘岛看到一岛屿的人，都这样捡花，你就会觉得很快乐。

思考与练习

一、作者是如何描写"鸡蛋花"的？

_____

_____

_____

二、如何理解作者"不忍"看到落花而不愿踩上去的"不忍"？

_____

_____

_____

三、如何理解作者"不忍"的这份情怀？

_____

_____

_____

_____

四、生活中有没有这种让你的"不忍"经历？谈一谈你的体会吧！

_____

_____

_____

_____

四十八　米洛斯的维纳斯[①]

[日]清冈卓行

课文导读

本文是日本作家清冈卓行的一篇文艺随笔。作者借维纳斯的断臂阐述了自己的美学观,他教给了我们欣赏艺术作品的一些角度和方法,也让我们懂得好的艺术作品是讲究"再创造"(注重激发欣赏者的想象)的。

我注视着米洛斯的维纳斯,一个奇怪的念头油然而生:为了这绝世妩媚,她必须失去双臂。

据说,这座用帕罗斯[②]产的大理石雕刻而成的维纳斯像,据说是十九世纪初在米洛岛由农人意外地发掘到的,后被法国人买去,运至巴黎的罗浮宫[③]。那时,维纳斯就已经把她的双臂巧妙地遗忘在故乡希腊的大海或是陆地的什么地方了。不,更准确地说,是为了自身的美丽,她下意识地藏起了双臂。这样做也是为了顺利地跨越国界,为了更好地超越时代。

无疑,维纳斯所具有的高雅与丰满的高度和谐,令人叹为观止。她可以被称为美的一个典型。无论是容貌还是由胸部到腹部的曲线,或者是舒展的后背,无论你从什么角度观看,维纳斯的每一个部位都充满了几乎使人百看不厌的匀称的魅力。而与这些相比,你若稍加留神便不难发现:失去的双臂更笼罩着某种难以捕捉的神秘美的气氛。而所谓米洛的维纳斯的断臂复原方案,只会令我觉得扫兴、滑稽,而且荒诞透顶。当然,为了复原,一切的尝试都是合理的,由此可以客观地推断出失臂的原貌。

譬如,维纳斯的左手,或许正托着一只苹果,或许正撑着一根人形石柱,还可能正持盾执笏[④]。不,也许与这些姿势都迥然不同[⑤],它表现了维纳斯沐浴前或出浴后略带羞涩的娇态。我们还可以进一步想象:实际上她并不是单人雕像,而是群雕中的一个,她的左手是否正搭在恋人的肩上呢?——人们可以靠求证和想象来尝试各种复原方案。我查阅过有关的书籍,一边注视着书中的示意图,一边却被一种

---

① 选自《当代世界名家随笔》,周保雄译,上海教育出版社,1996 年。米洛斯的维纳斯,又称"米洛斯的阿佛洛狄忒",大理石雕,高 204 厘米,现收藏于巴黎罗浮宫博物馆。清冈卓行(1922—),日本当代诗人、小说家。

② [帕罗斯]希腊东南部的岛屿,位于爱琴海基克拉迪群岛的中心,盛产大理石。

③ [罗浮宫]法国故宫,在巴黎市中心,占地约十八万平方米。1793 年起其辟为国家博物馆和艺术品陈列馆。

④ [笏]古代大臣朝见时手中拿的狭长板子,用玉、象牙、竹木制成,上面可以记事,也叫手板。

⑤ [迥然不同]形容差别很大,一点儿也不相同。迥然,相距很远或差别很大的样子。

非常空虚的情绪所侵扰。因为无论选择哪种图像,如前所述,都不可能产生出比失去双臂更胜一筹①的美。假如有一天真正的原形被发现,那原形又令我无可置疑地信服,那我大概会带着一种愤怒来否认这个真的原形。

另有一点也很有意思,为何维纳斯失去的是双臂而不是其他什么呢? 倘若失去的不是双臂,而是身体的其他部分,恐怕我在此讲述的感想就不一定会产生。例如,假使维纳斯缺了眼睛,少了鼻子,或者是损坏了乳房,而双臂却完好地长在身上,那么,这尊维纳斯就不可能产生生命所具有的变幻不定的光辉了。

为什么失去的必须是双臂呢? 我不想在此讨论雕像中躯干部分的美学意义,而是想谈谈手臂,更确切地说是关注手在人类生存方面所具有的象征意义。

手最深刻、最根本地暗示了什么呢? 不消说,手的本质与手的象征意义在某种程度上是一致的。人与世界发生千变万化的联系,而手正是联系的一种手段。一位哲学家说机械是手的延长,这一比喻确实很精彩。一位文学家的回忆洋溢着初握恋人之手时的幸福感。米洛的维纳斯受到美术作品命运的摆布,她失去双臂,受到某种难以想象的嘲讽。反过来看,正是因为维纳斯失去了双臂,才奏响了对那双手的姿态进行各种想象的梦幻曲。

思考与练习

一、解释下列词语

1. 油然而生

2. 迥然不同

3. 更胜一筹

4. 百看不厌

二、请你谈谈对"假如有一天真正的原形被发现,那原形又令我无可置疑地信服,那我大概会带着一种愤怒来否认这个真的原形"这句话的理解。

_____

_____

_____

_____

---

① [更胜一筹]指技艺或技能超过别人。筹,筹码,古代用以计数的工具,多用竹子制成。

第十二单元 审美,谛听乐章的悠扬

三、从内部结构分析入手,通过揭示内容材料之间的因果联系,进而把握阅读内容的观点,这也是进行观点分析的方法之一。认真阅读课文,理清课文结构及结构层次间的关系,看看作者是从哪几个方面来阐述自己观点的。

_____

_____

_____

_____

_____

_____

_____

_____

_____

_____

中职语文与应用(卫生类)

口语交际
辩论赛

案例导入

材料:孔子东游,见两小儿辩斗,问其故。一儿曰:"我以日始出时去人近,而日中时远也。"一儿以日初出远,而日中时近也。一儿曰:"日初出大如车盖,及日中则如盘盂,此不为远者小而近者大乎?"一儿曰:"日初出沧沧凉凉,及其日中如探汤,此不为近者热而远者凉乎?"孔子不能决也。两小儿笑曰:"孰为汝多知乎?"

评析:这是《俩小儿辩日》中两个小孩最简单的辩论。辩论双方各执一端,似乎难分上下。辩论时怎样做才能驳倒对方呢?

辩论的要点

一、什么是辩论赛

辩论赛的核心为一个"辩"字,也正如此字,中间一个"言",两边各一个"辛",双方的辩手势均力敌,凭借自己的语言能力和思维能力,争取比赛的胜利。

二、基本要素

1. 赛队(每队4人)参与

各参赛队中有4名成员,分为主辩、一辩、二辩、三辩手;亦有分为一辩、二辩、三辩手及自由发言人等。

其中,一辩主要阐述本方观点,要求一辩具有演讲能力和感染能力;二、三辩主要针对本方观点与对方辩手展开激烈角逐,要求具有较强的逻辑思维能力和非凡的反应能力;四辩要能很好地总结本方观点,要求有激情,能把气氛引入另一高潮。

2. 主持人

组织辩论竞赛活动要有一名主持人,亦称主席,主持辩论活动。他(她)保障辩论活动按照辩论规则有秩序地进行。主持人坐在两个参赛队中间,便于观察整个辩论会场的情形。

3. 评判人员

辩论赛既然是一种竞赛活动,参赛者谁胜谁负,需要有人做出评论和裁判。评判人员必须是具有与辩论内容相关的有专门知识的人员,一般由数人组成评委或评判团,其中设一名评委主任或一名执行主席,主持评委或评判团会议进行评判。

三、辩论规则

通常的辩论规则主要有:第一,有多支参赛队参加的辩论竞赛实行淘汰赛,经过初赛、半决赛、决赛,决定优胜者;第二,要规定正反双方8名辩手发言的次序;第三,要规定发言时限。

1. 确定辩题

要知道参加辩论竞赛的双方辩论什么? 围绕什么问题展开辩论? 就要确定辩题,让参赛双方围绕辩题,从正反两个方面进行辩论。

2. 双方论点

辩题确定之后,需要把参赛双方分为正方和反方,正方持辩论题的正面观点,反方持辩论题的反面观点。参赛双方,谁为正方,谁为反方,由双方抽签决定。

3. 评判优胜

双方辩论结束后,评判团或者评委暂时离开辩论赛场进行评判,评判出优胜队和优秀辩论员(亦叫最佳辩手)。

四、程序

1. 立论阶段

正反方一辩开篇立论,分别为3分钟。

2. 驳立论阶段

正反方二辩驳对方立论,分别为2分钟。

3. 质辩环节

正反方三辩分别向对方一、二、四辩各提一个问题,对方辩手分别应答。每次提问时间不得超过15秒,三个问题累计回答时间为1分30秒。

正反方三辩质辩小结,分别为2分钟。

4. 自由辩论

双方自由辩论,主持人把握时间。

5. 总结陈词

正反方四辩总结陈词,分别为3分钟。

练一练

辩题:

正方:一个人的成功主要靠自己奋斗

反方:一个人的成功主要靠机遇

活动流程:(1)全班同学自愿组成正反两个方阵,并提前搜集材料做准备;

(2)由一名同学担任辩论主持人;

(3)每组选出一名同学担任辩论赛评委;

(4)评委选举出最佳辩手和最佳赛队。

写作训练

"真善美伴我行"主题征文比赛

征文比赛流程

（1）组织学生阅读《少年向上·真善美伴我行》知识读本，参与实践活动，写出亲身体会或典型事例。

（2）各班评选出特等奖，一、二、三等奖若干名，并对比赛结果进行公示。

范文赏析

我与真善美的诗意栖居地

当厚厚的一摞《格林童话》印成铅字，成为儿童们手中的珍宝，当慈爱的父母为婴儿朗诵那诗篇般的传说，当童话中善良的公主为孩子五彩斑斓的梦增色……这些传说的真谛，格林兄弟们苦苦寻觅的与人类发展史的联系，于无言处彰显。那便是亘古以来不变的人之血脉——真、善、美。

这是多么简单的三个字，却总是被我们轻易忽视。格林兄弟探究传说中的字句，希望找到隐藏其中的真理、律条，却忽略了那连邻家孩童都能总结的至真至善至美之音。

实用性的价值标准成了现代人的鼻环，殊不知科学、技术、修辞终须美感、善念与真诚为线，前来缝合。没有真善美为信仰的实用主义，只是清寂的旧代朝服，扣子滴滴答答地掉，散落满地。是的，我们必须有充满劳绩的实用主义来领航，但人之所以为人，不能缺少信仰指南。

荷尔德林曾说，充满劳绩，人还是要诗意地栖居在这片大地之上。若我们只是一味追求实用的劳绩，纵使有丰硕的穗粒、有甜美的饭食，却依旧只是匍匐于地的生灵。若当真如此，我亦要赞美人类谦卑的神态与丰厚的劳绩，却哀伤于灵魂的羁旅无依。你可曾听说，灵魂，是大地上的异乡者？是美，让人的双膝直立行走，傲然挑战烈日！是真诚，让人之间萌生称之为爱的强韧纽带，让人性溢满芬芳！是善，让这群大地上的异乡者将根基扎向土地深处，却始终向上生长，不生旁枝！海德格尔说，精神乃是涌向天空、追逐上帝的狂飙。是真善美创造了人的无限可能！人对内在生命无数次的重生与再造，无不是以美为明亮的焰火，善为摆渡的舟身，真为手中的拄杖。

当我们翻读《格林童话》，或是《同海经》《伊索寓言》，看到的是人类历史前行之指路灯，皆展现着人性的光芒。矢志不渝的爱情，星汉为之震慑的母子纽带，抑或是一诺千金的友谊，都建立在无与伦比的人性之上、真善美之上，没有公式的烦琐，亦无关定律的教条，她们真实存在，为人类铺路助行。

实用主义的发展迷惑了我们的视线,越来越多的人崇尚于机械般的冷酷言行,我们忽略了美,遗失了真,摒弃了善,似乎唯有孩童依然未忘记那颗徇霞般的初心。

不,我要依然将根基深扎地下,引体向上接近太阳。我要同树的主干一般强壮,善是我枝干中的琼浆,我将现实的责难裁成片片绿叶贴于项间额前,真是丰沛的雨水,美是头顶的湛蓝晴空。

评析:这是一篇立意新颖、思想深刻的议论性散文。思想成就人的尊严和价值,深刻决定议论的品位和意蕴。文章开头从材料的引述中得出中心论点,并提及一个时代性的困惑:实用性的价值往往取代审美主义的价值成为主流,实在令人忧思。文章引述荷尔德林、海德格尔的诗思哲语,对人性的审美价值进行有效剖析,富有象征意味的结尾升华照应主题,结构严谨,韵味悠长。美中不足的是中间论述事例略少,个别语句略显生涩。

练一练

"真善美伴我行"主题教育征文比赛。

要求:(1) 征文必须在 1 500 字以上;

(2) 题目自拟;

(3) 文章内容积极向上。

附:评分标准:(满分 100 分)

(1) 主题内容(30 分):文章主题表达清晰,立意明确;

(2) 结构层次(20 分):内容的条理、层次分明,结构严谨;

(3) 语言功底(20 分):文笔流畅,评论观点中肯;

(4) 结合实际(30 分):内容结合学生校园生活实际。

诵读经典
古诗词背诵比赛

活动目的

（1）积累古诗词，提高学生文化素养；

（2）感受古代诗词作品丰富多彩的文学形象，培养学习古诗词的兴趣，陶冶情操，提高审美情趣与文化品位；

（3）树立自信，体验成功，培养交流与合作的能力。

活动准备

一、任务准备

（1）依据自己对古诗的了解及喜欢程度学生自由组合成小组，然后推选出小组长，分门别类编辑古诗。

（2）分组上网或从书中分类搜集相关古诗句。

二、任务搜集

（1）搜集相关的文字、图片、音像等资料。

（2）将所搜集到的各种资料，做进一步分类整理。

三、任务制作

（1）各组派代表朗诵诗歌：能有感情地朗诵古诗词。

（2）编辑诗歌：按诗歌体裁、内容、作家、时代等分类编排。

活动过程

一、激发兴趣，明确任务

以古朴的古典音乐作为活动的开始背景音乐，引领学生迈进诗歌的殿堂。

二、风采展示：古诗词朗诵

（1）抽签决定上台展示的小组顺序。

（2）每个小组选一名同学担任评委。

（3）每个小组分别选派一名代表上台展示自己组的诗集。

（4）教师点评，并评出表现最好的小组。

三、古诗知识竞赛

1. 背古诗

每组派一名代表抽签,根据所给出的主题背诵一首相关的诗词。

2. 抢答环节

(1) 看图背诗:PPT 展示图片,根据图片提示背诵古诗。

(2) 诗歌知识竞赛活动,根据 PPT 展示问题回答。

(3) 读诗猜谜底,根据 PPT 展示诗歌猜谜底。

3. 评比

根据小组积分,评出一、二、三等奖。